코로나 이후의 미래교육

미래·공생교육

미래·공생교육

코로나 이후의 미래교육

초판 1쇄 인쇄 2020년 12월 21일
초판 1쇄 발행 2020년 12월 31일

지은이 김환희
펴낸이 김승희
펴낸곳 도서출판 살림터

기획 정광일
편집 조현주
북디자인 더디앤씨 www.thednc.co.kr

인쇄·제본 (주)현문
종이 (주)명동지류

주소 서울시 양천구 목동동로 293, 2215-1호
전화 02-3141-6553
팩스 02-3141-6555
출판등록 2008년 3월 18일 제313-1990-12호
이메일 gwang80@hanmail.net
블로그 http://blog.naver.com/dkffk1020

ISBN 979-11-5930-165-0 03370

*가격은 뒤표지에 있습니다.
*잘못된 책은 바꾸어 드립니다.

이 도서의 국립중앙도서관 출판예정도서목록(CIP)은
서지정보유통지원시스템 홈페이지(http://seoji.nl.go.kr)와
국가자료공동목록시스템(http://www.nl.go.kr/kolisnet)에서 이용하실 수 있습니다.
(CIP제어번호: CIP2020050533)

이 도서는 한국출판문화산업진흥원의 '2020년 출판콘텐츠 창작 지원 사업'의 일환으로
국민체육진흥기금을 지원받아 제작되었습니다.

코로나 이후의 미래교육

미래·공생교육

김환희

살림터

차례

책을 펴내며

유발 하라리 등 지성의 말을 들어 보면, 코로나(COVID-19) 이후의 세상은 결코 그 전으로 돌아갈 수 없다고 합니다. 코로나 이후에 학교와 교육은 어떤 형태가 되어야 할지 교육자들의 고민도 깊어졌습니다. 코로나 이후의 교육은 코로나 이전의 교육과 어떤 점에서 같고 어떤 점에서 다를까요. 온라인 개학을 통해, 교과 지식적인 부분은 학교에 출석하지 않아도 배울 수 있다는 점이 증명된 것 같습니다. 지식전달의 역할에 머물러서는 학교의 존재 이유를 찾기 어렵게 된 것입니다. 그런 점에서 코로나를 통해 드러난 우리 교육의 현실은 소위 4차 산업혁명 찬양론자들의 비판을 증명하는 것처럼 보입니다. 공교육이 사교육에 비해 미래에 민첩하게 대응하지 못하고, 무사안일의 구식 교육을 고집한다는 비판 말입니다.

맞는 말일까요? 분명한 것은 코로나가 학교 변화의 가속도를 끌어올릴 것이라는 점입니다. 빠르게 변화하는 현실에 관련해서 일자리 자체가 사라진다는 전망도 있습니다. 이미 청년실업이 심각한 가운데 거대한 코로나 불황이 전 세계를 덮쳐 오고 있습니다. 기계가 인간을 대신하는 일자리 제로(zero) 사회가 코앞으로 다가온 것만 같습니다. 이제 우리는 무엇을 해야 할까요? 개인은 코딩을 배우고, 국가는 디지털 뉴딜을 통해 디지털 산업에 거대한 자금을 투자하면 이 위기를 극복하고 세계를 선도하게 될까요?

이 책은 '공생교육'이 코로나 이후의 미래교육으로 채택되어야 한다고 주장합니다. 테크놀로지의 진화 이전에 불신사회에서 공생사회로 진화하지 않으면 각자도생의 지옥도가 더 어지러이 펼쳐질 것이기 때문입니다. 공생이 없다면 우리에겐 미래도 없습니다. 코로나19를 전후로 각 가정과 사회에서 돌봄과 안전의 가치가 더욱 부각되고 있습니다. 돌봄을 '저렴한 노동'으로 치부하고, 돌봄 노동자에게 하청하는 것으로는 문제를 해결할 수 없습니다. 우리는 이제 서로가 서로를 돌보는 돌봄의 주체가 되어야 합니다.

이 책의 분석과 제안이 틀릴 수도 있습니다. 하지만 중요한 것은 미래 사회를 우리가 직접 설계해야 한다는 것입니다. 소수의 전문가와 정치인에게만 맡길 수 없습니다. 4차 산업혁명 담론처럼 소수의 이해관계만을 반영한 정책이 나올 수 있기 때문입니다. 지역의 특수성이 반영되지 않은 서울 중심의 중앙 집중적 교육 담론들도 문제입니다. 지방 소멸과 일자리 제로(zero) 사회와 같은 작금의 전환기에는 국가 단위의 '규모의 경제'보다 마을 단위의 '공동체 경제'를 구상하는 것이 필요합니다. 이에 이 책에서는 로컬 교육, 교육의 생태적 전환, 모두를 위한 디지털 리터러시 교육, 작업장으로서의 학교 등 지금 이곳에서 우리가 실천할 수 있는 미래·공생 교육의 단초들을 제시했습니다. 이 책을 통해 어떻게 하면 공생사회를 만들 수 있을지 치열하게 사유해 보시면 좋겠습니다.

우리 사회는 대학입시 제도 일부를 바꿀 때조차도 온 나라가 들썩일 만큼 교육정책에 대한 관심이 뜨겁습니다. 따라서 교사와 학생, 학부모 등 교육 당사자들만의 논의로는 전면적인 교육개혁이 어렵습니다. 교육 시스템을 바꾸려면 사회적 합의가 필요하고, 이를 위해서는 먼저 각 개인의 공통감각이 변화해야 합니다. 그래서 이 책은 교육학에 머물지 않고 사회학과 심리학적인 개념을 많이 담고자 했습니다. 다만, 두 분야에 익숙하지 않은 독자를 위해 최대한 친절하게 설명하고자 했습니다. 어떤 분에게는 부족하고 어떤 분에게는 과하다고 느껴질 수도 있을 것 같습니다. 부디 즐겁게 읽어 주시기를 바랍니다.

먼저 프롤로그 <누구를 위한 N차 산업혁명인가?>에서는 미래교육과 관련하여 우리가 빈번히 사용하는 용어들을 반성적으로 검토했습니다.

새 술을 헌 부대에 담을 수 없듯이, 낡고 오염된 개념들로 우리의 미래를 올바르게 설계할 수 없기 때문입니다. 이어지는 1부에서는 '불신사회'라는 제목 아래 세 가지 이야기를 실었습니다. 1장 <능력주의A>와 3장 <불신사회와 안전강박>이 한국 사회와 우리 교실이 놓여 있는 현실에 대한 냉철한 진단에 더 가깝다면, 2장 <자기배려와 타자배려>에서는 공생교육을 위한 몇 가지 대안을 제안합니다.

2부는 '미래교육'이라는 주제 아래 세 가지 이야기를 엮었습니다. 4장 <관종사회와 인지자본주의>는 관종, 진지충 등 주로 아이들이 사용하는 유행어들을 검토함으로써 교실과 우리 사회의 정치지형을 입체적으로 그려 보았습니다. 또한 관심경제 등의 사회학적 개념을 빌려, 작금의 현실과 미래를 '4차 산업혁명' 등의 프로파간다 대신에 '인지자본주의'라는 학문적 언어로 포착하고자 했습니다. 5장 <노동의 미래>는 미래의 일자리 전망과 이와 관련해 코딩교육으로 대표되는 현재의 진로교육 담론에 대해 비판적으로 뜯어보았습니다. 6장 <해커스페이스와 핵듀케이션>은 미래·공생교육으로 해커스페이스와 디지털 리터러시 교육을 대안으로 제시하고자 했습니다.

3부는 '역설계(RE: design)[1]'라는 제목 아래 세 가지 이야기를 실었습니다. 7장 <마을교육공동체>와 8장 <교육행정혁신>은 현재의 한계를 극복하기 위한 대안을 소개하고 있습니다. 7장에서는 '교육의 생태적 전환'이라는 철학적 화두를 배경으로, 마을교육공동체를 실천했던 우수 사례를 소개하며 각 지역에서 실천 가능한 방법들을 탐색했습니다. 8장에서는 미래교육의 대표적 걸림돌인 관료주의를 혁파하기 위한 여러 가지 대안 정책을 제시했습니다. 특히 7장과 8장은 정책 입안 및 실행자들 앞에서 직접 호소하는 심정으로, 현장의 절박한 목소리를 담기 위해 노력했습니다. 중간중간에 실린 인터뷰 인용구들만 읽어도 생생한 분위기를 느끼실 수 있을 것이라 생각합니다. 부록인 <북유럽 탐방기>는 덴마크, 스웨덴, 핀란드의 학

1 역설계의 약자인 RE와 design이라는 단어를 조합해 신조어를 만들어 보았다. 자세한 내용은 103쪽 각주 112번을 참고.

교 교육과정 중 미래·공생교육을 위한 시도들을 추려 소개했습니다. 이 책의 결론이라고 볼 수도 있는 9장은 '포스트-코로나'라는 키워드로 책의 전체 내용을 정리하고, 구체적 실천을 제안하는 방식으로 짜여 있습니다.

각 장의 내용은 유기적으로 연결되어 있기에 순서대로 읽어 보시기를 권합니다. 특히 앞부분에서 부족한 부분을 뒤에서 다루는 식으로 차례를 구성했습니다. 예를 들어 1부의 1, 3장과 2부의 4, 5장은 실태 분석 및 이론적 고찰이 주를 이루고 있습니다. 이 부분을 보시면서, 비판은 날카로운데 대안이 약하다 혹은 대안이 너무 추상적이어서 현실성이 떨어진다고 느끼셨다면 다음 장을 살펴 주세요. 1부의 2장, 2부의 6장, 3부 전체와 부록은 구체적 대안을 집중적으로 다루고 있습니다. 특히 현장의 느낌을 최대한 반영할 수 있도록 3부와 부록은 인터뷰, 탐방기 등 다양한 형식을 시도했습니다.

프롤로그
누구를 위한 N차 산업혁명인가?

1. 왜 '4차 산업혁명'은 그토록 사랑받았을까?

2016년 우리의 겨울은 뜨거웠다. 광장이 촛불이 뿜어내는 열기로 넘실대었다. 훅하고 불면 꺼질 것 같던 작은 불씨들이 모여 쓰나미 같은 정치 파동을 일으켰다. 그 물결은 박근혜 대통령을 탄핵하고 재판정에 세울 정도로 강력했다. 그 후 문재인 정권은 적폐청산을 위해, 그리고 적폐청산을 통해 출범했다. 그러나 두 정권 양쪽으로부터 사랑받은 놀라운 캐치프레이즈가 있었다. 4로 시작하는 지긋지긋한 여섯 글자, '4차 산업혁명'이었다. '4차 산업혁명'은 박근혜 정부 말미에 '창조과학', '창조경제'의 대체품으로 막 쓰이고 있던 신상 용어였다. 문재인 정부의 경우에는 정권을 시작하면서 발표한 '국정운영 5개년 계획' 중 4차 산업혁명과 관련된 핵심 내용들이 많았다.[2]

교육 분야도 예외가 아니어서 4차 산업혁명 시대를 이유로 교육혁신

2 문재인 정권이 포스트 코로나 대책으로 내놓은 디지털 뉴딜의 세부 내용을 살피면, 박근혜 정부의 4차 산업혁명 때의 사업 내용들이 연속되고 반복된다(이름만 바뀐 한국판 뉴딜, 한국경제TV, 2020. 6. 3). 그렇다면 이러한 정책들은 누구를 위한 것인가? 코로나라는 예외 상황, 정치적 색채와 상관없이 자신의 이해관계를 언제나 관철시키는 대기업의 강력한 힘을 알 수 있다.

3 식품산업도 아닌데 왜 특정 산업 분야에 '먹거리'라는 용어를 붙일까? 모두가 배부르게 먹을 수 있는 먹잇감에 각다귀처럼 서둘러 달려들어야 한다는 뉘앙스일까? 내게는 이미 너무나 비대한 대기업들의 탐욕이 떠올라 징그럽게만 들리는 신조어이다. 게다가 그 미래 먹거리의 진짜 먹잇감은 다중(multitude)이나, 노동자가 될 것 같다는 불안감은 그저 착각일 뿐일까?

에 대한 주장이 딸려 왔다. 창의성, 문제해결을 중심으로 한 수업을 강화하고, ICT(Information and Communications Technologies, 정보통신기술)와 같이 창창한 미래가 예상되는 '미래 먹거리 산업'[3]에 집중해야 한다고 성토했다. 이를 열렬히 수용하는 듯 지역과 분야를 불문하고 여러 학회에서 '4차 산업혁명'과 '인공지능 시대', '미래'라는 단어를 행사 제목에 허겁지겁 집어넣었다. 우리는 왜 이렇게 이 새로운 혁명에 대해서 열광한 걸까?

역설적으로 우리가 더 이상 혁명이 불가능한 시대에 살고 있기 때문이 아닐까? 후쿠야마는 우리가 살고 있는 자본주의 시스템이 최종형의 사회구성체라는 의미에서 '역사의 종말'이라고 선포했다.[4] 한편 루카치는 다음과 같이 한탄했다. "별이 빛나는 창공을 보고, 갈 수가 있고 또 가야만 하는 길의 지도를 읽을 수 있었던 시대는 얼마나 행복했던가? 그리고 별빛이 그 길을 훤히 밝혀 주던 시대는 얼마나 행복했던가?"[5] 우리는 사회변혁론이라는 거대담론을 잃은 후 생산(혹은 생존)에 대한 '불안감'과 소비적 일상이 주는 '매너리즘' 사이를 진자 추처럼 왕복하고 있다. 오늘과 같(지 않)은 내일을 지루해하거나 두려워하며, 어제와 같은 오늘을 그저 생존하고 있는 것이다.

거대담론은 그렇게 공백을 드러냈지만 거대담론에 대한 사람들의 주이상스[6]까지 사라진 것은 아니었다. 그 자리를 대신 차지하는 대체물들이 등장하기 시작했다. 그 일종이 바로 4차 산업혁명이다. 4차 산업혁명이란 개념은 모든 구성원들의 미래가 걸려 있는 사회 전체의 총체적 변화를 도모한다는 점에서 (유사)거대담론이라고 할 수 있다. 그리고 분야마다 입장을 조금씩 달리하는 다양한 주체들이 자신들의 이해관계를 그 총체성에 반영하기 위해 고군분투 중이다. 따라서 같은 기표를 사용함에도 종종 그 안에는 전혀 다른 기의가 담겨 있곤 한다. 이를테면 진보를 자처하는 사람들

4 프랜시스 후쿠야마(1992), 『역사의 종말』, 이상훈 옮김, 한마음사.

5 게오르크 루카치(2007), 『소설의 이론』, 김경식 옮김, 문예출판사.

6 정신분석학자 라캉이 개념화한 고통스러운 쾌락을 라캉은 주이상스라 불렀다. 주이상스는 한마디로 고통이라고 할 수 있지만, 고통으로부터 즐거움을 얻기 때문에 주체는 자신이 겪고 있는 증상도 즐겁게 누리는 것이라 할 수 있다(두산백과).

마저 4차 산업혁명을 외치는 내심에는 무엇이 담겨 있을까? 아마도 지금까지의 지긋지긋한 적폐를 한꺼번에 청산하고, 새로운 미래를 설계하고자 하는 야심이 담겨 있지 않을까? 하지만 혹여 그런 뜻이 담겨 있다 하더라도 나는 교육계에서 '4차 산업혁명'이라는 용어 대신 '미래·공생교육'을 사용해야 된다고 생각한다. 먼저 현 용어의 문제점을 먼저 살펴보고, '미래·공생교육'이라는 명명의 정당성은 이 글의 뒷부분에서 밝히려고 한다.

2. '4차 산업혁명'이라는 용어의 문제점

'4차 산업혁명'이라는 용어는 세계경제포럼 회장인 클라우스 슈밥이 동명의 저서에서 처음 사용했으며, 2016년 다보스포럼에서 현재를 '4차 산업혁명' 시대라고 선포하면서 널리 알려지게 되었다. 그러나 이 용어는 그 개념 정의가 모호하고 성급하다는 이유로 많은 비판을 받고 있다. 1790년대의 1차 산업혁명이 '증기기관과 방직기', 2차 산업혁명이 '석유, 전기'의 사용을 통해 인류 문명에서 혁신적 특이점을 이루었지만, 슈밥이 주장하는 '4차 산업혁명'이 1, 2차 산업혁명만큼이나 문명사적 변곡점을 이룰 것이라는 점에 동의하기 어렵기 때문이다.

무엇보다도 '1, 2차 산업혁명' 등 중요한 역사적 사건들이 사후에 규정된 개념이라는 사실이 중요하다. 근미래나 현재 진행형 사건의 역사성을 사전에 규정짓는 것은 이데올로기적 데마고기(Demagogy)[7]로 과학적이지도 학문적이지도 않다. 심지어 학계에서는 아직 '컴퓨터, 인터넷' 사용을 통한 혁신인 3차 산업혁명에 대해서도 통일된 정의를 내리지 못하고 있다. 제러미 리프킨을 위시한 일부의 미래학자들이 정보화 혁명 이후 이어져 오고 있는 여러 가지 기술혁신들을 '3차 산업혁명'이라 부르자고 '조심스럽

7 선동정치가가 특정한 문제에 대하여 정치적인 의도로 유포시키는 선동적 허위선전(두산백과).

게' 제안하고 있는 정도이다.

실제로 슈밥이 이야기하는 '4차 산업혁명'은 제러미 리프킨이 『한계비용 제로사회*The Zero Marginal Cost Society*』(2014), 『3차 산업혁명*The Third Industrial Revolution*』(2013)에서 언급한 '3차 산업혁명'이란 개념과 다른 점이 거의 없다. 그렇다면 슈밥의 저서 『4차 산업혁명*The Fourth Industrial Revolution*』(2016)은 제러미 리프킨을 교묘하게 흉내 낸 마케팅[8] 책자에 불과한 것이 아닐까?

그러나 우리는 슈밥의 주장 중 리프킨의 것과 닮은 것들뿐만 아니라 고유의 변주가 일어난 부분에도 주목해야 한다. 그는 리프킨의 '3차 혁명' 대신 '4차 혁명'이란 용어를 사용해 일종의 과잉 서사, 혁명의 인플레이션을 일으켰기 때문이다. 거기에는 분명 자본의 욕망이 담겨 있다. 마르크스에 의하면 자본은 상품에 대한 페티시즘(물신주의)을 가지고 있기에, '잉여축적'이라는 자기회귀적 행동을 반복하게 된다. 그리고 마르크스는 잉여축적의 비결이 노동자들에게 노동의 대가를 제대로 지불하지 않는 잉여착취를 통해서 이루어진다고 보았다.[9] 반면 슘페터는 획기적인 신기술과 경영기법을 통한 '기술혁신'이 자본 성장의 핵심이라고 보았다.

마르크스가 주장하듯 경제성장은 노동자의 몫인가, 아니면 슘페터가 주장하듯 자본가들의 기술혁신 덕인가?[10] '4차 산업혁명'이라는 용어를 보자면 두 마리 토끼를 모두 잡으려고 하는 자본의 속셈이 느껴진다. 먼저 기술혁신을 통해서 변화를 도모하며, 동시에 노동자들을 구조조정하기 위한 좋은 명목으로 삼는 것이다. 이를테면 이런 것이다. "국민들아, 지금 미국과 독일은 4차 산업혁명 수준에 도달해 있는데, 우리나라는 고작 3차 수

8 제러미 리프킨에 따르면 '4차 산업혁명'이라는 역사적 실체는 없으며, 클라우스 슈밥 세계경제포럼 회장이 쓴 마케팅 용어에 불과하다. 현 디지털혁명은 2차 산업혁명 후에 온 3차 산업혁명의 연장선이며, 3차 산업혁명에서는 화석연료가 신재생에너지로 대체되는 과정이 핵심이라고 지적한다. 즉 현재는 3차 산업혁명도 완결하지 못했으며, 인터넷 커뮤니케이션 기술과 재생 가능한 에너지가 '사물인터넷(IoT)'을 통해 연결되고 결합하는 디지털혁명이 진행 중인 상황이라는 것이다(안상희·이민화(2016), 「제4차 산업혁명이 일자리에 미치는 영향」, 『한국경영학회 통합학술발표논문집』, 8[2016]).

9 마르크스, 『자본론』.

준에 머물고 있어. 지금 개혁하지 않으면 국가경쟁력은 뒤처지고 수출에 의존하는 우리나라의 경제는 망할 거야.", "이 게으른 노동자, 학생 (놈)들아. 자기계발을 서둘러라. 니들은 아직 원시적인 수준인 2, 3차에 머물고 있다." 자본이 손잡이를 잡고 휘두르는 4차 회초리는 우리가 거기에 조금 적응할 때쯤 5차, 6차의 이름으로 변해 있을 것이다. 이른바 IMF 구조조정을 n차로 겪게 되는 것이다.

언어는 가치중립적이지 않다. '4대강 살리기 사업'이라는 명명이 '4대강 사업'의 토목사업적 맹목성을 가리고 환경 친화적인 양 포장하듯이, '4차 산업혁명'이라는 용어는 슈밥 같은 경영자들의 반노동적 속내를 은밀히 감추고 있다. 그럼에도 유독 (국제적인 상황과 다르게) 한국 사회에서 '4차 산업혁명'이란 용어는 뜨겁게 사랑받고 있다.[11] 구글에서 검색해 보면, 'Fourth Industrial Revolution'의 검색량은 (독일에서 주창된) 비슷한 뜻의 'industry 4.0'[12]의 약 100분의 1에 불과하며 '4차 산업혁명' 검색 결과의 약 2배에 불과하다. 이 검색 결과로만 따져 보자면, 국제사회의 4차 산업혁명 관련 논의의 절반 정도가 대한민국 안에서 이루어지고 있는 것이다.

10 기술혁신은 'Neuerung(innovation)'의 번역어이다. 기술혁신을 이룩하려는 기업가의 이러한 정신을 슘페터는 '기업가정신(entrepreneurship)'이라고 불렀으며, 우리는 박근혜 정부 시절의 교육부가 경실련 등의 요구로 '기업가정신'을 정규 교과로 초·중·고에 도입하기로 했었다는 사실을 기억해야 한다. 90% 이상이 노동자로 일하는 사회에서 왜 '노동교육'이 아닌 '기업가정신'이 정규 교과여야 할까?

11 독일의 경우는 industry 4.0(산업4.0)과 함께, '노동4.0'에 동등한 관심을 기울이고 있다. 예를 들자면, 『산업4.0백서』와 동시에 『노동4.0백서*Weissbuch Arbeiten 4.0*』를 발간했으며, 이 백서에는 다음과 같은 내용이 담겨 있다. "미래의 직업세계에서 노동자의 사적 영역이 유리알처럼 투명하게 외부에 노출되지 않도록 하는 개인정보 보호의 문제도 중요할 것이다. 인간의 노동, 노동 부담을 줄여 주는 기술의 활용, '건강한 노동'을 가능하게 하는 새로운 노동자 권리 보호법의 구축, 노동자의 경영 참여 시스템, 공동결정제의 도입도 빼 놓을 수 없을 것이다. 자영업자들의 사회보장제도도 개선되어야 하며, 플랫폼 경제 내에서의 정당한 노동조건도 마련되어야 할 것이다. 다양한 삶의 형태와 급속한 사회 변동들을 소홀히 다루기보다는 진지한 태도로 수용하며 미래를 예측하는 가운데 함께 구성해 나가고자 하는 명실상부한 사회민주주의 국가를 이루어야 할 것이다"(2017년 1월 독일어판 요약, 번역 여시재).

12 필자가 처음 검색해 보았던 2017년 7월 20일 기준의 검색 결과이다. 현재(2020. 10. 29) 기준으로는, '4차 산업혁명'의 검색 결과는 약 23,900,000개, Fourth Industrial Revolution은 약 102,000,000개, industry 4.0은 546,000,000개이다.

교육계도 크게 다르지 않다. 그동안 '4차 산업혁명과 교육'이라는 주제의 학회와 포럼이 수차례 열렸다. 이에는 KERIS(한국교육학술정보원)를 필두로, KEDI(한국교육개발원)와 KDI(한국개발연구원) 같은 국책연구소[13]와 이들과 친밀한 교수들이 앞장섰다. 특히 2019년 초 KDI에서 만든 '4차 산업혁명의 교육 효과'라는 보고서를 보면, 4차 산업혁명의 주체는 기업이고 국가는 보조의 역할이라며 학교에서 '수준별 교육'과 '표준화 교육'을 강화해야 한다고 결론 내리고 있다. 친기업주의(수준별 교육)와 국가통제(표준화 교육)라는, 그야말로 위험한 조합이라고 할 수 있겠다.

3. 새로운 용어를 찾자

'4차 산업혁명' 담론에서 국가적 대비책으로서 가장 강조되는 것 중 하나가 교육의 변화이다. 그러나 나는 '4차 산업혁명'이라는 용어 사용을 가장 지양해야 할 곳이 교육계라고 생각한다. 4차 산업발 교육개혁의 예봉이 학교를 기업이 원하는 인재를 찍어 내는 기관으로 자리매김하는 데 집중되고 있기 때문이다. 대학을 필두로 우리나라의 공교육기관은 조금씩 기업맞춤형 인재를 뽑아내는 취업양성소로 변모해 왔다. 이제는 더 나아가 재교육이나 평생교육 등을 통해, 국민을 친기업형 근로자로 개조하려 하고

13 한국교육학술정보원(KERIS)은 '4차 산업혁명과 교육의 역할'(2016. 4. 27)을 필두로 수차례의 심포지엄과 세미나, 연수를 만들어 왔다. 그 외에, 한국교육과정평가원(KICE)은 '2030 미래 사회 변화에 따른 학교교육 방향 탐색을 위한 심포지엄'(2016. 5. 20) 등을 개최해 왔으며, 한국교육개발원(KEDI)은 자문기구로 'KEDI 미래교육위원회'(2016. 7. 23)를 발족하는 등 위 기관들은 경쟁적으로 4차 산업혁명 관련 교육 담론을 쏟아 내 왔다. 국가주의 계발 모델을 양산하는 이런 기구들을 시군구 단위의 지역 단위 연구소로 전환시킬 필요가 있다. 국가 차원에서 봤을 때는 지나친 수도권 집중 및 지방 소멸 현상을 극복하고, 교육 차원에서 봤을 때는 교육자치와 마을교육공동체 활성화를 통해 교육 위기를 돌파하기 위해서라도 국가 단위 연구소의 지역 단위 연구소로의 전환이 절실하다.

있으며, 응당 이해 당사자인 기업이 치러야 할 비용을 개인과 국가에 전가하고 있다. 즉 우리 사회의 총체적 체제, 법규, 정치경제적 구조가 재조립되고 있으며, '기업가정신' 등을 위시한 자기계발론을 통과한 개인들의 인생사와 세계관마저 개편시키고 있는 것이다.[14]

그렇다고 '4차 산업혁명'이라는 이름 아래 진행되고 있는 이 거대한 구조조정 앞에서 이런 변화가 지적 사기라고 일축하거나 과거에도 비슷한 이야기가 나왔었다며 아무 대비도 없이 손을 놓고 있어서는 안 된다. 다중[15]의 미래를 짊어지고 있는 교육계에서만큼은 '4차 산업혁명'이라는 용어 사용을 금하는 것을 넘어서서, 이 용어가 품고 있는 이데올로기에 대항하는 대안 용어를 만들고 사용해야 한다. 이와 관련해서 경기도교육청은 '4·16 교육체제'란 명명으로 진보교육의 특이점을 찾고자 했으며, 서울시교육청은 '서울미래교육' 아래 '미래역량'이라는 신조어를 사용하고 있다.

4. '역량' 유감

서울시교육청은 미래교육 담론과 관련하여 가장 적극적으로 움직이고 있는 곳 중 하나이다. 2016년 9월 8일에는 '서울미래교육준비협의체'를

14 이와 관련된 내용을 더 알고 싶은 분에게, 서동진의 저서 『자유의 의지 자기계발의 의지』(2009)를 추천한다.

15 사회학적 용어로서의 people이라는 단어를 한국어로 적절히 번역하는 것은 쉽지 않은 일이다. 그 의미상 '인민'이 가장 가까우나, 북한이 이미 이 단어를 독점적으로 사용하는 중이다. '민중'이라는 용어 또한 과거 운동권의 색채가 강해 사용하기 망설여진다. '시민'이라는 용어도 널리 사용되고 있지만, 자유주의적 개념이라는 점에서 마음에 걸린다. 따라서 미래교육적 의미에서 이를 대신할 만한 용어로 '다중(multitude)'이라는 개념을 네그리, 하트로부터 빌려 오고자 한다. 다중은 민중이나 대중과 달리 서로의 차이를 인정하는 새로운 주체다. 민중은 하나지만 다중은 다수다. 다중은 대중과도 다르다. 대중은 동일성이나 통일성으로 환원되지 않는다는 점에서는 다중과 같지만, 차이를 만들거나 유지하지 못한다는 점에서는 다중과 구별된다(김학순, 「권력 오류 바로잡는 다중의 힘」, 『경향신문』, 2008년 6월 13일).

출범시켰고, 같은 해 12월에는 <서울미래교육의 상상과 모색>(이하 <상상과 모색>)이라는 보고서를 출간했다. “미래 사회에 필요한 서울 학생의 미래역량은 무엇인가? 서울 학생의 미래역량을 기르기 위한 서울미래교육체제 구상 방안은 무엇인가?”라는 두 가지 질문이 이 보고서의 핵심 연구 주제이다. 이 보고서에 의하면, ‘역량(competency)’이란 “OECD가 성공적인 삶을 위한 핵심 역량이나 교육성과지표에 대한 담론을 활성화시키면서 전 세계적으로 확산”되었으며, “본래 직업교육이나 훈련 분야, 혹은 성인교육 분야에서 논의되어 온 것으로 숙달하고자 하는 직무나 업무를 성공적으로 수행해 내는 것과 관련된 개념”이다.

여기서 사용된 역량은 competence 혹은 competency의 번역어로 정확한 의미는 ‘직업에 적합하게 개인적으로 실행할 수 있는 능력’[16]으로 결국 고용주와 고용자의 관계를 전제로 하는 개념에서 출발했다. competency의 어원은 미국에서 2차 세계대전 후 학계의 헤게모니를 쥐게 된 미제스와 하이에크 등 오스트리아 학파의 ‘인적자원론(인적자원 계발론)’에서 연유한다. 이 ‘인적자원론’은 신자유주의 이데올로기의 핵심이라고 할 수 있는데, 인격을 가진 인간을 한낱 자원으로 대상화했다는 점에 그 파격성이 있다. 이러한 신자유주의가 미국 사회를 지배하면서부터 교육의 국가경제적 역할이 특히 중요해졌다. 그에 따라 기업 입장에서 competency를 갖춘 기업 친화형 인재를 양성하는 것이 공교육의 목표로 제시되었던 것이다. 특히 개인들의 ‘자기관리능력’이 강조되며 모든 사람들은 자기 자신의 신체와 영혼을 계발과 운영의 대상으로 설정하게 된다. 즉 무일푼인 사람일지라도 자기 자신이라는 자원을 갖게 되며, 기업 CEO가 아니더라도 자기 자신을 운영한다는 점에서 모든 다중과 학생들이 ‘기업가정신’을 가질 필요가 있다는 것이다.

이와 관련하여, 진보적 경제학자인 센과 교육학자인 누스바움은

16 위키피디아의 다음 문장을 번역했다. “Competence is the ability of an individual to do a job properly. A competency is a set of defined behaviors that provide a structured guide enabling the identification, evaluation and development of the behaviors in individual employees.” https://en.wikipedia.org/wiki/Competence_(human_resources)

GDP로 지칭되는 국가주의 계발 담론의 한계를 지적한다.[17] 세계 각국은 GDP 성장률을 높이기 위해 각종 정책을 펴는데, 문제는 그 숫자가 정작 국민들 삶의 총체적 질을 보장하지 못한다는 데 있다. 빈부격차가 심한 사회에서는 99%의 국민들이 더 가난해지더라도 부를 독점하고 있는 나머지 1%의 재산을 늘림으로써 GDP 수치가 더 올라갈 수 있다. 그런 극단적 경우를 상정하지 않더라도, 숫자의 성장에만 몰두하여 정작 사람 자체가 지워져 나가는 게 가장 역설적이다.

이에 센은 "발전이란 자본의 축적으로만 다질 수 있는 것이 아니라 인간의 자유와 'capability'의 확대라고 보는 대안적 발전론인 'capability approach'을 제안"한다. 누스바움은 센의 이 개념을 좀 더 교육학적으로 가다듬는다. 국가는 불평등 타파를 위한 의무를 갖기에 교육을 통해 다중들의 capability를 최대한 끌어내어, 빈부격차, 지식격차, 정보격차 해소를 도모해야 한다. 여기서 capability는 "증진되거나 개발될 수 있는 특성, 능력"을 뜻한다. 즉 능력지상주의(meritocracy) 사회를 양산하는 데 일조하는 역량(competency)과는 구분되는 용어로서 capability를 사용하고 있다. 예를 들어 competency가 그 능력 계발의 책임과 능력에 대한 소유권이 개인에게 있음을 분명히 하고 있음에 반해서, capability는 각 개인의 능력을 최대치까지 발현해야 될 책임이 국가에 있다고 보고 있다. 이렇게 능력 계발은 각 개인이 아닌 교육기관의 공무이기에, 개인들은 자신의 능력을 활용하여 다른 개인과 경쟁해서 살아남는 각자도생에 가치를 부여하기보다는 자신의 능력을 사회에 기여하는 공공성에 더 책임감을 갖게 된다고 누스바움은 주장한다.

이런 의미에서 보자면 capability와 competency는 단어가 내포하고 있는 방향성이 정반대에 가깝다. 따라서 센과 누스바움의 뜻을 이어받아 capability라는 의미로 미래의 학력관을 설정하고자 한다면, 7차 교육과정에서부터 사용되어 온 '역량'이라는 번역어가 아니라 새로운 용어를 사용함이 마땅하다. 역량(competence)이란 용어가 '경쟁(competition)'

17 마사 누스바움(2015), 『역량의 창조』, 한상연 옮김, 돌베개.

내지 '메리토크라시(능력지상주의)'를 강조하는 가치관에서 나온 용어임을 감안하면 진보 교육감들의 기조와는 어울리지 않기 때문이다.

물론 서울시교육청에서도 역량이라는 단어의 이런 온도차를 인식하고 있으며, 앞의 보고서(<상상과 모색>, 14~15쪽)에서도 신자유주의적 개념의 competency와 누스바움의 capability 개념을 나란히 언급하고 있다. 그리고 누스바움의 capability는 그녀의 저서 『*Creating Capabilities: The Human Development Approach*』(2013년)를 『역량의 창조』라고 번역한 즈음에, '역량'이라는 번역어로 국내에 소개되기 시작했다. 따라서 서울시교육청에서 competence(competency)의 번역어와 capability의 번역어를 모두 '역량'이라고 인용한 것은 일면 자연스러워 보인다.

그러나 문제는 신자유주의의 정신의 핵심("호모 에코노미쿠스여, 너는 스스로의 몸과 정신을 경영하는 경영자이다. 경영자로서 성공하기 위하여, 끊임없이 자기계발하라.")[18]이 그동안 '역량'이라는 용어를 통해 학생들에게 주입되어 왔다는 사실에 대한 비판이 누락되어 있다는 것이다. '역량'이라는 단어와 그 정신은 자유주의적 교육개혁(김영삼 정권의 5·31 교육개혁을 필두로 한 일련의 개혁들)과 함께 한국의 교육계에 본격적으로 등장했다. 처음에는 '수월성(competency)'이라는 뉘앙스에 가까웠으나 이제는 '개인의 잠재력(capability)'이라는 뉘앙스로 바뀌고 있다. 신자유주의 이데올로기는 진보적 비판마저 체제내화시킨다는 점에서 '역량'이라는 번역어는 징후적이다.[19]

18 서동진(2009), 『자유의 의지 자기계발의 의지』, 돌베개.

19 따라서 기존의 역량(competency)이나 누스바움의 역량(capability)은 모두 능력주의 사회를 공고히 하는 데 공헌하며, 이에 대한 비판은 1장에서 다룬다.

5. '미래교육'에 대한 사유

그렇다면 어떻게 해야 할까? 이를 알기 위해 먼저 시간성에 대해 사유할 필요가 있다. 좀 더 정확하게는 미래와 과거 사이의 간극을 알아야 한다. 한나 아렌트는 『미래와 과거 사이』에서 근대 이전의 세상은 전통과 종교에 의지했기 때문에 모든 것의 기원이 분명했다고 말한다.[20] 태초의 것들에는 분명한 존재 이유와 작동 원리가 있었기 때문에, 기원과 전통에 대해서 더 잘 알고 있는 어른들이 존중받았다. 즉, 아우라가 살아 있는 시대에는 선생(先生, 먼저 태어난 자)의 가르침이 모두 그 자체로 진리에 가까운 것들이고 배울 가치가 있었다. '먼저 태어난 자'들은 선형적 역사의 많은 시간에 대해서 보다 넓은 접점을 가지고 있었다. 그러나 근대를 통과하며 인류의 과거와 미래의 진행 방향은 더 이상 일치하지 않게 되었다. 그리고 이로 인해 근본적인 교육 불가능성이 생겨나고 말았다. 교사에게는 현재 세계의 대표로서, 아이들에게 과거부터 현재까지 진행되어 온 세계에 관한 세부 사항을 알려 주며 '이것이 우리의 세계다'라고 말해야 할 의무가 있기 때문이다.[21] 그런데 교사가 설명하는 지금의 세계라는 것이 아이들이 살 미래의 세계와 다르다고 한다면, 그 교육에서 교사의 절대적 권위는 사라질 수밖에 없다. 한나 아렌트의 말마따나, "근대 세계의 교육문제는 교육이 본질적으로 권위나 전통을 무시할 수 없는 반면에 권위에 의해 구조화되지도 않고, 전통으로 함께 묶이지도 않은 세계 속에서 진행되어야 한다는 사실에 있다".[22]

문제는 근대 이후 세계는 항상 "필멸의 위기에 처해 있기 때문에"[23], 세계를 보전하기 위해서라도 우리는 늘 새로워지지 않을 수 없다는 것이다.

[20] 김환희(2016), 「세월호 이후의 교육: 여전히 '가만히 있으라' 외치는 자, 누구인가」, 『세월호 이후의 사회과학』, 그린비.

[21] 한나 아렌트(2005), 『과거와 미래 사이』, 서유경 옮김, 푸른숲.

[22] 위의 책, 261쪽.

[23] 앞의 책, 258쪽.

따라서 관건은 새로운 세대가 세계를 혁신할 수 있도록 교육하는 것이다. 여기에 미래교육의 근본적인 어려움이 있다. 옛사람(교사, 부모)들이 아이들에게 새로운 것을 이끌어 내야 한다. 그러나 그 새로움은 결코 어른들로부터 나오지 않는다. 아렌트에 의하면 오히려 교육은 아이들이 담지하고 있는 새로움을 잘 보전하여, 새로운 것으로서 어른들의 낡은 세계에 잘 소개하는 역할을 맡아야 한다. 그러나 우리의 모든 결정에서-교육을 통해 어떤 새로움을 보존할 것인가에 대한 문제는커녕 미래 세대의 생명과 안전을 어떻게 보존할 것인가에서도- 미래 세대의 결정권은 제외되어 있다. 예를 들어 현재의 인간은 쾌적한 문명 생활을 향유하기 위해 대량의 폐기물을 내놓는데, 그것을 미래의 세대가 이어받게 된다.[24] 현재 살고 있는 어른들의 '공공적 합의'는 성립할 수 있다. 그러나 미래의 거주민과의 대화나 합의는 존재하지 않는다.

이런 상황에서 어른들이 아이들에게 미래를 전망하고 예측하여, 향후 그들이 어른이 되었을 때 필요한 능력과 지식과 정보를 가르쳐 준다는 명분 아래 넘쳐나는 진로교육과 미래교육이란 정작 미래 세대에게 얼마나 오만하고 무책임한 일이란 말인가. 기성세대들은 미래를 가르치려 하면 안 된다. 오히려 우리는 그저 "아이들을 우리의 세계로부터 내쫓아 그들이 제멋대로 살도록 내버려 두지 않고, 그들이 뭔가 새로운 일, 뭔가 예측할 수 없는 일을 할 수 있는 기회를 빼앗지 않으며, 또한 그들이 공통의 세계를 새롭게 하는 임무를 담당할 수 있도록 미리 준비시켜야" 한다.[25]

그러기 위해서는 미래 세대들이 우리 사회를 사랑하고 타자들과 공생하는 방법을 배워야 한다. 지금과 같은 능력주의 교육을 통해서는 아무도 공동체를 사랑하거나 돌보지 않을 것이며, 각자도생하는 자들만이 살아남게 된다. 따라서 나에게 '미래교육'을 대체할 이름을 묻는다면, 과거와 미래의 공동체를 중재하는 교육이라는 의미에서 '미래·공생교육'으로 지칭할 것을 제안한다.[26]

24 가라타니 고진(2013), 『트랜스 크리틱』, 이신철 옮김, 도서출판 b, 189쪽.

25 한나 아렌트, 앞의 책, 263쪽.

그렇다면 무엇을 위한 공생이란 말인가? 나는 시간, 공간, 타자, 생태 네 가지 영역에서의 공생교육이 필요하다고 생각한다. 먼저 시간에서의 공생이란, 과거와 미래 간의 공생이다. 좁게 말하면 세대 간의 갈등을 넘어선 공동체적 연대를 뜻하지만, 그것보다 훨씬 넓은 범주의 교육이 필요하다고 생각한다. 즉, 유발 하라리의 『사피엔스』 3부작처럼 인류의 역사를 포괄하는, 혹은 우주의 역사를 포괄하는 빅히스토리 교육이 요구된다. 그 이유는 앞에서도 설명한 바와 같이, 기성세대의 미래 예측이 무용하기 때문이다. 너무나 빠르게 변화하는 미래 앞에서는, 누군가의 예측을 수동적으로 따르는 것의 위험성이 높다. 개인 스스로 과거사를 통해 과거-현재-미래를 잇는 통찰력을 키워 역동하는 미래에 순간적으로 대응하는 역능이 필요한 것이다. 이는 현행 역사교육의 규모를 훌쩍 넘긴다.

기존의 학교 역사교육은 자국중심주의를 넘지 못하고 있으며, 오히려 난민 문제와 무역 갈등 등을 거치며 전 세계적으로 민족주의, 인종주의가 강화되는 추세에 있다. 우리의 역사교육은 이러한 좁은 역사관을 넘어 세계시민주의, 더 나아가 인간중심주의마저도 극복하는 넓은 시야를 갖춰야 한다. 유발 하라리는 농업혁명을 인류의 중요한 분기점으로 보고 있으며, 농업혁명의 주체가 인간이 아니라 콩이라고 말하고 있다. 즉, 농업혁명 이후 장시간 노동에 시달려야 하는 인간의 삶은 불행해졌지만, 콩을 포함한 작물들은 안정적인 보살핌 아래 널리 자손을 퍼뜨리는 영속적인 재생산을 누리게 됐다. 그렇게 보자면, 콩이 인간의 먹거리로 쓰이는 것이 아니라 인간이 콩을 자손 대대로 보존시키기 위해 이용당하고 있다는 것이다. 농업혁명을 통해 중앙집권적인 국가체제와 관료제가 출현했다는 사실을 상

26 다만 포괄적인 사회 변화를 호칭할 때는 '4차 산업혁명' 대신 국지적인 전문용어로 쓰이는 '인지자본주의'(이에 대해서는 다음 장에서 상세히 살펴볼 예정이다)나 '노동4.0'이라는 용어를 사용하고, 미래적 교육 어젠다를 의미할 때는 '미래·공생교육'이라는 별도의 명명을 사용해 산업계에서 사용되는 개념과 교육계에서 사용되는 개념과의 분리 작업이 필요하다고 생각한다. 그러지 않는다면, 산업계의 이윤논리에 교육계 고유의 가치가 먹히거나 훼손될 수 있기 때문이다(공생교육의 필요성에 대해서는 2장에서, 그 구체적 방법에 대해서는 9장과 부록에서 자세히 다룬다).

기해 본다면, 현재의 정치체계가 누구를 위해서 필요한 것인지 재고하게 만드는 좋은 접근법이다.

이와 같이 미래 세대는 우리를 둘러싼 세계를, 인간뿐 아니라 다양한 동물, 식물, 사물, 장치를 포괄한 '인간 너머의 세계(more-than-human world)'[27]로 새롭게 이해할 수 있어야 한다. 이런 점에서 미래·공생교육은 타자의 범위를 넓힌다는 점에서 생태적 전환[28]을 꾀한다고 말할 수 있다. 타자는 중요한 철학적 개념으로서 자기동일성에 반하는 존재를 뜻한다. 즉 내가 완전히 이해할 수 없기에, 나를 괴롭게 만드는 존재이지만 그렇기에 더욱 이해를 요구하는 존재이다.

정신분석학자 자크 라캉은 세상의 규칙과 질서로서 '대타자'가 우리에게 미치는 영향에 주목하는데, 나는 자아가 비대해진 현대인들은 오히려 '대타자'보다는 '대자아(Big ME)'가 정신을 지배하고 있는 것 같다. 옳고 그름을 따지는 것을 포기하고 각자의 (소비)취향만을 존중받으려는 태도나, 진리를 좇기를 포기하고 자기의 억견(doxa)을 뒷받침해 주는 자기편 전문가만을 찾는 반지성주의적 실태를 볼 때 그런 생각이 든다. 이와 같은 전지전능감을 극복하지 못한다면 타인들의 아픔을 이해하지 못할 뿐 아니라 진정한 배움도 불가능하다. 배움이란 '(내가) 모른다'는 앎으로부터 시작된다. 따라서 앎은 항상 고통스럽다. 자기반성과 자기부정이 배움에 선행하기 때문이다. '내가 틀렸다'는 자기부정을 가능하게 하는 것은 타자에 대한 사랑이다. 그 타자는 연인이나 스승이거나, 친구나 반려동물일 수도 있다. 천문학자에게는 그 대상이 별이었을 것이고, 소크라테스에게는 지혜였을 것이다. 어쨌든 나르시시즘적인 '대자아'를 죽이지 않는다면 타자라

27 「[21세기 사상의 최전선] Q: 콩은 인간의 작물 재배와 소비에 어떻게 개입하는가?」, 『문화일보』, 2019년 11월 19일. (https://news.v.daum.net/v/20191119102015784)

28 엄기호(personal communication)에 따르면, 생태적 전환은 환경보호를 위한 실천이나 정치적 입장 변화가 아닌 존재적 전환을 뜻한다. 생태적 실천이란 나의 이익이나 주장을 위한 환경친화적 행동이 아니라, 나를 내려놓고 타자를 주인공의 자리에 둠으로써 변화하게 되는 존재적 실천인 것이다. 이 운동을 통해서 내가 드러나는 것이 아니라 타자가 드러나는 것, 내 주장을 타자의 주장으로 전치하지 않은 채 타자의 목소리를 돌려주기 등의 기준으로 살펴본다면, 행위의 주체가 생태적 전환을 꾀하고 있는지 아닌지를 분별할 수 있을 것이다.

는 배움은 찾아오지 않는다.

타자를 통한 배움에서 중요한 것은 구체적 이웃과 관계를 구축하기 위해 노력해야 한다는 것이다. 먼 나라에서 고통받는 지구촌 이웃을 위해서 정의로운 눈물을 흘리는 것은 오히려 쉬운 일이다. 바로 옆에서 생활 소음을 일으키거나, 여러 가지 민폐를 끼치며 내 공간에 난입해 들어오는 구체적 이웃을 사랑하는 것이 어려운 일이다. 타자를 통한 배움은 지역에 기반을 둔 실천과 연결되어야 한다. 따라서 이 책에서 주로 다룰 미래·공생교육에 대한 네 가지 키워드는 다음과 같다.

미래·공생교육의 네 가지 키워드

❶ **시간:** 과거와 미래의 공생 = 세대 간 공생

❷ **공간:** 구체적 이웃(지역성에 기반을 둔)을 대상으로 한 공생

❸ **타자:** 과대해진 자아(Big ME) 넘어서기, 사랑과 고통을 통해 모름을 인정하기

❹ **생태:** 다른 생명/비생명 종과의 공생, 인간중심주의 끝내기(신유물론)

공생을 기생으로 바꿔 버리다

타인은 어떻게 괴물이 되어 버렸는가

안전에 대한 강박이 왜 불신으로 이어질까

1부

불신사회

1장. 능력주의A
공생을 기생으로 바꿔 버리다

나는 능력주의가 우리 교육의 개혁을 가로막는 거대한 함정이자, 사회적으로는 모두가 속고 있기에 마치 진실처럼 작동하는 거대한 허구라 생각한다. 부동산 정책이 우리나라 정치개혁의 아킬레스건이듯이, 교육계에서는 능력주의가 그렇다. 개인사의 성패가 능력주의에 얽혀 있고, 그렇기에 이에 대한 르상티망[29] 또한 강하다. 그래서 공적 담론이 논의될 자리 자체가 형성되지 않고 각자가 추구하는 이득과 힘의 쟁투만 있을 뿐이다. 능력주의에 따라 직업의 서열뿐 아니라 교육의 서열이 촘촘히 나뉘어 계층화되어 있다.

우리 사회가 얼마나 능력주의를 강력하게 신봉하고 있는지 보여 줬던 사건이 바로 최순실 게이트였다. 사건의 시작은 그녀의 딸인 정유라의 이화여대 재학 중 각종 특혜가 불거지면서부터였다. 출석도 하지 않고 과제도 엉터리로 제출했음에도 교수들에게 특별한 대접을 받고 있었음이 조금씩 드러나면서 많은 사람들이 분통을 터뜨렸다. 실력과 노력 없이도 각종 연줄을 동원해서 승승장구하는 한국 사회의 고질병이 그대로 드러났기 때문이다. 성난 여론에 결정타를 날렸던 것은 정유라가 SNS에서 언급했다

29 르상티망(ressentiment): 인간 본성의 비합리적 측면, 특히 격정(激情)의 구실을 중시한 F. W. 니체는 권력의지에 의해 촉발된 강자의 공격욕에 대한 약자의 격정과 비합리적 복수심을 '르상티망'이라고 일컬었다(두산백과). 여성의 군대 복무를 주장하는 일부 남성들의 경우에도 '르상티망'이 작동하는 것 같다. 군대생활이 그들에게 트라우마라면, 군복무를 강제할 것이 아니라 모병제로 전환하자고 주장하는 것이 합리적일 것이다. 그런 합리적 선택이 아니라, 내가 당한 불쾌한 경험(트라우마, 원한)을 너도 당해야 한다는 복수로 전환하는 것은 르상티망이 작동하기 때문이다.

고 알려진 다음과 같은 멘트였다.

“능력 없으면 니네 부모를 원망해. 있는 우리 부모 가지고 감 놔라 배 놔라 하지 말고. 돈도 실력이야. 불만이면 종목을 갈아타야지. 남의 욕하기 바쁘니 아무리 다른 거 한들 어디 성공하겠니?”[30]

정유라는 세간의 비난에 대해 놀랍게도 ‘부모의 재산과 연줄마저도 실력’이라고 맞받아치고 있었다. 그 문장을 보며 내게 떠올랐던 것은 인천공항 출국장에서 보았던 광고판이었다. 정확하진 않지만 대략 이러한 문구의 공익 광고였다. “외모, 학벌, 지연 상관없이 실력만으로 평가받는 대한민국.” 굉장히 끔찍한 광고라는 느낌이 들었는데, 그 이유는 뒤에서 밝히겠다.

먼저 한국 사회에 존재하는 두 개의 능력주의에 대한 이야기로 논의를 시작하려 한다. 편의상 정유라의 능력주의를 ‘소문자능력주의’(이하 ‘능력주의a’)라 부르고, 공익광고의 능력주의를 ‘대문자능력주의’(이하 ‘능력주의A’)라 칭하겠다. 한국 사회에서 능력주의는 흔히 학벌주의, 혈연주의 등 구태의연한 악습을 철폐할 유일한 방책으로 거론된다는 점에서 능력주의A의 맥락으로 이해된다. 그러나 그 실제 운용에서는 오히려 정유라가 이야기한 능력주의a로 나타나고 있다. 그리고 이는 한국 사회가 능력주의a 사회에서 능력주의A 사회로 이행함에 따라 해결될 수 있는 문제가 아니다. 능력주의가 지닌 특성 때문에 모든 능력주의 사회는 필연적으로 능력주의a 사회로 발현될 수밖에 없다는 게 내 주장의 핵심이다.

능력주의의 기원

능력주의meritocracy라는 용어가 처음 등장한 곳은 영국의 사회학자 마이클 영의 『메리토크라시의 발흥*The rise of the Meritocracy*』(1958)이라는 저작이었다. Meritocracy는 능력, 실적을 뜻하는 merit와 사회체를 뜻하

30 「[단독] ‘비선실세 의혹’ 최순실 딸 SNS에 “돈도 실력… 니네 부모를 원망해”」, 『경향신문』, 2016년 10월 19일.

는 cracy의 합성어로, 개인이 가지고 있는 능력에 따라 그 지위가 결정되고 능력이 가장 높은 사람이 통치하는 사회를 뜻한다. 마이클 영은 이 책에서 영국이 세습제 귀족정 사회에서 능력주의 사회로 이행하는 모습을 가상적으로 묘사했는데, 이는 능력주의 사회를 예찬하기 위함이 아니고 능력주의 사회의 디스토피아적 결말을 풍자하기 위함이었다.

그럼에도 불구하고 '능력주의'는 1970년대 이후 영미권 국가들의 공식적인 사회 운영 원리로서 채택되게 된다. 그리고 그 도입을 강력하게 주장했던 것은 역설적이게도 벨Daniel Bell(1973)을 위시한 일군의 진보적 사회학자들이었다. 그 이유를 알기 위해서는 산업화, 근대화의 역사를 살펴봐야 한다. 전근대 사회는 개인의 사회적 지위가 그 사람의 배경 출신에 따라 결정되는 신분제 사회였다. 이후 산업화와 함께 근대 사회가 시작되었으며, 2차 세계대전을 전후해 인재 등용에 대한 새로운 기준을 마련하여[31] 신분제 사회의 잔재를 털어 내는 것이 중요한 사회적 과제로 대두되었다. 이에 누구나 자신의 능력에 상응하는 기회를 부여받고 기여한 정도에 따라 공정하게 보상을 받는 원리인 능력주의가 채택된 것이었다.

이 능력주의는 산업화 이후 시작된 공교육 시스템과 연계해서 작동하게 되었다. 동등한 기회와 공정한 평가라는 측면에서 학교교육이라는 표준화 체계는 가장 효율적인 방식이었기 때문이다. 그렇게 학교는 능력주의라는 이데올로기를 전파하는 본산이 되었다. 이후 다수의 연구들이 시간이 지날수록 계층 간 교육격차가 줄어들고 있으며, 교육 수준이 소득을 결정하는 정도가 강화되는 것을 입증하는 것처럼 보였다. 이는 능력주의가 계층 간 이동을 활성화시키며 계급 불평등 문제를 공정하게 해소하고 있다는 증거로 받아들여졌다.[32] 그때는 몰랐다. 능력주의(능력주의A)가 강화될수록, 학벌을 통해서 신분이 고착되고 부모의 문화적·경제적 지위가 세습되는 새

31 2차 세계대전과 함께 사회의 총체적 산업화가 마무리되기 시작하면서 산업계의 요청으로서 전 사회적으로 능력주의가 요구된 측면도 있고, 귀족으로 이루어진 소규모 군대가 아닌 이민자들을 포함한 대규모 군대의 출현과 함께 군대에서 능력주의의 필요성이 대두된 측면도 있다. 실제 미국에서 장교 선발 등 군대 내 보직 배정을 위해 계발된 것이 능력주의의 표준화 척도인 IQ 테스트였다.

로운 계급제인 학벌주의(능력주의a)가 탄생하고 있었음을.

능력주의의 본질

능력주의에서 우리가 가장 먼저 물어야 할 질문은 '어떤 실력을 어떻게 평가할 것인가?'이다. 왜냐하면 무엇이 '실제 능력'인지 합의와 측정이 매우 어렵기 때문이다. 최근에 내가 겪은 일을 예로 들어 보자. 계약직으로 일하는 우리 학교 주무관 T는 나와 가깝게 지내는데, 종종 정규직 주무관 R에 대한 불만을 털어 내곤 한다. R이 제대로 일 처리를 할 줄 아는 게 없어서 T가 거의 대부분의 일을 처리하는데도 월급은 본인이 더 조금 받고 방학 중에는 월급도 안 나오는 게 말이 되느냐고 울상이다. 실력에 따라 자기 같은 사람은 정규직으로 승진하고 R은 비정규직의 대우를 받는 능력주의 사회가 되어야 한다고 열변을 토한다. 그러나 T는 능력주의 사회에 대해서 잘못 알고 있다. 능력주의 사회에서 인재 배치의 기준이 되는 '실력'이란 직무능력이 아닌 인지능력이기 때문이다. 즉 정규직은 주로 필기시험을 통해 선발되었던 것이다.

대학 입시, 변호사 시험, 국가고시 등 대규모의 인재 선발에서 표준화된 인지 시험이 가장 빠르고 편한 선별 도구인 것은 사실이다. 그리고 익명성이 전제가 된 시험이란 제도는 평가자의 주관적 개입을 최소화해, 누구나 노력을 통해 입신양명할 수 있는 공평한 제도인 것처럼 보인다.

그러나 작금의 시험 성적은 부모의 경제적 수준을 그대로 반영하고 있다. 부모의 경제적 지위에 따른 다양한 사교육 상품들이 표준화된 시험에 최적화된 임기응변 기술을 가르치고 있기 때문이다. 능력주의가 부모의 배경을 극복하고자 시작(능력주의A)했지만, 결국 그 실행에서는 계급적 불평등을 재생산하는 역할(능력주의a)을 하고 있는 것이다. 즉 "능력주의에서 정의하는 능력에 해당하는 '지능+노력'에서 지능은 유전에 의해 세습

32 김경근·심재희(2016), 「중·고등학생의 능력주의 태도 영향 요인에 대한 구조방정식 모형 분석」, 『교육사회학연구』 제26권 제2호.

될 소지가 있으며, 노력은 개인의 노력뿐만 아니라 부모 등 주변의 노력까지 포함하는 불평등한 개념으로 볼 수 있다".[33] 이런 점에서 학벌주의 등 기득권의 세습에 대한 비판으로서 능력주의를 소환하는 것은 사실상 어불성설에 가깝다. 칼럼리스트 박권일의 말마따나 "학벌주의는 교육 제도에 배태된embeded 능력주의 이데올로기가 점차 학력을 통한 차별화 기제로 관습화된 것"[34]에 불과한 것이다.

학벌주의가 능력주의와 똑같은 정동에 기반을 두고 있다는 사실은 미래라이프대학 개설에 반발해서 시작되었던 이화여대 점거 투쟁에서도 잘 드러난다. "명문대인 이화여대에 나는 열심히 공부해서 힘들게 들어왔는데 고졸 직장인이라는 이유로 너희는 실력도 없이 쉽게 들어와?"[35]가 엄청난 투쟁력을 뽐낸 이대 투쟁의 시발점이었던 것이다. 민주당 을지로위원회에서 입법을 추진하다 여론의 십자포화를 맞았던 「교육공무직원의 채용 및 처우에 관한 법률안」도 마찬가지다. 학교 비정규직의 정규직화를 담고 있는 개정안에 대해서 많은 사람들이 을지로위원회 홈페이지에 반대 의견을 남겼다. 그중에 한 고시생이 남긴 의견이 인상적이었다.

"정정당당하게 시험 봐서 들어오세요. 몇 년 동안 시험공부에만 매진하고 있는 30만 고시생들은 비정규직들의 갑질에 피눈물을 흘립니다."

물론 여기에서 이 법안에 대한 찬반을 말하려는 게 아니다. 그저 '공정한 경쟁, 공정한 스펙, 공정한 능력주의가 실현되면 정의로운 사회가 될 것'이라 믿는 글쓴이의 분노 어린 신념(아마도 많은 청년들이 공유할 믿음)에 주목해 보자는 것이다. 우리 사회에서 능력주의 신화는 얼마나 굳건한가! 하지만 이 청년의 분노가 무색하게, 능력주의는 그동안 평등이 아닌 불평등을 생산해 왔다. 즉, 실상은 개인의 노력을 통해 극복할 수 없는 세습적 격차가 그 출발점에서부터 존재하는데, 모든 결과의 차이가 개인의 능력 부족에서 연원하는 것처럼 합리화하는 허구적 이데올로기가 능력주의

33 김경근·심재휘(2016), 위의 글.

34 박권일(2011), "능력주의와 학벌주의", 자음과모음 카페 '표준시민' 연재.

35 보헤미안(2016), "[능력주의, 헬조선] 능력주의는 없다"(shalacho.blog.me/220785211254).

라는 것이다. 능력주의는 한마디로 "평등을 어떻게 달성할지보다 불평등을 어떻게 정당화할지에 몰두해 온 사회의 산물"[36]이었다.

이런 상황에서 '지균충', '기균충', '급식충', '복지충'[37] 같은 용어가 청(소)년들 사이에서 유행하는 것은 무엇을 의미할까? 능력이 부족한 약자에 대한 모든 보호망을 제거해야 한다는 능력지상주의가 "변화하지 않는 마음가짐mindset 또는 심리적 규율 체제로서" 청소년들의 마음속에 깊숙이 안착하고 있었던 것이다.[38] 오늘날 종교 권위의 붕괴와 상대주의의 부상으로 우리 어른들은 서로가 존중할 수 있는 공통된 윤리관을 찾기 어려워졌다. 하지만 우리 아이들은 12년간 겪는 학교와 그 평가 시스템[39]을 통해 능력주의를 이 혼란한 세상에서 시시비비를 가려 줄 유일무이한 윤리관으로 받아들이고 있다. 교실 붕괴니 구시대 교육이니 말이 많아도, 우리 학교는 '이데올로기 장치(알튀세르)'로서의 역할을 무섭게도 일관되게 수행하고 있었던 것이다.

능력주의 너머에 대한 상상

사실 작금의 능력주의에 대한 비판은 좌우파를 가리지 않고 쏟아져 나오고 있다. 대표적인 것이 '실력; 실제적 능력'을 측정하기 위해, 능력에 대한 우리의 개념을 바꿔야 한다는 주장이다. 박근혜 정부가 야심차게 도입한 NCS(직무능력평가)가 이 새로운 '실력'에 해당된다. 그러나 그것은

36 박권일 외(2016), 『#혐오_주의』, 알마, 32쪽.

37 지역·기회균형선발은 농어촌 등 서울 외의 지역 고교, 저소득 가구, 탈북 가정 등 사회·경제적으로 어려운 환경에서 생활하면서도 우수한 성과를 거둔 학생을 선발하는 제도다. 2013년 서울대의 학생 인터넷 커뮤니티인 '스누라이프'에 '지역·기회균형선발' 출신 학생을 '지균충(蟲)', '기균충(蟲)'으로 부르며 벌레로 비하하는 글들이 올라왔다(「[조국의 밥과 법] '지균충'과 '기균충'」, 『경향신문』, 2014년 3월 18일). 지균충, 기균충과 같은 혐칭들이 보여 주는 것은, 오늘날 한국 사회는 대학 간 서열뿐만 아니라 대학 내 서열도 촘촘히 구분되어 있을 정도로, 대학가에 능력주의가 뿌리 깊게 자리 잡았다는 사실이다. 덧붙여 '급식충'은 점심 급식을 먹는 초·중·고 학생들, 복지충은 복지정책의 수혜 대상에 대한 멸칭이다.

38 김경근·심재희(2016), 앞의 글.

39 <프로듀스 101>류의 각종 서바이벌 예능 프로그램도 그 역할을 톡톡히 하고 있다.

허상을 쫓는 것에 불과하다. '실제 능력'을 찾는 작업이 허상인 이유는, 모든 사람을 단일하게 판단할 수 있는 잣대란 존재하지 않기 때문이다. 표준화 시험의 폐단은 그 표준화 척도가 객관적이지 못하다는 점에 있지 않다. 인간이라는 존재를 규격화시켜 평가하려는 그 시도 자체가 문제이다. 더군다나 교육현장에서의 표준화된 평가는 필연적으로 반인간화, 기계화 교육으로 향하게 되어 있다.

둘째는 능력에 대한 우리의 개념을 바꾸자는 주장이다. 기존의 '능력ability'에 대한 우리의 관념이 다른 사람들과의 비교를 전제로 하는 '경쟁력capacity'으로만 이해되어 무한 경쟁 생존 사회라는 부작용이 나타났다는 것이다. 따라서 '능력'이라는 용어를 그 사회에 속한 개인의 자아실현 가능성을 높여 준다는 의미인 '역량capability'으로 바꿔서 사용하자는 것이다. 이와 같은 '역량 접근법capability approach'은 경제학자인 센Amartya Kumar Sen과 법철학 교수인 누스바움Martha Craven Nussbaum이 제안한 개념이다. 센은 각 개인의 역량을 살피는 것이 국민 전체의 소득이나 자원으로 삶의 질을 판단하는 GDP보다 적절한 기준일 수 있다고 본다. 이에 더해 누스바움은 "사회가 사람의 기본적 품위나 정의를 지켜 주는지 비교하고 평가"[40]하는데 역량 개념을 사용하자고 주장한다. 각 개인들이 자신들의 경쟁력을 사회에 증명하기 위해 '노오력'하는 것이 아니라, 사회가 각 개인들의 잠재되어 있는 역량을 극대화시키기 위해 노력해야 된다는 역발상이다. 이는 모든 사람의 역량을 개발시키는 것은 기본 인권의 보장으로서 국가의 의무라는 주장으로까지 이어진다.

그러나 '역량'이라는 용어를 '능력'이라는 개념 대신에 사용한다고 해서 우리 사회를 변화시킬 수 있을까? 실제로 핵심 역량(core competence), 역량 중심 교육과정(competency-based curriculum) 등 7차 교육과정에서부터 본격적으로 도입되기 시작한 '역량'이란 용어는 오히려 '경쟁력'이란 의미로 널리 쓰이고 있다. 우리가 앞서 프롤로그에서 살펴봤듯이 오히려 '역량'은 인적자원론, 교육경제학 등을 통한 신자유주의 사회

40 마사 누스바움(2015), 『역량의 창조』, 한상연 옮김, 돌베개, 33쪽.

로의 전화(轉化)의 핵심이다.

마지막으로 능력주의 사회의 폐단을 극복하기 위해, 학교에서 경쟁 대신에 협력을 가르치자는 주장이 있다. 조별 과제나 협력학습, 협동학습 등이 그 구체적 대안들이라 할 수 있다. 그러나 오히려 협력학습과 조별학습 등을 통해 "협력을 강조하고 협력을 교육하면 할수록 협력을 혐오하고 차라리 혼자 하겠다는 경향"[41]이 나타나고 있음을 주목해야 한다. 이러한 반작용의 이유는 바로 학교에서 가르치는 협력이 성과 기반이기 때문이다. 역할 분담, 또래 교수법 등이 그 표면적 모습은 협력처럼 보일지라도 '모둠 간 경쟁'이라는 큰 그림 속에서 '모둠 내 일시적 협력'을 통해 칭찬과 성적 등 보상을 받는 구조라는 것에 주목할 필요가 있다. 협력학습은 '협력을 위한 협력'이 아니라 '경쟁을 위한 협력', 즉 더 교묘한 종류의 경쟁을 가르치고 있는 것이다. (경쟁을 위한) 협력에 동참하지 않는 모둠원들을 압박하고, 더 나아가 노력과 능력이 부족한 '무임승차자'를 혐오하게 만든다는 점에서 오히려 능력주의 그 자체라고 말해도 될 정도이다.[42]

상상력의 감옥

능력주의 이후를 논하는 많은 대안들이 패착에 빠지는 이유는 결국 우리가 새로운 사회를 상상하지 못하기 때문이다. 대안을 논하려는 나 또한 상상력의 한계 속에서 새로운 구태를 소환할까 두렵다. 이런 악순환을 벗어나는 방법은 우리가 당연하게 생각해 왔던, 관습적 사고에 끊임없이

41 엄기호(2016), 『나는 세상을 리셋하고 싶습니다』, 창비, 200쪽.

42 "함께해서 더러웠고 다시는 만나지 말자"는 대학가의 유명한 짤방(패러디 사진)처럼 협동학습은 열심히 하지 않거나, 열심히 할 수 없는 여건의 사람을 증오하게 되는 계기가 될 뿐이다. 이런 점에서 협동학습은 '기본소득 운동'의 가장 큰 적이라고 할 수 있지 않을까? 많은 사람들이 기본소득에 대한 저항감을 가지고 있는데, 그 이면에는 노동과 연관되지 않는 보상에 대한 불편함이 있기 때문이다. 즉, "일하지 않는 자 먹지도 말라"와 같은 노동윤리는 협동학습에서의 '무임승차 혐오'와 같은 맥락에 놓여 있다. 여기에는 장애인과 정신질환자 등 처음부터 잘 수행할 수 없는 조건에 놓여 있는 사람들에 대한 배제가 있을 뿐만 아니라, 왜 '일하지 않을 권리'(데이비드 프레인)나 '게으를 권리'(폴 라파르그)는 존중받을 수 없는지에 대한 논의가 생략되어 있다.

의문을 표하고 질문을 던지는 것이다. 자, 그럼 능력주의에 관해 조심스럽게 자문해 보자.

우리의 학교 시스템은 한 사람의 학창 시절(16년) 동안 공동체 의식을 길러 주는 곳이라기보다는 각자도생의 위기감을 심어 주는 곳에 가깝다. 주기적으로 이루어지는 평가를 통해 학생들을 끊임없이 줄 세우기 때문이다. 우리는 왜 평가하는가? 자원은 부족하고 사람은 넘쳐나기 때문이다. 즉, 모두가 원하는 일자리는 한정되어 있기에 수능과 같은 표준화 시험이 필요하다. 그렇다면, 사람을 줄 세우지 않아도 되는 세상은 불가능한가? 대학교를 청소하는 청소부가 강의실에서 수업을 가르치는 교수만큼의 월급과 사회적 존경을 받는다고 생각해 보자. 아니 오히려 모두가 기피하는 소위 3D[43] 업종의 월급을 의사나 변호사 월급보다 높게 책정해 보자. 과연 그런 사회에서도 의대, 약대, 교대 순으로 학생들이 줄을 서게 될까? 유치원부터 대학원 교육까지 모든 과정을 무상으로 배울 수 있다고 하면 어떨까? 그때도 자신의 학벌을 개인의 성취라고 주장하며, 모든 사회적 과실들을 괴물처럼 독식하고자 분투할까?

개인이 자신의 능력과 노력을 통해 진정한 자유를 획득할 수 있을 것이라는 능력주의적 환상은 우리가 매 순간 남들의 덕을 통해 존재하고 있다는 사실을 망각하게 한다. 아니 오히려 끊임없이 폐를 끼치며 다가오는 타자들로부터 달아나고, 그들로부터 격리되어 독존(獨存)하는 쾌적한 멸균의 유토피아를 꿈꾸게 만든다. 신자유주의적 능력주의는 우리가 다양한 브랜드를 욕망하고 선택하는 행위를 통해 내 인생의 방향을 전지전능하게 선택하고 있다고 착각하게 만든다. "그런 의미에서 우리는 우리 자신을 행위로 구성하기 위해 허물어져야 한다. 즉 우리가 누구인지를 만들어 내기 위해 더 큰 사회적 존재 구조의 일부가 되어야 한다."[44]

43 difficult, dirty, dangerous의 머리글자인 D를 따서 만든 용어로 주로 제조업, 광업, 건축업 등이 꼽힌다(『한경 경제용어사전』).

44 주디스 버틀러(2015), 『젠더 허물기』, 조현준 옮김, 문학과지성사, 164쪽.

우리 사회가 미래 세대를 위해 조건 없이, 아낌없이 지원하고 섬긴다면 학생들은 우리 사회에 대한 부채 의식을 갖게 될 것이다. 그리고 그 학창 시절의 몸과 마음 한 켠에 빚이자 빛으로 새겨진 공통 감각이 우리를 구원하는 미래의 동아줄이 되지 않을까? 어떤 공동체든 그 공동체를 유지시키는 힘은 서로의 호혜에 대한 미안함과 고마움이며, 이 감각을 증진시키는 것이 공생교육의 핵심이라고 생각한다. 한 해에 쓰이는 사교육비 액수가 서울시 총예산에 맞먹는다고 한다.[45] 2019년 기준으로 약 21조 원에 육박하는 이 돈을 17세가 되는 청(소)년들에게 기본소득으로 매달 100만 원씩 지급하면 어떨까? 노후를 안전하게 보호하기 위해 취업하자마자 가입하는 개인연금보다 훨씬 든든한 사회적 해결책이 아닐까? 홀로 선택하고 홀로 책임져야 한다는 신자유주의적 자유의 환상 속에서 새로운 자유를 상상하자. 진정한 자유는 '홀로'에서가 아니라, '곁'에서 나온다는 그 진실을 말이다.

다시 처음으로 돌아가 보자. 실력만으로 평가받는 대한민국을 만들자는 공익광고가 나에겐 끔찍했다. 그 이유는 학벌주의, 외모지상주의를 비판하면서도 기어코 사람을 줄 세우는 것만큼은 멈추지 않겠다는 집요한 의지가 느껴졌기 때문이다. 마찬가지로 '정유라 입시 부정'으로 시작된 촛불 민주주의의 결말이 고작 "사람을 좀 더 공정하게 줄 세우자"라는 결의로 끝난 것 같아 두렵다.

능력주의라는 허구

2015년 5월 초 경기도 군포에 거주하던 특성화고 졸업생이 자살한 사건이 있었다. 3학년 말부터 외식업체에서 일하며 받았던 비인간적 처우에 절망해 극단적 선택을 한 것이다. 아마도 그는 현장실습을 통해 암울한 현재뿐만 아니라 최하위 노동자로서의 자신의 미래까지 내다봤던 것 같다. 가방에 숟가락과 컵라면을 넣고 다닐 정도로 치열한 삶을 살았던 구의

45 김서영·김소연 외(2016), 『헬조선에는 정신분석』, 현실문화, 36쪽.

역 사고의 희생자도 특성화고 출신이었다. 머리를 쓰는 배움이 아닌 손을 쓰는 배움을 추구하는 특성화 교육에서 왜 이런 일이 자꾸 반복되는 걸까? 여전히 우리 사회가 직무능력이 아닌 인지능력을 기준으로 사람을 평가하고 대우하고 있다는 예증이 아닐까. 이런 시스템에서 기술노무직 노동자들은 월급은 물론, 사회적 지위도 낮으며, 위험한 근로조건에서 보호받을 기본적 배려조차 누리지 못한다. 암묵지와 신체 노동을 존중하지 않는 사회에서 기술직종의 노동자들은 끊임없이 절망할 수밖에 없다.

이런 모순을 극복하고자 박근혜 정부는 NCS(직무능력표준)라는 실무능력을 평가하는 표준화 도구를 야심차게 도입했다. 시험 성적이나 학벌이 아닌 능력 중심의 인력 채용 문화를 만든다(능력주의A)는 것이 그 도입 취지이다. 그러나 과연 신체 노동에 대한 계량화된 평가가 가능할 것인가? 결국 NCS조차 정보력을 갖추고 맞춤형 사교육을 시행시킬 수 있는 부모의 영향력(능력주의a)에 좌지우지되지 않을까? 그렇다면 어떤 평가인지가 문제가 아니라 '표준화된 평가' 자체가 문제인 것은 아닐까? 즉 근본적으로 표준화가 불가능한 영역에서 척도를 매기고 사람을 서열화하다 보니 계속 모순이 발생하는 것은 아닐까? 우리는 어떤 평가를 할 것인가 고민하기에 앞서 누구의 이득을 위해 사람들을 줄 세워야만 하는지 물어야 하지 않을까?

'공정한 평가'에 대한 환상(능력주의A)은 결국 '불공평한 차별(능력주의a)'로 귀결된다. 따라서 결국 능력주의는 약자와 공생을 도모하는 모든 주장을 기생을 꾀하는 꼼수로 쳐내게 된다. 명문대를 가지 않더라도, 대학을 가지 않더라도, 시험 성적이 좋지 않더라도, 죽을 각오로 '노오력'하지 않더라도 모두가 꿈꾸며 살 수 있는 사회. 혼자 잘 사는 '능력'보다 함께 잘 사는 '공생'을 중시하자는 합의가 이루어지는 날이 오기를 바란다. 아니 그런 날을 만들기 위해 이 황무지에 매일매일 작은 씨앗을 심자고 다짐해 본다.

2장. 자기배려와 타자배려
타인은 어떻게 괴물이 되어 버렸는가

비슷한 내용인데도 불구하고 매번 신문 지상 상단에 보도되는 이슈가 있다. 그것은 바로 출산율이다. 우리나라는 매년 출산율 최저 기록을 갱신하고 있는데, 어느새 출산율 0명대 세계 최저의 기록을 가지게 되었다.[46] 출산율뿐만 아니라 다른 지표들도 종합적으로 살펴보면 재밌는 현상을 알게 된다. 현재 1인 가구는 29.2%로 2인 가구 등을 초월해 거주 형태 1위를 차지하고 있다. 그리고 결혼 의향이 없는 1인 가구의 증가 속도는 더욱 가파르다. 최근에는 비혼에 이어 비연애를 선언하는 청년들도 늘고 있다. 저출산이 문제이니 출산율을 높이기 위해 출산장려금을 지급한다든지, '대한민국 출산지도'[47]를 만드는 등 기계적으로 접근할 사항이 아니다. 작금의 현상들 배후에는 청년들이 그저 아이 낳기를 꺼리거나 결혼을 부담스러워하는 것 이상의 무언가가 있다. 바로 친밀한 관계 자체에 부담과 불안감을 느끼기 시작한 것이다. 그러한 정동을 잘 나타내는 신조어가 '안전이별'이다. 이 단어는 시사상식사전에 등재될 정로도 널리 퍼졌는데, 그 정의는 다음과 같다.

"연인과의 이별 과정에서 스토킹이나 감금, 구타, 협박(동영상, 사진 촬영 등) 같은 폭력 없이 자신의 안위와 자존감을 지킨 채로 헤어지는 것을 가리키는 용어다. 안전이별은 이별을 통보한 연인이나 좋아하는 사람을 대

46 「한국 '출산율 0.98명' 사상 최저, 세계 유일 '출산율 0명대 나라'」, 『중앙일보』, 2019년 8월 29일.

47 2016년 12월 행정자치부가 발표했다가 여성계의 격렬한 반발에 부딪혔다.

상으로 한 '이별범죄'가 급증하고, SNS에 '안전하게 이별하는 방법'이라는 글이 올라올 정도로 심각한 사회문제로 부각됐다."[48]

데이트 폭력 발생 비율은 신체적 폭력으로만 국한할 때도 데이트 경험이 있는 세 사람 중 한 명에 해당할 정도로 빈번하다.[49] 특히 이별범죄의 경우 감금, 구타와 같은 신체적 위협, 리벤지 포르노와 같은 사회적 살해 협박이 가장 빈번하다는 것을 고려할 때, 개인에게 고강도 위험으로 느껴질 수밖에 없다. 따라서 오늘날 청년들은 연애를 시작하기 전부터 안전이별부터 고민하게 되었다. 공동체의 붕괴와 함께 부서져 가는 인간관계 속에서 마지막 남은 내밀한 소통관계가 지워지고 있는 것이다. 과거의 연인 사이가 부메랑처럼 복수로 돌아오는 시대에 사람들은 그 누구도 믿을 수 없게 된다. 내밀한 관계에 대한 위험 부담이 너무 높기 때문이다.

프로이트의 도식을 빌리자면, 에로스(생명충동, 성충동)와 죽음충동의 대결에서 죽음충동이 승리를 거두고 있는 것이다. 하지만 에로스(성충동) 자체는 사라지지 않기 때문에 인간으로서의 연인의 자리를 대체하는 다른 대상들이 등장한다. 야동은 물론 자극적인 뮤직비디오를 통해 소비되는 연예인, 마치 연인인 듯 내밀한 이야기를 건네는 유튜버[50] 등이 그렇다. 이와 같은 매체들의 특징은 서로 알아 가는 지난한 과정과 이별에 대한 불안 없이 시청각적 욕동의 빠른 해소를 가능하게 해 준다는 것이다. 즉 사람 사이의 관계는 없고 자극의 극치가 계속 높아지며, 조각난 섹슈얼리티만 향유된다. 현대인들은 다이어트 콜라나 씨 없는 포도, 비계 없는 살코기처럼 부담스러운 부분은 절삭하며 원하는 부위만 유희하는 것이다. 문제는 그러다 보니 타자에 대한 배려가 없다는 것이다. 일베 현상 역시 이렇게 이해할 수 있다. 맘충, 급식충, 생리충 등 상대방의 존재 자체를 비하하고 혐칭으로 부르며 낄낄댄다. 이런 문화가 초·중·고 학생들 사이에 만연해 있다. 문제

48 pmg 지식엔진연구소, 『시사상식사전』, 네이버 지식백과.

49 「사랑과 폭력은 공존할 수 없다, 안전이별 매뉴얼」, 『한국일보』, 2015년 12월 4일.

50 마치 귀에 속삭이듯 작게 말하는 ASMR 영상이 인기인 이유도 여기에 있을 것이다.

는 그들이 혐오의 문화를 유머와 놀이로서 즐긴다는 점이다.

절삭(切削)의 시대

이게 가능한 이유는 첫째, 현대가 소위 포스트모던이라고 불릴 만큼 거대담론이 사라진 시대이기 때문이다. 거대담론이 사라졌다는 것은 옳고 그른 것에 대한 사회적 기준, 사회적 합의가 없는 시대라는 것을 뜻한다. 그러다 보니 무한한 상대주의, 취향의 시대만이 펼쳐진다. 이 시대에 유일한 합의는 타인의 취향에 대해 간섭하거나 무시하지 말고 존중하라는 것이다. 개인이 개인으로서 존중받는 것은 그렇게 취향의 획득을 통해서다. 문제는 이 취향의 획득이 소비를 통해서만 가능하다는 것이다. 예를 들어 신형 아이폰을 구매함으로써 애플유저라는 댄디하고 트렌디한 사람의 분류에 속하는 식이다. 어떤 소비냐를 통해 자신의 앞서 나가는 취향을 증명한다. 그것이 탁월한 개인으로서 인정받고 존중받는 길이다. 그 외에는 누가 무슨 말을 하든 옳고 그른 것을 가릴 수가 없다. 무한 상대주의 속에서는 타자에 대한 혐오도 개인의 자유인 것이다. 그렇게 무분별한 자유가 넘쳐나며 말의 가치는 계속 하락한다. 사실과 주장을 애써 분별할 필요가 없으니 가짜 뉴스만 넘쳐나게 된다.

둘째. 공동체가 붕괴되어 있다. 과거에는 그게 동네이든 학교이든 직장이든 '우리는 하나다' 혹은 '우리는 가족이다' 같은 공동체의식이 살아 있었다. 물론 거기에는 집단주의의 폐단이 남아 있었다는 점에서 미래적 이상향과는 거리가 멀다. "우리가 남이가?" 등의 정서는 수많은 혈연, 학연, 지연, 군연 등 연줄주의를 통한 만연한 부정부패와 독재정권을 만들어 냈다. 이는 장유유서, 부부유별 등 나이주의, 성역할주의에 따른 억압적이고 차별적인 마초적 가부장사회를 만든 정신이기도 하다.

그럼에도 그 시대에는 나와 혈연으로 엮이지 않은 사람마저도 하나의 공동 운명체로 여기며 포용하고 함께 가려고 하는 마음이 있었다. 지금은 그러한 마음의 정치학/정신 자체가 부재한 시대이다. 사람들은 타자와 엮이는 일을 부담스럽고 귀찮아한다. 그렇다고 해서 개인이 개인으로서 온전히 존중받을 수 있는 사회인 것도 아니다. 그러다 보니 우리 사회는 개인도 없고 공동체도 없는 과도기적 난관에 봉착해 있다. 이런 상황에서 우리는 나와 다른 타자를 배척하고, 존재 자체를 배제시키는 방향으로 나가고 있는 것은 아닐까?

트위터에서 페이스북, 인스타그램으로 이어지는 디지털 플랫폼의 유행 경향을 살펴보면 그 방향성이 뚜렷하다. 접속한 사용자와 다른 의견은 차단되고 나와 생각이 비슷한 사람들의 의견만 들을 수 있게 설계되고 있다. 이견이 터져 나오면 그들과 언팔하고, 친삭하고, 강퇴시키고, 차단시킨다. 그런 편리함에 반비례해, 우리의 멘탈은 시간이 지날수록 유리 멘탈이 되어 간다. 남을 참을 수 없기에 조금만 생각이 달라도 차단시킨다. 카톡창에서도 토론하다가 방을 나가 버리는 경우가 비일비재하다. 그러다 보니 페친이 천 명이든 만 명이든 50만 명이든 나와 생각이 다른 사람은 나와 교류하는 사람 중에 존재하지 않는다. 50만 명의 타자와 교류하고 있다고 착각할지 모르지만 실은 50만 명의 나와 교류하고 있는 것이다. 디지털 문화에 익숙한 어린 세대에 가까이 갈수록 이런 타자와의 소통 부재 현상은 점점 더 심각하다. 교실 속에서 혐칭의 만연은 이런 바탕 위에 깔려 있는 것이다.

이와 같이 거대담론의 종식, 공동체의 붕괴 이 두 가지가 맞물려 나타난 가장 심각한 부작용은 개인들에게 윤리적 지표가 사라졌다는 것이다. 종교라든지 공동체가 제시했던 여러 가지 윤리적 가치들은 더 이상 우리의 삶에 유의미하게 작동하지 않는다. 무엇을 위해 살아야 할지 모르기 때문에 끝없이 공허하고 외롭다. 물론 십계명처럼 명확한 도덕적 기준을 가지고 있는 종교인들도 있지만 그러한 기준들이 우리 모두의 기준이 될 수는 없다. 그리고 뒤에서 설명하겠지만 이렇게 명확한 기준을 갖고 있는 사람들이 정치적 차원에서는 오히려 위험할 수 있다. 윤리가 사라진 공백은 실용주의가 차지하기 쉽다. 예를 들어, 자본주의 사회에서는 "잘 먹고 잘사는 것"이 유일한 윤리적 기준이 된다. 심지어 많은 교회의 목사들마저 신자들이 가진 부의 규모가 신이 주신 축복의 크기인 듯 이야기한다. '하나님을 믿은 부자들' 같은 어린이 책이 심심치 않게 출간된다. 그뿐 아니라 카네기, 록펠러 등 노동자들에게 최악의 악덕 기업주로 뽑히는 CEO들을 은혜로운 신앙인처럼 묘사하는 책이 넘쳐난다. 이런 점에서 과거의 부덕함이 오늘날의 미덕이 되어 버렸다. 배려 없음이야말로 현명함의 증표이다. 남을 배려하기 위해 자신이 뒤처지는 사람은 멍청하고 미련한 자이다. 그러니 수단과 방법을 가리지 말고 성공하고 부자가 되어야 한다.

타자배려의 윤리

그렇다면 지금 이 시대에 필요한 교육은 무엇일까? 먼저 시민들을 자기를 배려할 수 있는 개인으로 성장시키는 것이다. 문제는 개인의 정체성이라는 것은 독립적으로 세울 수 있는 것이 아니라는 점에 있다. '人(사람 인)'이라는 글자가 두 사람이 서로 기대고 있는 모습을 형상화했듯이 인간은 타자를 통해서 자기 정체성을 확립해 간다. 타자와의 상호인정, 상호배려를 통해서 타자와의 공유 부분이 축적되어 나의 정체성이 확립되어 가는 것이다. 그런 점에서 볼 때 들뢰즈의 타자-되기는 자기-되기라고 부를 수도 있다.

그런데 오늘날의 시대정신은 이와 정반대이다. 타자를 배제시키며 자기의 정체성을 확립해 나간다. 일베가 여성과 장애인과 퀴어를 비아냥거리며 자신들을 캐릭터라이징하는 것처럼 남자 중학생은 자기 또래 여학생과, 메갈리아와 여교사를 욕하며 남성으로서의 자기 정체성을 확립해 간다.[51] 이는 남성의 보편적 성으로서 젠더적 위치를 공고히 하는 맥락과도 닮아 있다. 즉 다수자의 정체성은 소수자와 겹치는 모든 부분을 배제함으로써 성립한다. 예를 들어 백인이라는 지위는 흑인의 피가 1%라도 섞이면 인정받지 못한다. 타자와의 교집합 부분을 지워 나간 여집합 안에서만 다수성의 지위는 성립한다. 장애인, 여성, 퀴어, 흑인 등은 다수자가 되지 못한다.

이와 같이 누구든 자기 자신을 알기 위해서는, 먼저 타자에 대해 이해해야 한다. 반려 가정이 급격히 늘고 있는, 그래서 그로 인한 이웃 간의

51 최태섭(2018), 『한국, 남자』, 은행나무.

갈등이 급증하고 있는 오늘날에는 반려동물과 이를 둘러싼 논쟁을 이해하는 것이 타자배려에 관한 좋은 수업이 될 수 있다. 반려동물 에티켓이라고 하면 흔히 우리는 목줄이나 입마개를 착용하고 배변을 제때 치우는 것들을 생각한다. 어떻게 보면 반려동물을 키우지 않는 다른 시민들을 위한 최소한의 배려이기도 한데, 이러한 배려는 왜 행해야 하는지, 또 누구를 위해서 행해야 하는지도 살펴볼 필요가 있다.

나는 이를테면, 반려인과 비반려인 그리고 반려동물 모두를 배려하는 반려문화가 정착되어야 한다고 생각한다.

개통령이라고 불리는 강형욱 훈련사가 다양한 예능프로그램에 출연한 지 꽤 지났다. 그만큼 애견인들의 <세나개>(EBS, 세상에 나쁜 개는 없다)에 대한 사랑은 어린아이들의 '뽀로로'에 비견할 정도로 열렬하다. 문제 행동을 보이거나 이상증세를 갖고 있는 강아지에 대해서 그 행동의 의미를 명료하게 해석해 주기 때문이다. 따라서 강형욱이나 <세나개>에 대한 인기는 반려인들이 강아지의 마음을 모르기 때문에 겪는 답답함이 크다는 반증이기도 하다. 내가 처음 강아지를 키웠을 때도 답답함이 컸다. '왜 오줌을 배변패드가 아닌 다른 곳에 싸는지, 왜 지나가는 사람들을 향해 짖는지, 왜 오줌을 싸고 나서 신나게 발길질을 뻗는지, 왜 비린내가 나는 것을 좋아하고 심지어 몸에 문대기까지 하는지' 강아지 언어를 배워서 물어보고 싶은 심정이었다. 지금은 강형욱 씨의 도움과 나의 경험이 쌓여 당황하는 일은 줄었지만 우리 강아지가 문득 슬픈 표정을 짓고 있으면 여전히 답답하다. 그러나 '(완전히) 알 수 없다'는 그 겸허한 태도야말로 타자배려의 핵심이라고 생각한다.

아무리 오랜 시간 동안 같이 살았다고 해도 반려하는 강아지의 마음을 사람이 완벽하게 알 수는 없다. 그런데도 우리는 모든 걸 안다고 생각하고, 너무나 쉽게 타자를 판단한다. 이 점에서는 비애견인뿐만 아니라 애견인들도 마찬가지이다. 예를 들자면 시끄럽게 짖는 강아지를 살펴보자. 아파트에서 시끄럽게 짖는 강아지에게 아무 조치를 취하지 않는 애견인도 문제지만, 타인들을 배려한답시고 반려동물의 성대제거수술을 하거나 짖음방지장치(목에다 매는 전기충격기)를 하는 사람 또한 야만적이다. 이웃은 배려를 받았을지 모르나 반려동물 입장에서는 그렇지 않기 때문이다.

타자의 괴물화

이와 같은 해결 방법이야말로 우리에겐 전형적이다. 문제를 일으키는 구조를 보려고 하지 않고, 그 행동을 보인 타자의 상황을 헤아리려는 노력도 전혀 없이 문제인자 자체를 도려내 버린다. 세월호를 비롯해 각종 범죄 사건에서 특정인을 괴물화하고 전 국민이 마녀사냥에 동참케 하는 언론의 보도 실태를 보라. 사건 보도는 잘못한 사람(괴물)이 누군지 찾아내고, 그 괴물의 악행을 최대한 자극적으로 보도하는 데 집중하고 있다. 일부 종편 언론들은 보도에서 나아가 재현(이영학 부인의 자살 실황 영상)까지 해 보였다. 사건으로 나타난 비극, 사회적 재앙 앞에서 '왜 이런 사건이 우리가 살고 있는 사회에서 발생했는가'라는 고통스런 질문과 성찰에 대한 시도는 찾기 어렵다. 그저 문제를 가진 사람을 지목하고 제거해 빠르고 쉽게 해결하려 할 뿐이다. 그러다 보니 괴물로 지목된 자와 유사한 특징(주로 '소수성')을 지닌 대상을 향한 혐오만 확산된다.

이주노동자를 비롯해 조선족 혐오도 대표적이라 볼 수 있을 것이다. 게다가 혐오의 역치(반대로 표현하면 '타인을 참아 주고 품어 주는 능력')는 점점 낮아져만 가니 혐오 대상은 점점 확산된다. 맘충 현상이나 장애인 혐오('어금니아빠'), 애견인 혐오 등으로 혐오 대상은 특정 범죄자에서 점점 내 주변에서 쉽게 만날 수 있는 타자로 옮아간다. 공공장소에서 시끄럽게 우는 아이에 대한 불만에서 시작한 육아 여성에 대한 혐오 용어 '맘충'과 특정 연령 이하의 아이와 엄마의 입장을 배제한 '노키즈존'의 확산을 생각해 보자. 우리는 시끄럽게 우는 아이의 울음소리가 듣기 싫고 귀찮을 뿐이지, 그 아이와 그 아이를 키우는 엄마의 상황에 대해선 관심이 없다. 헬조선의 지옥 같은 여건에서 육아 부담을 홀로 감당하는 여성에 대한 어떠한 사회적 책임의식도 갖지 않은 채 너무나 쉽게 여성성(맘)에 혐오 용어를 갖다가 붙인다. 그렇게 혐오를 남발하다 자기의 특정한 정체성에도 혐칭이 붙고 배제가 되면(예: 노아재존) 그땐 어떻게 될까? 혐림픽이라도 벌어지는 걸까.

이러한 혐오의 일상화, 확대에 어떻게 대응해야 할까? 나는 미래 세대를 위한 '타자이해교육, 배려교육'이 절실하다고 생각한다. 그런 의미에서 교육의 생태적 전환이 시급하다

먼저 동물이해교육으로 한정해서 살펴보자. 초등학교 실과 교과서에서는 동물의 범주를 크게 애완동물과 경제동물로 구분한다. 경제동물은 돼지, 소, 닭처럼 인간이 통째로 잡아먹거나 양, 젖소 등 신체의 일부나 부산물을 이용하는 동물을 뜻한다. 산업형 축산을 통해 동물복지와 동물권을 침혹하고 심각하게 침해하는 실태에 대해선 단 한 줄도 언급하지 않는다. 그것도 문제지만 애완동물의 경우도 마찬가지다. 감정 서비스냐 살신(?) 서비스냐의 차이일 뿐 한 생명을 상품으로, 인간의 도구적 이용 대상으로 보는 것은 같다. 애완동물도 외로운 사람이 자신의 마음을 위로하기 위한 용도로 보자면, 둘 다 인간의 이익을 위한 구분인 것이다. 반려동물을 타자로 보는 시선 자체가 없다. 내가 잘 알지 못하고 결코 완전히 알 수 없지만, 알기 위해서 노력하고, 조심스럽게 서로 배려하며 상생하겠다는 겸허함이 우리 교육에 빠져 있다.

한편으로 개고기음식점 철폐 운동에서 보듯이 동물에 대한 이해 부족이 우리나라 사람들의 야만성, 혹은 문화적 후진성에서 기인했다고 여기는 사람들도 있다. 그러나 나는 타자(성)에 대한 무시, 차단, 제거는 인간 문명사의 현재적 귀결로 봐야 한다고 생각한다. 즉 우리나라는 문명화에 뒤처진 후진적인 나라라기보다 신자유주의적 문명화의 최첨단화, 그 정신의 현현, 가식 없는 노골화로 전 세계에서 가장 앞서가고 있는 나라이다. 생태계를 파괴하는 방향으로 가고 있는 이와 같은 호모 사피엔스의 문명이야말로 야만 그 자체이다. '교육의 생태적 전환'이라는 화두를 가지고 있는 미래교육은 단순히 교육농을 가르치거나 환경교육을 하자는 의미가 아니다. 그것은 곁가지일 뿐이거나 진짜 목적을 훼손한다. 생태적 교육이란 "타자에 대한 배려, 그리고 그를 통한 자기배려"(푸코)라는 말과 다르지 않다. 그리고 그러한 배려를 통해서 사회의 방향, 인류 문명의 진로 자체를 바꾸어야 할 것이다.

모름의 영역을 남겨 두는 배움

그러한 배움은 어떻게 가능할까? 그 시작을 위해서 우린 학교에서 시험을 통해 점수화하는 교육, 학교화된(schooling) 공부를 넘어서야 한다. 엄기호는 『공부공부』라는 책에서 배움의 과정에서 스스로 '왜'라는 질문을 던진 후 기다리는 시간의 중요성을 강조한다. 스스로 골똘히 생각할 수 있는 화두가 없으면 배움은 없다는 것이다. 내가 수업 중에 학생들에게 강조한 것도 '2%의 찝찝함'이었다. 학생들과의 첫 만남에서 나는 종종 "여러분이 수업 중에 여러 가지 질문을 하겠지만, 선생님이 모든 궁금증을 해소해 줄 수는 없다. 아니 해소해 주지 않겠다"라고 선언한다. 왜냐하면 누군가가 학생들의 모든 질문에 바로바로 답해 준다면, 배움이 자신의 몸과 마음에 새겨지는 것이 아니라 몸을 통과해 지나가 버리기 때문이다. 아이의 생각과 화두가 숙성될 때까지 기다리지 못하고 빠른 답변을 채근하고 정답만을 제시함으로써 배움의 과정이 고통이자 고문이 된 것이 우리의 교육 아니었던가?

내가 책을 읽거나 글을 쓸 때도 마찬가지다. 나는 여러 해 동안 교육계의 해결되지 않는 난제들을 붙잡고 늘어졌다. 그 풀리지 않는 '수수께끼'를 부여잡고 그 파해법을 알고자 이반 일리치, 존 테일러 게토, 유발 하라리 같은 저자들을 스승으로 삼았다. 종종 저자들로부터 사이다와 같은 속시원한 답변을 듣기도 했지만, 내가 처한 문제에 대한 완전한 해답은 찾지 못했다. 그러나 오히려 그러했기에 기쁠 수 있었다. 책이 해결해 주지 못한 그 '수수께끼'들을 내 가슴속에 품고 다시 일상으로 돌아가 성찰하고 고민하며 살 수 있었기 때문이다.

『공부공부』라는 책에 이런 대목이 있다. "여기저기에서 인문학 강좌니 뭐니 듣고 배우는 자리는 많아졌지만, 그런 자리의 상당수는 공부를 구경거리로 만들어서 소비하고 품평하는 자리다. 성경에 나오는 것처럼, 그것이 배움이었는지 구경이었는지는 열매를 보면 알 수 있다. 자기가 뭘 배웠는지에 관해서는 거의 말하지 않고 강의에 관한 말만 넘쳐나는 게 그것이 구경이었다는 증거다." 우리는 탁월한 통찰력을 가진 저자들의 혜안과 문장들을 그저 감탄하며 향유하는 것에 그치지 말아야 한다. 함께하는 동료들이나 제자들과 끊임없이 토론하며 저자의 이야기를 나의 이야기로 바꿔 나가야 한다. 그러나 어떻게 해야 수업이 서로의 성장을 도모하며 기쁨을 고양시키는 자리가 될 수 있을까?

인간과 비인간의 연결망

비고츠키가 하나의 힌트가 될 수 있다. 그는 bottom-up 학습을 중시한 대표적 교육학자 중 한 명이다. 그는 학습의 과정에서 모방을 강조했다.[52] 모방의 학습법에서 가장 중요한 것은 '학생들의 배움을 향한 의지'와 '적합한 모방 대상들'이다. 그러나 교사의 노력만으로 학생들의 배움에 대한 동기를 유발하기는 쉽지 않은 일이다. 이와 관련해서 가장 좋은 방법은 학생들이 몸으로 체험할 수 있는 실제적 현장을 제공하여 주변과 다양한 형태의 관계들로 엮일 수 있게 하는 것이다. 그리고 우리는 이 관계의 생태망을 인간 대 인간의 것으로만 국한시킬 필요가 없다. 이는 생태학의 최신 연구 결과에 따른 것인데, 예를 들어 『*Ecology without Nature*』의 저자 티모시 모튼은 비인간-사물들을 우리 사회의 주체로 인정해야 된다고 주장한다.[53]

라투르가 대표하는 ANT[54] 이론은 한 발 더 나아가 "순수하게 인간들만으로 이루어진 관계란 없으며 비인간을 매개로 하지 않고 인간 사회는 단 한 순간도 존재할 수 없다"라고 말한다(김환석 외(2014), 『생명정치의 사회과학』, 알렙). 인간이 사물을 만들고 자연환경을 변화시킬 수 있지만, 비인간도 인간을 변화시킬 수 있으며, 비인간도 인간만큼의 행위성을 갖고

52 비고츠키는 근접발달영역(ZPD, zone of proximal development)에서의 학습을 통해 학생의 잠재적 발달수준을 실제적 발달수준으로 상향시킬 수 있다고 보고 있다. 근접발달영역이란 아동이 혼자서는 해결할 수 없으나 성인이나 뛰어난 동료와 함께 학습하면 성공할 수 있는 영역을 의미한다. ZPD 개념에 기초하면 교사나 능력 있는 동료는 아동이 지적으로 성장하는 데 필요한 요소를 지원하는 안내자의 역할을 수행한다. 그리고 ZPD 영역에서의 학습은 타인에 대한 모방을 통해 내면화까지 이어지는 것을 목표로 한다.

53 Timothy Morton(2009), *Ecology without Nature*, Cambridge: Harvard University Press.

54 Actor-Network Theory: 행위자-연결망 이론.

있다는 것이다. 따라서 ANT 이론가들이 생각하는 바람직한 미래상은 사물이 포함된 이질적 연결망을 우리 안에 구축하는 것이다. 우리 교육의 새로운 패러다임은 이와 같은 이질적 연결망에 학생들을 접속시키는 것으로 시작하여 생태적 사회를 구축하는 주체로서 키우는 것을 그 목표로 해야 할 것이다.

그것이 바로 타자배려를 통해 자기배려의 길을 찾는 해법이다. 퀴어, 장애인, 동물과 공존하는 사람으로 길러 냄으로써 자기 존재의 지평을 넓혀 가고 상호인정과 상호배려의 공동정체성 속에 자기를 속하게 함으로써 자기 정체성을 확립시켜 나가는 것이다. 그렇게 타자를 배려하며 나의 정체성을 세워 나가기 때문에 각 개인들 속에는 우주가 들어 있다. 그 작은 우주들이 다른 우주들과 연대하고 공유하며, 서로에게 속하며 거대한 우주, 거대한 생태계를 이루는 것이다. 이것이야말로 이 시대에 필요한 생태교육이다.

상대주의와 도덕주의 사이에서

이런 종류의 교육에서 어려운 지점은, 모든 것이 용납되는 무한 상대주의와 도덕주의적 마녀사냥 사이에서 균형을 잡는 것이다. 타인의 존재 자체를 혐칭하고 배제함으로써 타자의 우주를 깨뜨리는 행위는 어떤 사유로도 용납될 수 없다. 타자를 배려하는 행위, 모두가 모두를 배려하는 사회, 그렇게 깨진 멘탈을 봉합하는 일은 개인의 윤리의식을 다시 세우는 것을 의미한다. 그렇다고 윤리를 세우는 작업이 중세의 도덕주의로 돌아가는 것을 의미하는 것은 아니다. 윤리가 무너진 시대에는 오히려 도덕정치가 판친다. 다른 사람들을 c급 이하라고 선언하며 최소한 b급은 되어야 하지 않느냐고 외치는 『B급 좌파』처럼 마녀 판별사들이 넘쳐난다. SNS를 통해 모두가 개인 미디어를 갖게 되면서 판관이 되고 싶다는 욕망은 더욱 강렬해졌다. 인터넷상에서 PC(political correctness)함을 둘러싸고 이루어지는 마녀사냥과 논쟁이 대표적이다.

PC(political correctness)는 '정치적 올바름'으로 번역되는데, 사

회적 약자와 소수자를 향해 차별적인 언행을 하지 않는 것을 뜻한다. '올바름'이라는 번역어에서 알 수 있듯이 '정치적 올바름'은 종종 도덕규약처럼 작동한다. 인터넷에 만연한 혐오 발화의 규제 및 소수자의 권익을 보호하기 위한 PC함은 필요하겠지만 이 방법이 효과적인지에 대해서는 의문이 있다. 실제로 과도한 PC즘에 대한 대중의 피로로 인해 트럼프가 대통령에 당선될 수 있었다는 정치학자의 분석이 있다. 진보적 자유주의자들이 만든 이 개념이 오히려 "우파의 신병 양성소"처럼 기능한다는 것이다. '정치적으로 올바르지 못한 언행'을 한 사람들은 PC주의자들에게 조심스러운 지적과 인내심을 갖춘 가르침 대신에 "설교 조의 개입, 경건한 체하는 태도, 독선, 이단 사냥, 비난, 수치심 주기, 증거 없이 하는 확언, 공격, 마녀사냥식 신문, 검열 등"[55] 과도한 반격을 경험하기 때문이다. 따라서 이들이 자신들의 언행을 반성하고 PC한 생활태도를 몸에 익히기보다는 진보적 지향 자체에 거부감을 느끼게 될 가능성이 높다. 친환경적인 구호를 비웃는 트럼프 빨대(플라스틱으로 제조된 빨대에 트럼프라는 이름이 기재된)가 비싼 가격에도 불구하고 불티나게 팔려 나간 데는 이런 배경이 있다. 오늘날 공격적이고 강제적인 도덕규약으로 사람들의 행동을 변화시키는 데는 한계가 있다. 오히려 집단적 도덕 주체를 개인적 윤리 주체로 전환시켜야 한다.

자기배려의 윤리로서의 '파르헤지아'

그 방향에 대해서 우리가 참고할 만한 저자가 미셸 푸코이다. 그는 학술논문 인용지수 1위에 오를 정도로 현대의 학자들에게 막대한 영향을 주고 있는 프랑스 사회학자이다. 저작활동 초기에 푸코는 『감시와 처벌』과 같은 책을 통해 학교, 병원, 감옥의 구조를 분석하며 감시사회의 진면목을 드러내는 작업을 수행했다. 이를 통해 근대적인 주체가 학교 등의 감시관리 장치 속에서 만들어진 것에 불과하다는 것을 밝혀낸다. 그 이후 푸코는 이러한 원형 감옥과 같은 통제에서 주체가 빠져나갈 수 있는 방법을 찾기

55 조던 피터슨 외(2019), 『정치적 올바름에 대하여』, 조은경 옮김, 프시케의숲.

위해 골몰한다. 강의록 『안전, 영토, 인구』는 국가와 같은 거대권력의 통치 구조를 분석했다. 그리고 『성의 역사』, 『주체의 해석학』 등의 저서를 통해, '자기배려'와 '자기통치'라는 새로운 주제에 탐닉한다. 이와 같은 개인 윤리들이 도덕과 법, 명령이라는 강제를 통해 주체를 길들이는 권력의 구조를 무너뜨릴 수 있는 유력한 파해법이라 생각했기 때문이다.

'자기배려'와 '자기통치'라는 말로 요약되는 후기 푸코의 작업 중 가장 흥미로운 개념은 '파르헤지아(Parresia)'에 대한 것이다. 이것은 고대 그리스어로, '진실을 말하는 용기' 정도로 해석되며 그리스-로마철학의 초기부터 중요했던 개념이다. 시민들의 미움을 감수하고도 그들의 무지를 지적한 소크라테스나, 제왕인 알렉산더 앞에서 "내 햇빛을 가리지 말고 비켜 달라"라고 직언했던 디오게네스가 파레헤지아를 실천한 대표적 인물(파르헤지아스트)로 꼽힌다. 시민재판에 의해 사형을 당한 소크라테스나 알렉산더의 심사를 거스른 말을 거듭한 끝에 그의 창끝에 죽음을 당할 뻔한 디오게네스의 이야기는 파르헤지아의 실천에서 위험의 감수가 중요한 요소임을 알려 준다.

파르헤지아의 위험성은 발화자가 용기 내어 밝힌 진실이 대화 상대자에게 상처를 주거나 분노를 촉발할 수 있다는 사실에 기인한다. 파르헤지아는 항상 대화 상대자에 대한 비판이나 화자 스스로에 대한 비판이라는 비판적 기능을 수행하기 때문이다. 파르헤지아스트는 자신이 말을 거는 대화 상대자보다 힘이 약하다. 따라서 파르헤지아는 항상 아래로부터 생겨나 위로 향하는 진실이라고 말할 수 있다. 그렇기 때문에 고대 그리스인들은 어린아이를 비판하는 선생이나 부모가 파르헤지아를 행한다고 말하지 않을 것이다. 그러나 다수의 의견에 반대되는 진실을 피력한다거나 학생이 선생을 비판하는 경우, 이런 화자들은 파르헤지아를 행한다고 말할 것이다. 파르헤지아스트는 다중이 듣기 좋아하는 의견들만을 그들에게 들려주는 선동가나 아첨꾼과는 반대로, 듣기 거북한 진실들을 부르짖으며 의견의 불일치를 만들어 내는 임무를 담당한다.

그렇다고 파르헤지아가 타인들을 불쾌하게 하는 말들을 아무렇게나 내뱉는 것, 즉 '모든 것을 다 말하는 말하기'를 뜻하는 것은 아니다. 철학적 중요성이 없는 솔직함은 아튀로스토미아(athurostomia: 문 없는 입, 수다)에 속한다. 따라서 **말할 것**과 말하지 않고 마음속에 간직해야 할 것을 전혀 구분할 수 없고, **말할 때**와 침묵해야 할 때를 구분할 수 없다면, 그 말하기는 파르헤지아가 아니라 '아튀로스토미아'에 불과하다. 그리스의 철학자들은 사람들이 파르헤지아를 아무 기준 없이 사용해 무지한 직설을 행할 경우 도시국가가 최악의 상황에 놓이게 될 것이라고 여겼다. 따라서 파르헤지아의 실천은 사회에 긍정적 효과를 발생시키기 위해, 훌륭한 교육과 결부되어야 했다. 여기에서 기술적으로 어려운 문제가 발생한다. 스승으로 삼기 위해 가르침을 청할 '진정한 파르헤지아스트를 어떻게 알아볼 것이냐' 하는 문제이다. 이 문제를 해결하기 위한 두 가지 변별점이 있다. 먼저 파르헤지아스트로 간주되는 자가 하는 말과 행동 혹은 삶과의 일치 여부이다. 두 번째 기준은 그 사람이 가진 견해가 다른 견해들에 비해 연속성과 영속성이 높은 과학적 태도를 지향하는가이다.

과거 아카데미아의 스승들이 그러했듯이 오늘날 학교의 교사들은 파르헤지아스트가 될 수 있을까? 여기에는 근본적인 난점이 존재한다. 예를 들자면 견유주의학파의 스승들은 항상 모든 삶과 품행의 판단 기준으로서 자유와 자족을 강조했다. 견유주의자의 가르침에서 가장 중요한 부분은 규칙, 사회 도덕의 자의성에 반대했던 점이다. 법률과 제도에 의존하는 모든 삶에 반해 오롯이 자유롭게 되기만을 종용하는 이런 가르침을 오늘날 교사들이 수행할 수 있을까? 내 대답은 부정적이다. 특히 인헌고 사태를 보자면 학교 안의 교육 불가능성이 더욱 공고해졌다는 느낌이다.

'인헌고 사태'는 2019년 10월 22일 서울 관악구의 인헌고 재학생들이 '학생수호연합(학수연)'이라는 단체를 만들어 교사들의 '사상독재 반대'를 주장하면서 촉발됐다.[56] 인헌고는 2012년 혁신학교로 지정되었고, 2018년에는 조희연 교육감이 5일간 상주하며 협력수업을 진행했을 정도로 '서울형 혁신학교'의 대표주자이다. 그런데 이 학교 김 모 교사가 진행한 민주화운동, 페미니즘, 탈핵운동, 노재팬 불매운동에 대한 수업들이 사

56 「인헌고 사태, '반진보 10대 정체성'의 탄생?」, 『경향신문』, 2019년 11월 9일.

상적으로 편향되어 있다고 일부 학생들이 SNS 등을 통해 고발했던 것이다. 이에 보수단체와 언론이 의혹과 문제 제기를 키워 나가며 결국 검찰 고발 및 교육청의 특별장학까지 이어지게 된 것이다.

인헌고 사태는 '배움을 거부하는 의지'가 강력한 현대인의 모습을 징후적으로 보여 주고 있다. 물론 보수언론의 지적처럼 교사의 권위적 태도라든지 수평적이지 못한 의사소통과 관련하여 문제의 원인을 발견할 수도 있다. 그러나 그러한 문제의식은 교사에 대한 비판과 정죄가 아니라 학교가 처한 난제에 대한 하나의 질문으로서 고민되어야 한다. 학생들은 분명 인터넷상의 수평적 의사소통에 익숙했을 것이다. 그런데 그러한 수평적 의사소통이 교실에서도 가능할까? 더 나아가 교육은 수평적 의사소통을 통해서만 가능한 것인가? 교사들은 어떤 진리도 확언하거나 상정하지 말고 중립적 입장에서 학생들의 배움을 관망해야만 하는가? 모두에게 옳다 할 수 있는 진리는 이 세상에 없는 것인가? 그런 진리라고 할지라도 다른 주장 앞에서, 예를 들자면 성소수자 혐오 주장보다 옳다고 말할 수는 없는 것인가? 이런 질문 앞에 학교가 준비되어 있지 않다면 살아 있는 교육을 하고자 하는 모든 시도들은 국정교과서에 충실한, 죽은 교육으로 귀결될 수밖에 없다. 사회적인 것이나 정치적 이야기를 나누는 것에 대한 민원화가 이미 시작되었기 때문이다.

이제 우리는 어떻게 해야 할까? 나에게도 답은 없다. 하지만 초기의 학교였던 아카데미와 소크라테스에게서 해법의 단초는 발견할 수 있었다. 소크라테스는 '너 자신의 무지를 알라'라는 화두를 품고 있었기에 많은 사람의 스승이 될 수 있었다. 자신의 무지를 아는 자만이 배움에 대한 의지를 가질 수 있기 때문이다. 무지를 아는 힘은 학력의 정도와 일치하지 않는다. 오히려 그것은 배움에 대한 태도라고 할 수 있다.

예를 들자면, 인헌고 사태의 주도 학생들은 '무지한 앎(unknown knowns)' 혹은 '무지에 대해 모름(unknown unknown)'의 상태에 놓여 있다. '무지에 대해 모름(unknown unknown)'의 태도로 세상을 사는 사람은, 세상에 배움을 청할 일이 없다. 자신이 모르는 것조차 모르고 지나가는 일이 많다. 이런 경우 불의의 사태를 통해 자신의 무지를 자각하게 되기도 하며, 좋은 스승의 가르침을 통해 무지를 깨닫게 될 수도 있다. 반면에 '무지한 앎(unknown knowns)'은 적극적으로 무지를 지향하는 냉소주의자의 태도이다. "이 복잡한 세상에서 뭐가 옳고 뭐가 그른지 누가 확신할 수 있겠어?"라는 불가지론이 안착하는 자리가 '냉소주의적 백치'의 위치이다. 세계의 비참이 주는 불안과 공포를 피하기 위해 의도적 무지를 택하는 것이다. 이 백치에게 사회의 구조적 모순이나 윤리적 가치를 가르치고 역설하는 건 무망한 노릇이다. 그는 계몽되지 못한 자가 아니라 계몽되지 않으려는 자, '계몽 이후의 백치'인 까닭이다.[57] 따라서 인헌고 사태 이후, 우리는 이 '배움을 거부하는 의지', '무지한 앎(unknown knowns)'의 태도로부터 '무지에 대한 앎(known unknowns)'의 태도를 어떻게 끌어낼 수 있을지 고민해 봐야 한다.

57 박권일, 「[세상 읽기] 앎으로부터의 도피」, 『한겨레』, 2015년 12월 18일.

3장. 불신사회와 안전강박

안전에 대한 강박이 왜 불신으로 이어질까

> "지금 교사들은 후기 자본주의적 소비자라는 문자 이후의 주체성과 훈육 체제의 요구(시험을 통과하기 등)를 매개해야 한다는 참을 수 없는 압력에 시달리고 있다."
>
> \- 마크 피셔[58]

우치다 타츠루에 의하면, 이 시대의 학생들은 탄생부터 철저하게 소비자 주체로서 양육되었다. 그리고 자신을 철저하게 소비자로 위치 짓고 있는 학생들이 보기에 이 학교라는 곳은 화폐지불[59]에 걸맞은 상품을 제공하지 않는 곳이다. 즉 사려는 상품(수업)이 어디에 쓸 수 있는지 용도도 설명해 주지 않는 상황에서 구매('지루함을 찾고 수업에 집중하라!')만 강요하는 비합리적인 시장이란 것이다. 따라서 이러한 비합리적인 강매에 응답하는 합리적인 구매자의 태도는 "그 상품은 그리 흥미롭지 않군요." 하는 식으로 관심 없다는 의사표명을 하는 것이다. 따라서 '관심 없다는 메시

58 마크 피셔(2018), 『자본주의 리얼리즘: 대안은 없는가』, 박진철 옮김, 리시올, 52쪽.

59 우치다 타츠루는 모스의 '증여론'에서 차용한 듯 보이는 '화폐지불'("고통이나 인내라는 형태의 화폐를 사용해 교사와 등가교환하고자 한다")이라는 개념을 사용한다. 내가 인용한 문장에서는 문맥적으로 '수업에의 집중', 즉 '시간과 에너지 자원의 투자'라는 맥락으로 쓰였다. 이런 맥락을 고려할 때 '투자[앵베스티망]'라는 용어가 더 적합해 보인다[investissement 앵베스티망. 영어에서는 흔히 경제학적인 개념으로 '투자'라는 뜻으로 사용되지만, 불어에서는 그 뜻 이외에도 '어떤 대상이나 활동에 심적 에너지를 집중시킨다'는 정신분석학적인 의미도 있다. 보드리야르는 이 이중의 의미로 사용하고 있다. 따라서 이 책에서는 투자=정신집중(열중, 집착)으로 번역했다(장 보드리야르(1992), 『소비의 사회』, 이상률 옮김, 문예출판사).

지'를 전달하고자 하는 학생들의 의지가 교실 붕괴를 만들어 내는 주된 동인이라 할 수 있다.

> "호령을 붙이는 반장이 교사의 신호를 받고 느릿느릿 일어나서는 마지못해 하는 듯이 호령을 붙이면 반 학생들은 반장보다 더 늘어진 자세로, 인체공학적으로 불가능해 보일 만큼 늘어진 자세로 일어나 마지못해 인사하고는 다시 느릿느릿 자리에 앉는다. 이 정밀한 신체의 움직임은 볼 때마다 나를 감동시킨다. 자칫 잘못해 교사에게 경의를 표하고 있다는 오해 따위는 사지 않도록 학생들은 완벽한 동작을 취하기 위해 전력을 다하고 있다. (…) 이것은 명확한 의도를 가지고 행하는, 나름의 의미를 품고 있는 신체동작이다. 그들은 '선생님이 앞으로 제공할 교육 서비스에 우리는 아무것도 기대하지 않아요'라고 온몸으로 의사표시를 하고 있는 것이다. 시장에서 '자, 이제부터 값을 좀 깎아 볼까.' 하며 흥정할 자세를 취하는 소비자의 모습과 똑같다."
>
> (우치다 타츠루(2013), 『하류지향』, 김경옥 옮김, 민들레, 60쪽)

우치다 타츠루는 학교교육에 등가교환의 원칙이 적용되는 순간 교육은 '이미 죽어 있다'라고 말하는 것이다. 시장원리를 기초로 할 때 배움은 일어나지 않는다는 그의 주장은 충분히 동의할 수 있는 내용이다. 한국의 교실 붕괴 현상이 IMF 이후 공공 부문에 급격히 시장의 원리가 도입되던 시기와 맞물려 있음을 주지하자.[60] 그러나 우치다 타츠루는 이러한 '시장원리'가 학교에 불어닥침으로써 학생들에게 주어진 일련의 순기능을 간과하고 있으

60 종종 교육청의 공문과 연수 자료는 학부모와 학생을 교육 수요자, 교사와 학교 당국을 교육 공급자라고 호명한다. 궁극적으로 교사는 교육 서비스 매우 만족을 달성해야 하는 감정노동 종사자인 것이다. 이런 면에서 '교원평가'는 한국 사회의 '서비스 매우 만족'에 대한 강박이 사회의 전 분야, 특히 공공 부문으로 몰아닥친 현상의 일환이라고 보아도 무방하다. '서비스 매우 만족'을 간곡히 부탁하는 a/s기사 아저씨들의 모습과 교원평가를 앞두고 아이들에게 과자파티를 해주고 과제를 제하여 주는 선생의 모습은 묘하게 닮아 있다. 교육 당국은 교원평가를 성과급과 연계하는 등 저급한 전략들을 통해 공교육의 시장화를 지속적으로 진행시켜 나가고 있다.

며, 이러한 점이 그가 매우 보수적인 결론을 도출하게 되는 원인이 된다.

> "만약 학생들을 교육 소비자로, 다시 말해 소비 주체로 인정해 버리면 교육의 장에서 제공하는 배울 거리의 의미와 가치를 결정할 권리가 아이들 손에 맡겨지게 된다. 그리하여 아이들은 소비 주체로서 '나는 그 가치를 알고 있는 상품만 적정한 대가를 지불하고 구입하겠다'고 소리 높여 선언하면서 학교로 올 것이다."

여기서 순기능이란 바로 그가 위에서 서술했듯이, '배울 거리의 의미와 가치'에 대해 물을 권리가 학생들에게 주어지게 된 것이다. 학교는 아이들이 배울 거리를 찾아 자발적으로 찾아온 장소가 아니다. 오히려 푸코와 같은 사회학자들의 비유처럼 감옥이라는 공간과 유사하다. 공교육은 학생들을 특정한 지역, 특정한 생년월일, 특정한 성별 등을 기준으로 국가의 분류체계에 적합한 형태로 선별하여 배치한다. 학생들의 선택권은 사전에 배제되어 있으며, 각 교실에 동급생들과 함께 배치되어 번호로 구별되는 것이 학교라는 공간 배치의 핵심이다.[61] 필립 아리에스의 『아동의 탄생』과 같은 저작은 이와 같이 "근대 사회가 학교와 가정의 공모하에 아동과 청소년을 감금함으로써 완성되었다"라는 것을 계보학적으로 보여 준다.

따라서 우리가 상기해야 할 사실은 '교육'을 '불가능'하게 만든 주요한 원인은 '시장원리의 학교 도입'이기도 하지만, 그에 선행하는 요건인 학생을 둘러싼 억압적인 '권력지형'도 해결해야 할 문제라는 것이다. 그런 면에서 교실 붕괴 현상은 공교육의 '교육 불가능'이라는 본질을 가리고 있었

61 우치다 타츠루는 자신의 합기도 선생을 훌륭한 스승으로 묘사하며, 자신과의 관계 속에서 이루어진 배움의 과정을 바람직한 교육의 롤모델처럼 제시한다. 그는 자신이 합기도를 배우기 위해 '먼저' 그곳에 찾아갔다는 사실을 간과함으로써 공교육 현장과의 괴리가 발생한다.

62 역설적으로 우리는 돈 앞에서 누구나 평등하다. 신분과 성별과 인종과 나이 등 그 어떤 외부적 조건에도 상관없이 돈을 쥐고 있는 사람은 시장에서 구매자라는 권력자로 평등하게 인정받는다. 우치다 타츠루에 의하면 어렸을 때 가게에 방문해 손님 대접을 받은 경험은 '아동'에게 신분 상승의 체험으로 깊이 각인된다고 한다. 그래서 그 경험이 어느 장소에서 누굴 만나건 소비자라는 우위 권력을 선점하려는 욕망을 갖게 만든다.

던 엄숙함(체벌 등의 강력한 생활지도와 윗사람의 말에 무조건 순종하라는 사회적 요구)이 '시장평등주의'[62]에 의해 한 꺼풀 벗겨지면서 드러난 증상에 불과하다. 이는 전 사회적으로 국가의 힘을 압도하고 있는 시장의 힘을 보여 준다.

국가의 본질은 막스 베버가 이야기했듯이 합법적 '폭력'을 통한 국민의 '통제'이다. 과거의 학교가 이러한 교도관의 역할('규율을 학생의 몸과 마음에 주입하여 권력의 명령에 복종케 하라')만을 교사에게 요구했다면, 현재의 학교에는 '소비자로서의 학생을 존중하라'는 시장의 명령이 동시에 들어오기 시작했다. 이 과정에서 가장 곤혹스러운 사람이 바로 교사이다. 교사는 학생들을 인구로서 통제 관리하라는 관료주의적 명령과 소비자로서 학생(학부모)을 왕처럼 대하라는 자본주의적 요구 사이에서 존재적 떨림을 겪고 있다. 무엇보다 아이러니한 것은 가정과 학교 등 기존의 훈육 구조들이 소비자 주체에 의해 붕괴하고 있는 바로 이 순간에 가장 절실하게 교사에게 훈육자의 역할이 요구되는 것이다. 일종의 안전자본주의와 안보정치의 공존이라고 할 수 있는데, 이 현상은 세월호 이후에 더욱 심화되었다.

세월호 이후의 교육-안보정치와 안전자본주의

한국 사회에서 그동안 '먹고사니즘'은 속물적인 경쟁의 수식처럼 쓰여 왔다. 더 잘살기 위해 양보나 배려, 공통감각이나 공동체성은 휴지조각처럼 버리며 달려왔다는 것이다. 그런데 세월호 이후에 '먹고사니즘'의 의미는 바뀐 것 같다. 우리가 그것을 극복하게 됐다는 것이 아니라 더욱 강렬한 정서로 품게 됐다는 의미에서 그렇다. 이를 분석하는 사회학적인 개념 중에 '안전사고의 계층화'라는 말이 있다. 지하철 사고나 공사현장에서의 추락사 등 고용신분이 불안정한 비정규직들이 안전사고에 노출되는 경우가 늘었다는 것이다. 세월호 사건도 애초에 비행기를 타고 수학여행 가는 부유층 자녀에게는 발생하지 않았을 일이라는 지적이 있었다. 빈부의 차이가 명품을 소비하느냐 마느냐 정도의 차이가 아니라, 실제 생명의 위협, 생존의 위험을 판가름할 만큼 중요해졌다는 점에서, '먹고사니즘'의 신화는 더욱 강화되었다.

물론 실제 우리 사회가 물리적으로 위험해졌다는 의미는 아니다. 다만 우리의 집단정서가 그렇게 변화하고 있다. 적어도 교단에서 내가 느끼기에는 그렇다. 예를 들어 '안전에 대한 강박'이 교사와 관리자들의 어깨를 무겁게 짓누르고 있다. 학부모와 사회가 학교를 두고 "어디 제대로 하는지 두고 보자. 안전사고 나기만 해 봐라"라고 벼르고 있는 것만 같아 두렵다. 안전사고라는 시한폭탄이 언제 터질지 몰라 불안한 교사들(나)에게, 아이들의 자유로운 행동들은 안전사고의 전조처럼 느껴진다. 금세 히스테릭해진 나는 아이들에게 "가만히 있어라, 제발 가만히 있어라"라고 가열차게 외치게 된다.[63]

그만큼 교사들에게 학교에서의 안전사고는 무시무시한 일이 되었다. 최근에 내가 근무하는 학교에 안전사고가 있었다. 체육시간에 학생들끼리 주먹질하며 싸웠는데, 그중 한 학생의 이가 흔들렸고 이 학생의 부모는 학교에 민형사상 책임을 묻겠다고 했다. 담임교사와 기간제 체육교사가 싸움으로 인한 안전사고 발생 가능성에 대해 충분한 주의를 주지 않았기 때문이라고 했다. 민형사상 고발 이야기까지 나온 것은 다친 학생의 부위가 '치아'였기 때문인 것 같다. 영구치의 경우 당장의 교정과 치료비용으로도 수백만 원이 나갈 수 있는 데다가, 임플란트라도 하게 되면 평생 주기적으로 교체를 해야 되기 때문이다. 이 학생의 학부모는 수천만 원 정도의 보상을 가해자 학생이 아닌 '안전지도에 책임의무가 있는' 교사들로부터 받기를 원했다. 다행히 이 일은 치과전문의가 그 정도가 심하지 않아 교정을 하면서 치아가 자리를 잡게 될 것이라고 진단하면서 원만하게 해결되었다. 학생들 간의 화해와 학부모들끼리의 조정으로 종결되었던 것이다.

담임 입장에서는 해피엔딩(?)으로 끝났지만, 이와 같이 학교를 대상으로 재판까지 가거나 교사들을 형사고발하는 학부모가 늘고 있다. 서울의

63 세월호 이후에 오히려 "가만히 있어라"를 아이들에게 더 자주 외치게 되는 딜레마는 사회학자들과의 공저 『세월호 이후의 사회과학』(그린비) 중 「세월호 이후의 교육: 여전히 '가만히 있으라' 외치는 자, 누구인가」에서 좀 더 내밀하게 다루었다.

경우에는 학교 안전사고를 주요 표적으로 삼는 손해사정사, 변호사와 학부모를 연결해 주는 브로커가 생겼다고 한다. "이런 사고는 담임과 학교 쪽으로부터 최소한 몇백만 원을 합의금 및 위로금 명목으로 받아낼 수 있다"라고 설득한다고 하니, 학교에서 안전공제회를 통해서 치료비만 공제받는 학부모는 스스로 바보처럼 느껴질 것 같다. 이와 관련해서 교사들 사이에 돌고 도는 경험담이 있다.

"서울시에 근무하는 어떤 선생님의 이야기이다. 신규 교사였던 이 선생님의 체육 수업 중에 한 학생이 공에 맞아 뇌졸중에 빠졌다. 그리고 얼마 뒤 이 학생은 의식을 찾았지만 반쪽의 몸을 예전처럼 쓸 수 없게 됐다. 후천적 지체장애를 갖게 된 것이다. 이 선생님은 마침내 학부모에 의해 민사사건의 피의자로 고발당했다. 그리고 1억 원이 넘는 돈을 배상하게 되어서 매달 월급의 반절 이상을 차압당하며 15년 넘게 힘들게 생활하고 있다."

이런 이야기가 도시괴담처럼 교사들 사이에 퍼져 나가고 있다. 안전사고를 경험하거나 지켜본 교사들은 안전 불안증에 걸리게 된다. 그 사건 이후에는 학교의 모든 공간과 교실의 모든 사물이 위험해 보이는 것이다. 결국 실험-실습-야외활동과 같은 체험형 교육적 시도를 포기하게 되고 완전히 규제하고 관리할 수 있는 교과서 수업에 머물게 된다. 그리고 이러한 '안전지상주의 수업'이 교직생활의 중요한 지침인 양 다른 교사들에게 전수되며 교육계 전체로 퍼져 나간다.

나는 미래교육의 방향성이 학생, 학부모, 교사의 이와 같은 안전불안증을 어떻게 다룰지 아는 것에 달려 있다고 생각한다. 안전사고에 대한 위압감 때문에 교사들이 실습활동 자체를 포기할 가능성이 높기 때문이다. 이는 초등학교에서 실과, 과학, 체육 등의 교과가 교사들의 비선호 과목이 되어 교과 전담이 주로 수업을 맡게 되는 경향(보통 남교사나 신규 교사)과도 일치한다. 이 과목 수업을 담임이 맡아 진행한다 해도 수업의 경향은 실습의 비중이 축소되고, 학생의 참여도가 줄어드는 방향으로 수렴한다. 예를 들자면, 목공을 수업할 때 학생들이 톱질하거나 망치질하는 공정을 없애기 위해 교사가 모든 재단을 마치고, 학생들은 이미 완벽하게 준비된 나뭇조각들을 조립하고 드라이버를 이용해 고정하는 수준으로 공정을 매뉴얼화하여 자율적 조작 범위를 최소화하는 것이다.

매뉴얼과 절차, 이는 안전사고에 대한 예방과 책임 문제에 대한 해결법으로서 항상 강조되는 것이다. 하지만 감히 말하건대 매뉴얼에 대한 강조가 오히려 교육의 진정성을 위험에 빠뜨리고 있다. 대다수의 교장들이 안전사고에 대비하기 위해 교과서 진도 나가는 것 외의 모든 활동을 미리 내부 기안을 올려 결재를 맡으라고 한다. 그게 교사를 보호하는 길이라는 것이다. 하지만 모든 실습활동과 수업 내용에 대해서 윗사람에게 일일이 보고하며, (학생들과) 새로운 것을 만들 수 있는 교사가 얼마나 될까? 실제 고참 교사들이 흔히 하는 말이 다음과 같다.

"교육과정상에 나오는 (위험성이 있는) 수업을 안 한다고 해서 아무도 뭐라고 안 해. 그러나 교육적으로 아무리 중요한 내용이라도 사고가 발생한다면, 주변의 사람들이 그 수업의 모든 내용에 대해서 책임을 묻게 되지. 그래서 나는 학교에서 학생들한테 라면 하나도 못 끓이게 해. 라면에도 기름이 들어 있잖아."

이렇듯 안전에 대한 강박은 윗사람의 통제 권력을 증대시키고, 현장 교사의 수업권은 심각하게 줄어들게 만든다. 안전은 기존의 권력구도를 더욱 공고히 하는 방향으로 흐르는 것이다. 교사뿐만 아니라 학생도 수업에 대한 많은 자율권을 잃어버리게 된다("위험하니 가만히 있으라.").

세월호 이후에 '안전'이라는 이슈가 교육의 모든 것을 블랙홀처럼 빨아들이고 있는데, '삶을 위한 교육'이 그 시도라도 가능하게 하려면 작금의 안전계엄령 사태를 해결해야 한다. 다시금 무엇이 진정 '안전한 공간'인지에 대한 논의가 필요하다. 상부의 명령과 세부적인 절차에 복속시키는 '안보-정치'와 안전 문제를 보장하기 위해 돈을 주고 의탁하는 '안전-자본주의'가 (학생들이 편안하게 자기 자신을 드러낼 수 있는) '안전한 학습 공간'을 제공하지는 않기 때문이다.

안전자본주의와 사보험

푸코에 따르면, 확률로 계산하며 인구를 통치하는 시스템이 바로 신자유주의적 통치성이다. 이런 통치성 아래에서는 안전관리 메커니즘을 통해 질병이나 사고 등 여러 가지 위험성을 과학적으로 예측하고 합리적으로 관리하는 게 권력의 새로운 목적이 된다. 그런데 한국 사회는 푸코가 포착한 신자유주의보다 한 단계 더 진화한 신자유주의를 경험하고 있는 것 같다. 국가가 안전관리에 대한 책임을 지지 않고 위험의 책임 문제를 개인화시킨다는 점에서 그렇다. 따라서 세월호나 메르스 사태에 관해서, 박근혜 정부가 무능해서 발생했다고 비판하는 것은 적확하지 못한 표현이다. 안전 문제를 개인화하는 것이야말로 이 시스템의 목적이기 때문이다. 그 과정에서 사람들이 국가의 부재와 무능을 성토하고 불안감을 느낄수록 더더욱 좋다. 공공부조가 망가짐으로써 금융자본이 그 공백을 메우며 융성할 수 있기 때문이다.

이제 우리는 안전 문제를 해결하기 위해 사보험에 가입할 수밖에 없다. 내 안전이 아닌 타인에 대한 책임을 보상하기 위해서라도 그렇다. 최근 일부 지역의 학부모들 사이에서 학교 내 안전사고 및 왕따 등 가해자의 민사상 비용을 보상해 주는 보험이 유행이다. 교사를 대상으로 하는 보상보험도 출시됐다. '참교사를 위한 보험'이라는 이름표가 붙은 이 상품은 교사들이 민형사상 고발을 당했을 경우 변호사비를 보조해 준다. 이와 같이 불신사회에서 우리를 안심시키는 것은 (블랙 컨슈머, 몬스터 페어런츠들의 민원으로부터도 나를 보호해 줄) 새로운 위험 요인에 관한 새로운 특약을 갖춘 보험들[64]이다.

이른바 사회적 안전망을 '사보험, 로펌, 대출'이 대체하고 있다. 또한 법적 분쟁의 경우 유리한 판결이 나올 확률은 누가 더 비싼 변호사를 선임하느냐로 수렴한다. 우리 사회가 더 유명한 해결사와 비싼 계약을 체결함으로써 더 높은 확률의 안전을 확보하는 웹툰 'NR월드'[65]의 지옥도와 유

64 국가는 보험을 적극 권장한다. 보건복지부 장관은 공무원연금, 국민연금 등의 공적 연금의 축소로 인해 노후를 우려하는 국민과 공무원들에게 사기업의 퇴직연금 가입을 적극 권장하기도 했다. 공무원들에게 실손의료보험은 의무사항에 가깝다. 지자체별로 보험회사와 전 직원 단체 계약을 맺고, 각 개인들의 복지 포인트에서 차감하는 방식으로 보험료를 지불한다.

65 전상영 작가의 다음 웹툰.

사해져 가고 있는 것이다. 그리고 이와 같은 보험의 흥행 뒷면에는 타인에 대한 불신과 혐오가 숨어 있는 것은 아닐까?

'안보-정치'와 위생 마스크

타자는 일종의 병균이다. 대형 마트의 시식 코너 도우미들의 투명 위생 마스크를 연상해 보자. 타액이 음식물로 튀는 것을 막기 위한 이 도구는 자본주의적 공간에서 타자가 어떻게 다뤄지고 있는지 상징적으로 보여 준다. 타액으로 상징되는 타자는 나의 신체적-심리적 안위(security)를 해칠 수 있는 잠재적 병균들이다.[66] '난민'에 대한 우리의 인터넷 여론을 보면 정말 그렇다. 격리시켜 막지 않으면 언제 IS와 같은 테러리스트로 돌변할지 모르는 위험한 타자들. 이에 타자가 나의 면역체계 내에 들어오지 못하도록 타자의 이질성을 멸균시킨 공간, 위험성이 소독된 공간이 바로 자본주의 유토피아이다. 현대인의 물리적 멸균상태에 대한 강박은 심리적 멸균상태에 대한 강박에 근거한다.

예를 들어, 오늘날 젊은 사람들이 마트를 이용하는 이유는 가격이 싸거나 서비스가 편해서만은 아니다. 그 이유는 동네 가게에서 "청년, 결혼했어? 결혼은 언제 해?"와 같은 오지랖을 피하기 위해서다. 오늘날의 소비 공간은 시장이나 동네 가게처럼 단골 고객에게 근황을 묻지 않는다. 현대인들은 소비 공간에서 타자가 사적인 영역으로 침범해 들어오는 것을 불쾌하게 생각한다.[67] 소비 공간에서까지 질척한 인간관계를 이어 가기에는 우린 너무 지쳐있다. 우리는 타자의 지나친 관심으로부터 멸균된 공간이 필요하다. 봉준호 감독이 영화 <기생충>에서 잘 묘사했듯이, 우리는 타인의

66 알 수 없는 타액(타자)으로부터의 전염에 대한 두려움. 이것은 <세계대전Z>와 같은 좀비류 영화나 각종 재난 영화 등에서 세계 멸망의 위기가 알 수 없는 전염병으로부터 시작된다는 설정이 근거하고 있는 대중들의 정동이기도 하다. 그런데 이런 상징적인 공포가 코로나(COVID-19)를 통해서 현실적 공포가 되어 버렸으니 아이러니하다. 현실의 급격한 변화로 인해, 코로나 이전에 쓰인 나의 이 글은 코로나 이후의 맥락과 거리감을 남기고 말았다. 포스트 코로나 세상에서는, 마스크를 쓰는 행동이야말로 자신과 타인을 모두 지키는 배려가 되어 버렸기 때문이다.

냄새를 참을 수 없게 됐기 때문이다. 타인이 내게 주는 피해에 대한 역치가 0에 수렴하는 것, 그것이 바로 안보-정치이다. 안전-자본주의가 소비자 주체에게 어필하며 새로운 소비자 주체를 양성한다면, 안보-정치는 피해자 주체를 양성한다.

피해자-주체화

소비자라는 '절대반지'를 끼면 누구나 왕의 대접을 받을 수 있는 것이 현대 한국이다. 그리고 이를 알고 있는 학생들이 소비자-주체로서 교사의 권위라는 구질서에 대항하는 것이 교실 붕괴의 실체이다. 이제 교사라는 것 자체만으로 생기는 교사의 권위란 없다. "스승의 그림자도 밟지 않는다"라는 그런 존경을 학생들에게 받기 어렵다. 대신 그 자리에는 교육 서비스가 자리 잡고 있을 뿐이다. 친절하고 상냥한 돌봄 서비스를 제공해야 고객에게 '매우 만족'을 받는 교육 노동자가 될 것이다.

이런 돌봄 서비스 중 하나가 안전 서비스이다. 그리고 학부모와 학생들이 이런 안전 서비스를 처음 접하게 되는 곳이 유치원이다. 유치원에서는 아이가 놀이를 하다가 상처가 나는 경우가 왕왕 있고, 유치원 교사들은 반드시 그 아이가 귀가하기 전에 학부모에게 사고를 통보한다. 나중에 상처를 확인하고 분노를 표출하는 학부모가 있기 때문이다. 처음에 이런 전화를 받았을 때 많은 학부모들은 '별일도 아닌데, 저런 미안한 목소리로 전화를 할까'라는 생각을 한다. 아이라면 으레 넘어지고 다투기 마련이기 때문이다. 그런데 이렇게 생각하는 학부모도 얼마 지나지 않아 이런 서비스에 익숙해지고 마는 순간이 온다. 그래서 혹여 아이가 다쳤는데도 미리 전

67 타자들과의 사적 대화가 차단되는 공간의 증가는 타자에 대한 공포의 증가와 비례한다. 도시의 괴담들이 귀신이나 괴물에서 인간으로 변모해 가는 것(권명아, 2013)은 무엇을 의미하는 것일까? 공포는 '알 수 없음'에서 온다. 알 수 없는 대상이 귀신과 같은 형이상학적 존재가 아닌 인간의 형상을 한 물리적 생명체로 변경된 것이다. 나와 교감할 수 없는, 이해할 수 없는, 대화도 나눌 수 없는, 점점 알 수 없게 된 타자들이 어딘가에서 불쑥 튀어나올 것 같은 두려움. 그것은 아직 이질성이 멸균되지 않은 타자들이 갑자기 내게 가장 위협적인 방식으로 난입할 것 같은 두려움이다.

화를 하지 않는 경우가 있다면, 교사로부터 응당 받아야 하는 서비스를 받지 못한 것 같아 불쾌하고 괘씸한 마음이 들기 마련이다. 이렇게 소비자-주체화와 피해자-주체화는 밀접하게 연결되어 있다.

소비자-주체화가 교사-학생(학부모) 관계처럼 그 관계의 양상이 좁은 데 비해, 피해자-주체화는 좀 더 넓은 함의를 갖고 있다. 그래서 더욱 파급력이 있는 정체성이기도 하다. 예를 들어 젠더 갈등도 그 대표적인 예일 것이다. 혐오 범죄가 사회적 문제가 될 만큼 우리 사회는 심각한 젠더 이슈를 갖고 있다. 내가 볼 때 이러한 젠더 갈등은 초등학교에서부터 시작되는 것 같다. 3, 4학년쯤 되면, 담임선생님이 남녀를 차별한다는 소소한 문제 제기에서부터 남녀 학생 간의 말싸움, 다툼으로 이어지는 경우가 많다. 그런데 왜 하필 남녀로 갈려서 싸우는 걸까? 그것은 학생들에게 내재한 원인에 의해서라기보다 교사의 편의 때문에 발생하는 것 같다. 예를 들어 점심 식사를 위해 급식실로 이동하는 줄을 설 때, 남학생과 여학생 중 누가 앞에 서는지는 초등학생에게 민감한 문제이다. 교사들은 학생들의 이동 및 활동을 위해서 집단을 둘로 나눠야 할 필요가 종종 있는데, 가장 쉬운 방법이 남녀로 나누는 것이다. 학생들 입장에서는 이 기준에 의해 운명(그래 봤자 몇 초에서 몇 분 빨리 먹는 순서일 뿐이지만)이 바뀌다 보니 자신의 집단에 감정이입을 하고, 상대방과 경쟁하고 반목하게 되는 것이다.[68]

두 번째로는 성차에서 유래하는 부분도 있다. 남학생들의 경우 여학생들에 비해 문제행동의 유형이 가시적인 경우가 많다. 예를 들어 학교폭력만 하더라도 남학생들은 욕이나 물리적 폭력 같은 교사에게 쉽게 눈에 띄는 문제행동을 보이지만, 여학생들은 훨씬 교묘한 관계적 폭력이 대부분이다. 물론 능숙한 교사들은 이러한 관계적 폭력에도 민감하게 반응하며 개입하지만, 남학생들의 눈에 드러나는 여러 문제행동을 못 본 척 지나칠 수는 없는 노릇이다. 이런 경우 남학생들은 선생님이 여학생만 편애하고

68 그래서 나는 학생들에게 여러 가지 질문을 던져서, 양편이 동수가 나오는 질문을 찾아본다. 예를 들어 "여러분은 탕수육을 먹을 때 주로 양념을 고기 위에 뿌려 먹나요? 아니면 양념에 고기를 찍어 먹나요?" 그렇게 찍먹파와 부먹파가 나뉜다. 줄을 설 때마다 구호는 "찍먹"과 "부먹"이 된다. 창의력을 조금만 발휘해 보면 남녀가 아닌 다양한 방법의 팀 나누기가 가능하다.

자신들을 차별한다고 반발한다. 이렇게 남학생들의 피해의식이 시작되는 것이다. 개인의 피해의식이 집단적인 피해의식으로 전치될 경우, 학급 내의 갈등을 해소하기가 쉽지 않다. 여학생 한 명의 실수나 잘못으로 인해 남학생 한 명의 피해가 발생한 경우, 나머지 남학생들이 합세해 공격적으로 반응하기 때문이다. 교사가 개입하려고 하면, "쟤가 이러저러한 잘못을 해서 그랬다"라고 자기(편) 피해 사항을 늘어놓기 바쁘다. 해당 사건뿐 아니라 2~3년 전 과거까지 끄집어내며, 남-여 다수의 피해 사항이 서로 지그재그로 얽혀 나가니 교사 입장에서 여간 곤욕스러운 게 아니다. 누가 피해자라는 칼자루를 쥘 것인가를 둘러싸고 한 치의 양보 없는 치열한 공방이 펼쳐지기 때문이다.

나는 현재 일부 남성들의 반페미니즘적 성향이나 역차별주의가 이와 같은 초등학교 시절의 경험과 이어져 있다고 생각한다. 물론 '피해자 주체'의 탄생을 이것만으로 설명할 수는 없다. 피해자 주체의 탄생은 근대적 개인의 탄생, 더 좁혀서는 위험사회의 도래와 맥을 같이한다. 이와 관련하여 우리의 일상적 관행으로 자리 잡은 것이 '사전 동의(Informed Consent)'이다. 병원에서 중환자의 수술에만 간헐적으로 받던 '사전 동의서'를, 이제 학생들과 관련된 대부분의 활동에 앞서 받게 됐다.

불신사회와 사전 동의

IC(Informed Consent)는 흔히 '사전 동의' 혹은 '고지된 동의'로 번역된다. 이 용어는 2차 세계대전 중 나치의 비인간적 인체실험에 대한 반성의 일환으로 1947년 임상시험에 대한 윤리강령인 뉘른베르크 강령이 발표되면서 공식적으로 문헌에 등장하기 시작했다. 강령에 의하면, 환자는 의료상의 자기 진실을 알 권리가 있기 때문에, 의사는 개개의 환자가 이해하고 납득하도록 설명할 의무를 가져야 한다. 만일 환자의 동의 없이 의학적 치료를 할 경우에는 의사라 하더라도 고의의 상해를 입힌 위법 행위가 되는데, 환자의 자발적인 동의가 있으면 합법적으로 의료를 할 수 있다. 의료나 의학 같이 전문성이 높은 분야는 서비스 제공자인 의사가 정보와 지식을 독점하고 있기 때문에 환자는 절대 약자일 수밖에 없는 정보의 비대칭성이 존재하므로 사전 동의 원칙이 있어야 하는 것이다.[69]

이 원칙에 의하면, 의사는 환자의 모든 가능성에 대해 주고받은 정보를 차트에 기록할 필요가 있으며, 수술의 경우 환자는 충분한 설명을 들었음을 확인하는 문서에 서명해야 한다. 하지만 일상에서 이 사전 동의 원칙은 잘 지켜지지 않는다. 의사들은 이 모든 내용을 설명할 시간이 없으며, 전문용어를 이용하거나 몇몇 사실을 생략함으로써 환자의 결정에 영향을 미친다. 환자들 또한 수술 전의 동의서를 대부분 읽지 않고 서명한다.[70] 자신의 신체에 대한 알 권리, 치료에 대한 주도권이라는 본질보다는 요식 행위로서 '사전 동의'가 이어지고 있는 것이다. 아니 오히려 요식적 절차로서 '사전 동의'가 과거보다 훨씬 광범위한 분야에서 이루어지게 되었다. 이는 의사들 사이에서 (강령이 강조하는) 윤리의식의 강화가 아니라 고소고발의 증가로 법적 책임을 회피하고자 하는 심리가 강해졌기 때문이다.

불신사회란 사람들 사이에서 약속의 언어가 힘을 잃고, 법적 효력이 있는 서명만이 신뢰를 받는 사회이다. 덴마크, 스웨덴, 핀란드의 교육행정이 한국과 다른 지점이 바로 이 부분이다. 나는 2017년에 전북교육정책연구소에 연구교사로 근무했다. 그리고 연구의 일환으로 북유럽의 교육기관들을 탐방했었는데, 가장 깜짝 놀란 부분은 이곳에 행정직원이 매우 적다는 점이었다. 그것은 동시에 학교의 행정 절차가 매우 간소하며 교사들에게 부과되는 서류 절차(paper-work)도 거의 없다는 것을 의미했다. 예를 들어 핀란드에서는 교사가 출장을 다녀와서 비용을 처리할 때, 사전에 예산 사용 계획을 올릴 필요도 없고, 카드 영수증 등 증빙 자료 제출도 안 한다는 것이다. 교사가 이만큼의 비용이 소요되었다고 말하면 행정직원은 그 말을 믿고 그대로 지급한다. 반면에 우리나라와 같은 불신사회에서는 교사에게 요구하는 서류가 많다. 교사의 말보다 영수증과 같이 증명 가능한 서

69 최원석 외(2013), 「정신건강의학과 영역에서 사전 동의」, 『신경정신의학』, 52(5): 292-300.

70 헤리엇 홀(Harriet Hall), <스켑틱(Skeptic)>, 뉴스페퍼민트. (https://newspeppermint.com/2019/05/30/m-righttotry/)

류를 믿기 때문이다. 이를테면 우리의 관료제는 다음과 같이 말한다. "내가 네 말을 어떻게 믿니? 됐고, 서류 제출해."

북유럽의 행정 시스템이 인간에 대한 신뢰를 기반으로 한다면, 우리나라의 시스템은 서로에 대한 불신을 디폴트로 깔고 있다고 해도 무방하다. 그리고 이런 불신사회에서 영수증이 사후에 필히 필요한 서류라면, 사전 동의는 사전에 필히 갖추어야 할 서류다. 예상치 못한 사고나 문제가 발생했을 시에 "사전에 동의하지 않았냐?"라고 하면서 면피할 수 있기 때문이다. 사전 동의서에는 안전사고 책임의 개인화에 대한 안전불안증이 녹아 있다. 그리고 이와 같은 안전불안증이 강화되면 일면 상식적으로 생각되는 부분에도 사전 동의를 구하게 된다. 예를 들어서 '현장체험학습에서 불의의 사고로 학생에게 심폐소생술을 시행하다 늑골뼈가 부러져도 학교 측은 민형사상의 법적 책임을 지지 않습니다'와 같은 구절 말이다. 목숨을 구하기 위해 최선을 다했는데도 "사전 동의를 구하지 않은 비전문가의 치료"[71]였다며 민원을 제기하고 고액의 합의금을 요구하는 학부모가 있기 때문이다. 물론 아이가 무사하고, 다친 곳 없이 돌아올 수 있게 된 것에 대해 감사하는 학부모가 더 많을 것이다. 그러나 악화가 양화를 구축하듯 불신의 힘은 신뢰의 힘보다 강하다. 무리한 요구를 하는 사람이 10명 중 1명 정도라고 가정해 보자. 순진하게 아무 방어 전략도 취하지 않던 사람은 언젠가 이 한 명을 만나기 마련이다. 그렇게 그는 이 외상(트라우마)적 만남을 통해 자신이 지금까지 순진하게 살아왔음을 깨닫는다. 그리고 세상의 악인들로부터 자신을 보호하기 위해 사회에 대한 신뢰를 접게 되는 것이다.

사전 동의의 효과: 안보정치

이와 같이 사전 동의는 불신사회의 결과물로 나타나지만, 놀랍게도 사전 동의 자체가 불신사회를 조장하는 효과도 있다. 바로 '사전 동의'에 참여하는 과정을 통해 참여자들을 피해자 주체로 각성시키고 주체화하는

71 김환희 외(2016), 『세월호 이후의 사회과학』, 그린비, 203쪽.

것이다. 예를 들자면 다음과 같다. '누군가 나의 허락 없이 사진을 찍는다면, 나의 초상권에 피해를 입는 것이다.' 물론 초상권을 지키는 행위가 잘못됐다고 말하려는 것은 아니다. 우리가 과거에 비해 개인의 피해에 민감한 주체가 되었다는 뜻이다. 피해에 민감하다는 것은 남을 참아 주는 역치가 낮아졌다는 것을 뜻한다. 그래서 과거에 비해 피해자(가해자)가 될 확률이 높아진다. 그렇기 때문에 자기검열하는 예민한 주체가 되기도 하지만, 극혐이나 ○○충 같이 상대방의 존재 자체를 부정하는 혐오의 정서에 둘러싸이기도 한다.

그 점에서 요즘 20대 청년들은[72] 그 전 세대와 다른 특별한 점이 있다. 한편으론 미적인 감각이 남다르다고 섬세하다. 외모 평가나 성차별주의 등 소위 PC(Political Correctness)하지 않은 언행을 하지 않기 위해 노력한다. 뿐만 아니라 정치적이거나 종교적인 발언을 자제한다. 함부로 나서서 누군가의 미움을 사면, 공개적으로 저격당해 망신을 당하거나 취업 등 공적 생애에서 곤란을 겪을 수 있기 때문이다. 그러나 청년 중에는 혐오 발언을 쏟아 내며 기성세대보다 더욱 과격한 모습을 보이는 사람도 있다. 이런 두 가지 행태의 병존 현상은 왜 나타나는 것일까? 프로이트식으로 해석하자면, 안보정치가 각 개인의 심리 안에서 하나의 초자아처럼 작동하고 있는 것은 아닐까. 초자아에 저항하거나 순응하는 이드처럼, 안보정치의 규제를 자기 안에 수용하는 사람이 있고 그 규제에 반동적으로 저항하는 사람도 있는 것이다. 어쨌든 이를 통해 유추할 수 있는 점은 오늘날 현대인들이 강력한 안보정치의 자장 아래 놓여 있다는 사실이다.

멸균된 타자들

오늘날 우리는 타자를 두려워하고 경계하게 되었다. 그리고 타자 됨

72 1990년대 이후 형식적 민주주의와 자본주의 경제체계의 완성과 함께 발달한 개인주의와 소비문화가 현대인의 의식 변화에 큰 영향을 주었을 것이라 생각한다. 이런 점에서 '20대 청년들'이라는 명명은 특정 세대를 세대론의 기수로서 세우고자 한 것은 아니다. 현대인 일반을 호명하고자 하나, 현대인의 정동을 가장 투명하게 잘 보여 주는 것이 20대라는 의미이다.

을 통해 자신의 정화[73]를 이루어 내는 시간들을 잃어버렸다. 안전이별이라는 말이 유행할 만큼 연애와 사랑마저도 위험한 활동이 되어 버렸다. 이렇게 타자와 완벽히 분리된 나(현대인)가 유일하게 정서적 교감을 느낄 수 있는 타자는 TV를 통해 만나게 되는 멸균된 타자들이다. 그들은 불편하고 위험한 '알아 감'의 과정을 생략한 채 즉각적인 쾌락을 제공한다. 반사적 웃음과 끌림. 그야말로 '카타르시스' 없는 말초적 쾌락들. 반면, 동서양의 종교적 수행의 방법은 많은 경우 '자기 됨 내려놓기'를 통해 진정한 자아를 찾고자 했던 과정이었다. 이렇게 탈아(脫我)를 통해 자아를 찾고자 하는 실천들은 수양의 과정뿐만 아니라 우리의 마을공동체 문화에도 있었다. 이웃의 경사를 마을의 경사로서 자랑스러워하던 그 문화에는, 타자 되기를 통한 자기 되기의 감응이 존재했다. 존재론적으로 인간은 타자 없이 살 수 없다. 예를 들어 문학평론가 임태훈의 해석을 따르자면, 카프카의 소설 『소송』에서 주인공 K는 곁에 타자가 부재했기에 비극적 결말을 맞게 된다.

『소송』의 마지막 장면은 K가 하지 못했던 일이 무엇인지 보여 준다. 그는 채석강에 버려져 혼자 죽는다. 죽음에 이르는 길을 누군가 방해해 줬더라면, K가 사로잡힌 대상이 재판 조직이 아니라 K의 선택을 타인의 눈으로 다시 이해할 수 있는 기회를 잡았더라면, 끝내 실패하게 되었더라도 K는 좀 더 잘 실패하지 않았을까? 어떤 의미에서 K의 사인은 아무도 믿지 않고 홀로 모든 걸 결정하려는 자기중독의 결과였다. 그의 전철을 밟지 않으려면 적에 대해서만큼이나 고립을 두려워해야 한다(임태훈(2012), 『우애의 미디올로지』, 갈무리, 115쪽).

73 여기서 '카타르시스'라는 단어는 '정화, 배설' 등을 뜻하는 고대 그리스어로 아리스토텔레스의 시학에서 유래한다. 카타르시스는 비극을 관람하는 청중들이 주인공에 동화되어 가는 과정의 절정에서 느끼는 감정의 승화작용이다. 프로이트가 동료인 브로이어와 함께 정신분석학적 치유 방법을 지칭했던 것이 '카타르시스'이다. 환자들이 자신의 트라우마적 경험을 정신분석가 앞에서 서술하며 자신의 치부를 드러내는 것만으로도 치유 효과를 발휘했던 것이다. 프로이트 환자 중 안나 O는 이를 '굴뚝 청소'라고 부르며 정동의 소산을 치료의 일환으로 긍정했다(지그문트 프로이트(1997), 『히스테리 연구』, 김미리혜 옮김, 열린책들).

1부를 닫으며: 불신사회에서 살아남기

헬조선, 갑질문화, 한남충, 맘충, 급식충 등 우리 시대의 부정성을 호명하는 용어들은 어쩌면 우리 사회가 신뢰가 부재한 '망한 공동체'라는 것을 드러내는 신호들이 아닐까? 그리고 이 망했다는 정서는 동시대적 시대감각임에도 철저하게 개별화되어 왔던 것은 아닐까? 예를 들어 자기계발서적은 우리가 망한 것을 개인이 망한 것으로 치환하는 장치 중 하나이다. 어쩌면 교사들도 그 장치 중 하나이다. 우리는 긍정 마인드의 훈육관이 되어서 학생들이 절망적인 현실 앞에서도 고래처럼 춤추기만을 바랐던 것이 아닐까? 그렇게 그들이 망했다는 현실 자체를 잊게 만들었던 것은 아닐까? 따라서 우리는 신뢰를 회복하려 노력하기에 앞서 우리 공동체가 망했다고 자인해야 한다. '영구부채'[74]를 통해서 영구적으로 영생하는 자본을 보며, 함께 외쳐야 한다. 혼자 망하지 않고 다 같이 망했다고 외칠 때 우리는 이 망했다는 공통감각을 가질 수 있기 때문이다. 그때서야 내 옆 사람을 잠재적 적이 아니라, 망한 시대, 망한 사회의 동시대인으로서 인식할 수 있을 것이다.

나는 여러 가지 일을 함께 작당하는 친구와 종종 이런 대화를 나눈다. "우리 망할 것 같아." "괜찮아. 뭐 잘 망하면 되지." 여기서 '잘' 망한다는 건 뭘까? 그건 아마 다음번 기획에 도움이 될 만한 것을 배운다는 의미의 성장으로서의 실패를 뜻할 것이다. 하지만 잘 망하기 위해서는 한 가지 전제 조건이 필요하다. 넘어져도 금세 일어나는 새끼 망아지처럼 실패해도 쉽게 재기할 수 있는 환경이다. 그것은 옆에서 항상 응원해 주며 함께하는 친구일 수도 있고, 아니면 사회보험과 공공부조로서의 사회경제적 안전망일 수도 있다. 중요한 것은 그물이다. 서로 연결되어 있다면 다시 일어날 수 있다.

물론 불신사회의 정서를 말이나 글만으로 바꿀 수는 없다. 아주 어릴 때부터 타자에 대한 신뢰를 몸으로 체험하고 체현해야 한다. 이를 위해서

74 두산인프라코어가 신입사원들의 희망퇴직을 받을 정도로 심각한 재정난에 빠지게 된 핵심 연결고리. 부채가 영원하면 자본으로 둔갑한다는 금융자본의 연금술.

는 생활 단위의 공동체가 필요하고, 위험에 대해 스스로 판단하고 대응하는 반성적 주체성도 필요하다. 일부러 도로 한가운데에 놀이터를 설치하는 등 위험한 놀이터를 설계하는 유럽의 모델을 살펴볼 필요도 있다.[75] 어린이들을 밖으로 튀어나간 공을 잡기 위해 도로로 나가면 차에 치일 수 있는 위험 상황에 노출시키는 것이다. 놀이터의 모든 위험 요소를 제거하고, 예상 불가의 사태로부터 항상 어린이를 보호하는 보호자의 존재가 아이의 수동성을 극대화한다는 판단 때문이다. 이런 놀이터에서는 위험 요소가 어린이들의 눈에도 쉽게 들어오기 때문에 스스로 조심해서 행동하게 된다. 그리고 같이 놀면서 서로의 위험을 살피고 경계해 준다. 이와 같은 자기 돌봄과 상호 보살핌의 반복을 통해 반성적 주체성이 길러지는 것이다.

항상 보호 대상으로만 머물러 있으면 '일방적 피해자'가 될 뿐이다. 이런 환경에서는 피해자가 될 때만 주체가 될 수 있기 때문이다. 학생들이 피해자 주체에 매달릴 수밖에 없는 것은 그들이 학교에서 생산적 주체가 아니기 때문이다. 따라서 미래 학교에서는 학생들이 소비자가 아니라 생산자로 자리매김할 수 있는 여러 경험들이 중요하다. 그러기 위해서 생활 단위의 작은 마을교육공동체가 중요한 것이다. 오늘날에는 전통적인 도덕관념이나 집단주의적 관습(나이주의, 민족주의, 지역주의 등등)이 더 이상 우리의 행동 지침이 되지 못하는 시대이다. 그러므로 우리는 마을공동체 생활을 통해서 타자배려, 자기배려와 같은 개인의 윤리를 새롭게 발명해야 할 것이다.[76]

75 편해문(2016), 『놀이터, 위험해야 안전하다』, 소나무.

76 마을교육공동체에 관해서는 7장에서 좀 더 살펴보려고 한다.

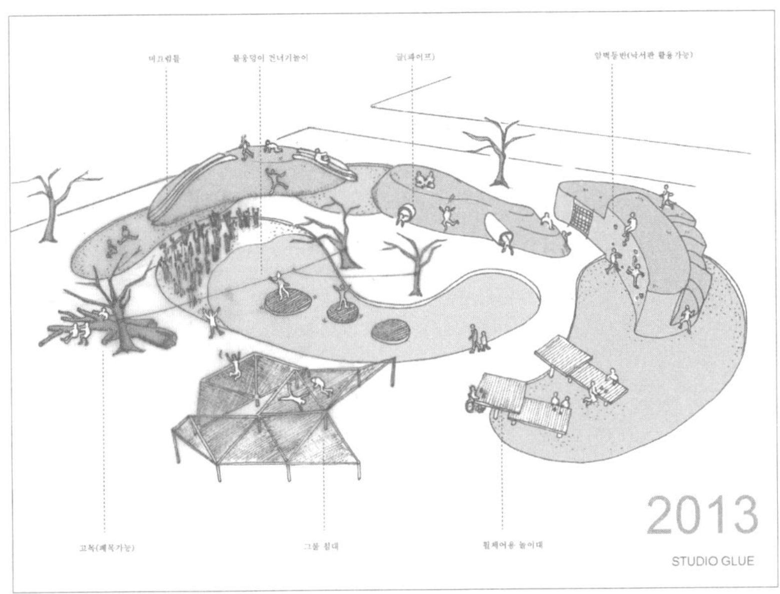

편해문은 2016년 5월 순천 연향동에 '기적의 놀이터 1호(엉뚱발뚱 놀이터)'를 디자인했다. 순천시는 '작전을 시작하~지'와 '시가모노(시간 가는 줄 모르고 노는 놀이터)' 등 2·3호를 연 데 이어 2020년까지 기적의 놀이터 10곳을 추가로 조성할 계획이라고 한다. 미끄럼틀, 시소, 그네 등 거대한 놀이기구 하나 없는 놀이터인데 주말엔 600명이 넘는 아이들이 몰려들 정도로 인기 만점의 놀이터라고 한다. 그 이유가 뭘까? 편해문은 놀이에서 위험이라는 요소의 중요성을 강조한다. "건강한 위험이 남아 있는 놀이터에서 아이들은 비로소 위험을 인지하고, 회피하고, 다룰 수 있게 됩니다. 놀이터야말로 건강한 위험을 배울 수 있는 장소입니다"(「스스로 배우는 미래의 놀이터를 이야기하다」, <지금서울교육>, 2017년 7월호). 건강한 위험이라는 표현이 재밌다. 안전하게 설계된 뻔한 놀이터가 더 위험하다는 것이다.

사진출처: oddmax.co.kr

우리는 왜 관심을 갈구하게 되었나

코딩교육은 좋은 일자리를 보장할까

디지털 리터러시는 어떻게 가르치고 배우나

2부

미래교육

4장. 관종사회와 인지자본주의
우리는 왜 관심을 갈구하게 되었나

오늘날 '무엇을 할 것인가?'에 대한 한 가지 대답은, 지식인과 급진적 교육학이 사이버 공간과 사이버 시간 사이의 간극에서 뭔가를 배워야 한다는 것이다.[77]

- 프랑코 베라르디 비포

1. '관종'과 인지자본주의

교사는 (특히 담임교사라면) 특정한 연령대에 해당되는 20~30여 명의 사람들을 장시간 관찰할 수 있다. 그러기에 나는 교사가 좋은 문화인류학자가 될 수 있다고 생각한다. 더 나아가 좋은 교사라면 응당 좋은 문화인류학자여야 하지 않을까? 물론 저명한 대학의 '문화인류학과'의 학위를 득해야 얻을 수 있는 그런 류의 문화인류학자라는 타이틀을 말하는 것이 아니다. 내가 생각하는 문화인류학이란 학생들을 교사가 그 면면을 속단할 수 없는 타자로서 존대하고, 교사로서의 정치적 위치를 제3자적인 시선으로 뒤집어 보는 등 교실이라는 공간을 생경한 눈으로 바라보는 소소한 실천을 통해 얻게 되는 작은 통찰들을 일컫는다. 이를테면 교실 속에서 가장

77 프랑코 베라르디 비포(2013), 『프레카리아트를 위한 랩소디』, 난장, 130쪽.

많이 돌고 도는 언어의 파편들을 남몰래 수집하는 것이다. 이런 식으로 나에게 3~4년 전부터 포착된 교실 유행어들이 있다. "안물, 알바(임)?, 안궁, 관종, 노잼, 진지충"이라는 단어들이 그 주인공이다. 이미 세대와 상관없이 많은 사람들이 알게 된 유행어가 되었지만, 만약 단어를 처음 듣는 독자라면 <표 1>의 풀이를 손으로 가리고 그 뜻을 먼저 짐작해 보자.

<표 1> 유행어 풀이

안물	"안 물어봤어"의 약자.
알바(임)?	"내가 알바임?"의 약자. "(내) 알바야, 쓰레빠야?"가 파생어로 쓰인다.
안궁	"안 궁금해"의 약자.
관종	'관심종자'의 약자. '남들에게 많은 관심을 받고 싶어 하는 욕구가 심한 사람'을 일컫는 말.
노잼	No + 잼(재미). 그러니까 "재미없다"는 뜻의 신조어. (반의어) 꿀잼 / (강조법) 핵노잼.
진지충	웃자고 하는 말에 과도하게 진지하게 반응해 덤벼드는 사람. 상대방은 웃고 즐기자는 측면에서 가벼운 농담을 던졌는데, 받아들이는 사람이 분위기 파악 못 하고 까칠하게 받아치거나 정색하여 분위기를 싸하게 만드는 현상을 진지병이라고도 일컫는다. (유의어) 씹선비[나무위키 참조].[78]

내가 볼 때 이 일련의 단어들은 하나의 공통 정서에 의지하고 있다. 결론부터 말하자면, 그 정서란 '타인에게 관심을 주지 않겠다'는 정념의 응집이다. 그리고 그 정서를 뒤집으면, '재미에 대한 강박적인 추구'가 놓여 있다. 즉 재미라는 절대적 가치가 내 삶의 시간을 지불하는 유일한 기준이 됨으로써, 타인으로부터 '관심'을 얻으려 하고(Sell) 한편으로 내 관심을 주

78 학술적인 글에서 중요한 개념 정의를 나무위키에서 인용하는 것은 신뢰도 측면에서 문제가 발생할 수 있다고 생각한다. 그러나 유행어나 비속어의 뜻풀이로 참고하기에는 문제가 없다고 판단해 그대로 인용한다.

는 것(buy)을 아끼려고 하는 '관심경제'[79]가 발생하고 있는 것이다. 이는 오늘날 학교에 주의력결핍장애(ADHD)나 난독증에 걸린 학생들이 급증하는 것과도 관련 있다. 관심경제란 무엇이고 학생들은 이를 언제 터득하게 된 것일까? 이 주제에 관하여 미디어 이론가인 비포는 다음과 같이 말한다.

"오늘날 우리는 어릴 때부터 신경자극의 전자적 흐름에 매일 노출되어 정서, 감정, 언어, 상상력, 경험된 시간에 대한 인식 자체에 상당한 영향을 받고 있다. 가령 미국의 학교에서 주의력결핍장애는 이제 흔한 것이 되어 버렸다."[80]

어떤 면에서 우리는 사이보그가 되었다. 일상의 많은 부분에서 우리 뇌는 컴퓨터 및 다양한 미디어 기기들과 접속되어 있다. 그것은 광대한 넷(net)의 세상에서 마음껏 유용한 정보를 얻고, 여러 가지 엔터테이닝 콘텐츠들과 유희할 수 있다는 것을 뜻한다. 기계와의 연결을 통해 우리가 확장하게 된 능력, 예컨대 '앎(knowing)'과 '봄(seeing)'의 역량은 전근대 사회에서 당대 최고의 학자들과 유희꾼(광대와 기생)들을 통해서 왕이 특권적으로 누렸던 그것을 압도한다.

기계에 접속함으로써 얻게 된 새로운 이득만큼 새로운 해악 또한 출현했다. 첫째는 기계가 인간에게 주는 과도한 인지적 자극이 '주의력 결핍' 이라는 부작용을 초래했다. 둘째는 우리가 기계를 통해 세상을 들여다볼 때, 기계가 우리를 들여다보기 시작한 것이다. 이른바 '인지자본주의'의 출현이다. 인지자본주의는 상업자본주의, 산업자본주의를 잇는 제3기 자본주의다. 『인지자본주의』의 저자인 조정환은 인지자본주의를 다음과 같이 정의한다.

79 attention economy(관심 경제, 주목 경제)란 경제학자 허버트 사이먼(Herbert Simon, 1916~2001)이 정의한 개념으로 세인의 관심이나 주목을 받는 것이 경제적 성패의 주요 변수가 된 경제를 말한다. 그는 1997년 관심 경제 이론을 통해 "정보사회가 발전할수록 정보는 점점 흔해지고, 관심은 점점 귀해진다"라고 했다[강준만, 『인물과 사상』 2015년 8월호].

80 프랑코 베라르디 비포, 앞의 책, 81쪽.

> "포드주의가 노동집약적 생산을 기술집약적 생산으로 대체했다면 오늘날의 정보화는 그 기술집약적 생산을 높은 수준의 인지집약적 생산으로 다시 대체한다. 이 단계에서 대중의 경험과 지식과 정동은 노동자 자신에게서 분리되어 노동자 외부에 데이터베이스로, 소프트웨어로, 다이어그램으로, 알고리즘으로, 전자커뮤니티로 축적된다." (조정환(2011), 『인지자본주의』, 갈무리)

이제는 인간의 노동이 아니라 우리가 삶에서 경험하는 모든 인지과정 자체가 자본의 상품이 되어 버린 것이다.

2. 새로운 인클로저운동[81]과 만물의 포르노화

'1차 산업화혁명'의 성공을 위한 첫 번째 전제 조건이 시초 축적[82]으로서의 인클로저운동이었다면, 작금의 자본주의는 크게는 '정보화혁명'의 완수를 위해, 작게는 인지노동을 착취하기 위해 새로운 인클로저운동을 벌이고 있다. 인클로저운동은 한국어로 풀어 쓰면 '울타리 치기'이며, 한마디로 요약하자면 '공공재의 사유화'라고 할 수 있다. 과거 마을에는 영주의 사유지 외에도 과부나 고아, 부랑자 혹은 나그네들이 곡물을 수확할 수 있

81 인클로저 운동(Enclosure): 목축업의 자본주의화를 위한 경작지 몰수로, 산업혁명 때 영국에서 판매용 곡물 혹은 양을 키우기 위해 농지에 울타리를 세우고 농사를 지었던 농민들은 공장들이 많이 세워진 도시로 내몰리게 되고 도시의 하층 노동자로 일하게 된다(위키백과).

82 시초 축적 혹은 본원적 축적으로 불리는 이 용어는 마르크스의 『자본론』에서 처음으로 언급되었다. 산업혁명 및 자본주의가 가능하기 위해서는 최초의 자본이 필요한데, 이러한 자본 구축의 역사적 과정을 마르크스는 시초 축적이라 일컫는다. 예를 들어 최초의 공장에서 노동자를 자원하는 사람이 없었기 때문에 노동자라는 존재 자체를 새롭게 만들어 내야 했다. 그동안 마을공동체가 호혜적으로 돌보았던 거지, 부랑자, 고아, 백수건달 등 일하지 않는 존재들을 노동교화소나 감옥, 정신병원으로 감금한다. 그들은 이제 굶어 죽거나 일하거나 둘 중 하나를 택하는 입장에 놓이게 된 것이다.

는 공유지가 존재했다. 소유의 공백 속에서 상호 부조하는 공동체의 힘으로 마을의 약자를 돌보며 공공의 이득을 도모할 수 있었던 이 땅은 시장경쟁의 도입과 함께 영주와 부농의 소유지로서 분명하게 금 그어진다. 그리고 빈농으로 전락한 대다수 농부들과 공유지에서 영위하던 많은 약자들은 그 울타리 밖으로 쫓겨나게 된다. 이와 함께 '반드시 약자를 돌봐야 한다'는 상호부조의 윤리[83] 대신에 '일하지 않는 자는 먹지도 말라'는 노동의 윤리가 도입된다.

이런 식으로 산업혁명기가 요구하는 엄청난 수의 공장노동자가 충당된다. 작은 땅일지라도 자신의 땅에서 각자의 속도로 일하던 농부들은 살기 위해 공장에 들어갈 수밖에 없게 된다. 국가는 공장에 들어가 노동자가 되지 않으려는 게으른 자들을 '노동교화소'에 징집해 끔찍한 고문과 훈련을 통해 (교화소보다는 조금 더 나은 환경인) 공장에서 착취당하도록 인도한다. 그러나 그들만의 방식으로 오랜 시간 무탈하게 살아왔던 그들을 하루아침에 산업노동자로 만들려면 교화소 이상의 것이 필요했다. 여기서 근대의 학교가 출현한다. 학교는 거렁뱅이들, 농부들, 잡상인들, 소년소녀들을 공장의 유용한 노동자로 변환시키기 위한 기관이었다. 즉 일을 시키는데 필요한 최소한의 문해력(literacy)을 가르치기 위한 곳이었다. 이 문해력의 핵심 내용은 시간과 공간에 대한 노동자/학생들의 공통감각을 키우는 것이었다. 이를테면, "다수의 노동자를 한 장소에서 집중 감독하며 일정한 기율하에 협동적으로 생산작업에 종사하게 하는 공장"[84]과 학교 교실의 풍경은 판박이다. 심지어 국가는 학교라는 공장을 통해 국민을 노동자로 찍어 내기 위해 부모(와 학생)에게 '의무교육'을 부과한다.

어쨌든 여기서 중요한 것은 학교라는 시스템과 함께 백 년 넘게 지속된 이 '울타리 치기'의 역사가 드디어 그 완성을 눈앞에 두고 있다는 사실이다. 물론 공공 공간을 끊임없이 사유화하는 물리적 울타리를 의미하

[83] 이전까지는 한 마을에서 아사(餓死)하는 사람이 발생하는 경우에 그 지역의 영주가 정치적 책임을 져야 했다(폴라니의 『거대한 전환』).

[84] 한림학사(2007), '산업혁명의 영향', 『통합논술 개념어 사전』, 청서·네이버지식백과.

는 것이 아니다. 이미 지상에는 정복해야 할 공공 공간이 (거의) 없다. 신자유주의 정권들이 공항, 톨게이트, 철도 등의 국가적 인프라를 계속 사유화하는 이유는 이제 그런 것들밖에 남아 있지 않기 때문이다. 지상의 모든 공간은 이미 사유화, 자본화되었다. 그래서 이제 자본이 지배하려고 하는 우리의 땅은 "내적 공간, 내면의 세계, 마음의 공간, 영혼의 공간, 시간의 공간"[85]이다. 우리는 엄청난 정보를 빠른 속도로 다운로드한다. 현대인은 네트워크에 지나치게 빠른 속도로 탑승하고 있기 때문에 짧은 시간의 과도한 정보량이 인간의 주의력을 포화상태로 만들어 버렸다. 이것이 교실에서의 ADHD의 급증, 관종 등의 유행어가 만연한 이유이다.

이미 아이들의 주의력은 교실에 오기 전에 포화상태에 이르렀다. 이런 상황에서 교사는 학생들을 어떻게 수업에 집중시켜야 할까? 자극적인 매체에 맞서서 더 자극적인 잔기술을 쓰는 교수법을 이용할 것인가? 아이들은 서로의 주의력이 포화상태에 이른 상황에서 주변의 관심을 끌기 위해 '어그로'[86]라는 방법을 사용한다. 부산하게 돌아다니며 소리를 크게 지르거나, 맥락에 맞지 않는 엉뚱한 말을 내뱉는 것이다. 교사의 입장에서 볼 때, 새로운 유형의 반항아인 일명 '관심종자'가 학교에서 늘어나는 이유이다. 교사는 이러한 종류의 학생들을 이해하기 어렵다. 그렇기 때문에 교사는 그들을 경증이나 중증의 ADHD로 분류하고 그 정도가 심하면, 부모에게 알려 병원 치료를 받게끔 하는 것에서 그 이해를 위한 탐구를 중단한다.

사실 ADHD라는 질병 자체가 학교와 의료체계가 은밀하게 공조하여 만든 기괴한 합작품이다. 이 두 개의 권력체계가 주의력이 조금 부족

85 프랑코 베라르디 비포, 앞의 책, 127쪽.

86 어그로: 온라인 게임의 게임 용어에서 유래되었는데, 몬스터가 자신에게 가장 많은 데미지를 입힌 플레이어를 표적으로 공격하는 시스템을 온라인 게임 사용자들 사이에서 '어그로(Aggro)', 혹은 '어그레시브(Aggressive)'라고 부른 것에서 유래되었다. 또, 플레이어가 몬스터의 표적이 되기 위해 일부러 몬스터를 행위는 '어그로를 끌다'라고 표현했는데, 현재는 트롤링을 한다는 뜻으로도 사용된다. 일본어에 이에 해당되는 단어로 '아라시(荒らし)'가 있으며, 이것의 목적은 악의적으로 해당 논의와 공동체를 파괴하고 기능 불능에 빠지게 하는 것이다. 네트워크 장소의 목적에 걸맞지 않은 투고를 계속하고, 다른 사람의 지적을 무시하거나, 일시적으로 반성하는 듯하다가도 같은 행위를 계속하는 것으로 설명할 수 있다[(유)트롤링 나무위키 참고].

할 뿐인 아이들을 치료가 필요한 환자로 둔갑시키는 것이다. 미국 정신의학회는 정신장애의 정확한 감별진단 규범으로서 '정신진단과 통계 매뉴얼'(이하 'DSM')을 주기적으로 발표하고 있다. 1952년에 간행이 시작되어 현재 DSM-5까지 개정되었는데, DSM-2에서 180개였던 정신장애의 수는 DSM-4에 와서는 297개까지 늘어났다. 그야말로 새로운 질병이 계속해서 양산되고 있는 것이다. DSM-5에 대한 비난도 거세다. DSM 4판의 태스크포스 팀장을 맡았던 듀크 대학의 앨런 프랜시스(Allen Frances, 1942년~)는 『정신병을 만드는 사람들*Saving normal*』이란 책에서 "현재의 DSM은 자칫 병이 없는 사람들에게도 병을 만들어 주는 환자제조기의 역할을 할 위험이 있다"라고 했다. 특히 "새로운 진단기준에 맞는 새로운 약이 나온다면 제약회사는 이를 적극적으로 홍보할 것이고 정신과 의사들은 이미 이런 제약산업을 통제할 힘이 없다"라는 것이다.[87]

ADHD라는 질병의 발견(혹은 창조)을 통해 의료계는 새로운 시장을 창출할 수 있었다. 그렇다면 학교는 어떤 효과를 얻게 되었을까? 학교는 규율 메커니즘의 과부하 문제를 해결할 수 있게 된다. 즉 통제하기 힘든 학생들을 병원에 위임함으로써 소수의 학생들에게 과도하게 규율권력의 에너지가 소모되는 현상을 해결할 수 있는 것이다. 올바른 학습태도(생활태도)를 둘러싸고 극도로 고조되던 교사-학생 간의 갈등은, 병원이 개입하면서 평화롭게 해결된다. 이를테면 '스트레스로부터 장애로의 도피'라고 볼 수 있다.

> **"예를 들면, 산만하게 이리저리 돌아다니고 학업에 집중할 수 없기 때문에 학력도 낮고 학교에 적응할 수도 없으며 학교가 문제아로 여기는 아이는 '주의력 결핍-과잉행동 장애'로 진단받으면 이제 '나쁜 아이'가 아니라 '병든 아이'가 될 수 있다. 즉 장애를 통해서, 아니 오직 장애를 통해서만 시민권을 획득할 수 있는 사람들이 생겨나게 된다."**
>
> (미셸 푸코(2014), 『정신의학의 권력』, 심세광 외 옮김, 난장, 626쪽)

87 하지현(2016), 『정신의학의 탄생』, 해냄.

교사의 입장에서 (아직 ADHD로 분류되지 않은) 관종들을 이해할 수 없는 이유는, 그러한 '어그로'를 끄는 행위가 주변 사람들에게 '호감'을 살 수 없다는 점에 있다. 어그로 끄는 행위는 주목을 끌긴 하지만, 바로 다른 친구들의 반감을 사고 야유로 이어진다. 교사들에게도 인성과 수업태도가 불량한 학생으로 낙인찍히기 십상이다. 하지만 이와 비슷한 어그로 전략을 시장에서도 쉽게 찾아볼 수 있다. 바로 '노이즈 마케팅'이다. 자극적이고 좋지 않은 내용으로 상품이 구설수에 오르더라도 인지도를 높여 도리어 매출을 올린다는 전략인데, 인지자본주의 시대에 이러한 전략은 더욱 노골적이고 광범위해졌다.

기업의 입장에서 '인지자본주의'란 '관심=돈'이 되는 사회를 뜻한다. 그게 인터넷 환경이라면 관심은 클릭으로 대체된다. 클릭을 유도하기 위해 부단히 노력하는 자극적인 기사제목들과 사진들을 떠올려 보자. 급기야는 "태풍 낭카 북상… 모델 유승옥의 태풍을 압도하는 완벽한 몸매"[88] 같은 황당한 기사 제목도 양산되고 있다. TV도 다르지 않다. 아이돌의 자극적인 뮤직 비디오, 먹방·쿡방의 유행, 귀여운 고양이와 강아지의 짤방[89] 등 관심경제의 행방은 우리를 둘러싼 세계 전체의 포르노화로 귀결되고 있다.

88 「모델에서 논객으로? 기·승·전·유승옥」, 카카오 1boon, 2015년 7월 15일. (http://1boon.kakao.com/issue/pluto_yu?fb_ref=Default)

89 짤방: 인터넷 공간 속에서 돌고 도는 각종 이미지 파일에 대한 통칭. 최초로 유래한 곳은 디시인사이드다. 본래 디지털 카메라 전문 사이트였던 디시는 게시판이 아닌 갤러리가 운영되기 때문에 갤러리에 글을 올릴 때 각 갤러리 주제에 맞는 사진을 올리지 않으면 운영자에 의해 삭제되기(짤리기) 마련이었다. 짤방이란 단어의 의미는 즉 '짤림 방지'의 준말. 허나 2002년 9월경 사진이나 카메라에는 별 관심 없었던 갤러들이 자기가 쓴 뻘글에다가 아무 사진이나 첨부한 것이 시초. 그렇게 짤림 방지로 넣은 사진들이 주로 엽기 갤러리 등지에서 퍼 오는 유머러스한 것이었기 때문에, 되고 갈수록 짤방은 웃기는 사진의 동의어처럼 쓰이게 된다. 각종 망가지는 캐릭터나 연예인들의 사진 또한 짤방으로 재탄생되는 경우가 많아, 어떤 연예인(특히 잘생긴 연예인)이 순간적으로 외모가 망가지는 장면을 두고 '짤방감', '짤방이 만들어졌다'라고 하기도 한다[(유)움짤 나무위키 참고].

"의미화의 과정을 압축하고 단축하면 흥분만 남게 된다. 신경 시냅스에서 터지는 전기 화학적 반응은 정보 환경의 가속화를 가까스로 쫓을 수 있다. 지난 이십여 년 동안 인터넷 전체가 포르노화되고 있는 이유도 가속화의 결과다. 생각에 몰두하지 않더라도 신경계에서 자동적으로 자극을 끌어낼 수 있는 콘텐츠가 화면을 가득 채우고 있다. 어떤 노력도 공감도 필요 없는 볼거리다. 오늘날의 포르노 문화는 여성을 대상화한다거나, 성이 매매되는 타락을 비난하는 수준에선 실체를 온전히 파악하기 어렵다. 음식도 포르노가 될 수 있고, 불안정한 노동의 회로도 마찬가지며, 텔레비전 뉴스와 반려 동물, 정치인의 연설문도 자극적인 포르노가 될 수 있다."[90]

'관심경제'에 대해 어느 정도 살펴봤으니 다시 처음으로 돌아가 보자. '관종'이라는 단어가 발화되고 있는 교실 상황으로. 이 단어를 둘러싼 주변 인물들을 살펴보니, 관심을 끄는 행위인 어그로를 둘러싸고 두 가지 입장의 공방전이 펼쳐져 있다.

<표 2> '관종'을 둘러싼 공방전

화자	인물의 행동 및 대사	해석
학생 A	어그로를 끄는 이상한 언행	관심을 사기 위한(소비를 이끌어 내기 위한) 공격
학생 B	관종이네, 안물! 안궁! 알바임? 노잼	방어
학생 C	어휴, 이 진지충	상대방을 유머도 이해하지 못하는 사람을 매도함으로써 공격 실패를 무마하는 반격

여기에서 발화의 순서를 추적해 누군가의 잘잘못을 따지는 것은 중요하지 않다. '관종'과 같은 어휘를 상대방을 도발하기 위해 먼저 내뱉을 수도

90 임태훈, 「인터넷은 시간포획 장치… 페북서만 한국인 시간 월 1만 5000년 빨아들여」, 『한국일보』, 2015년 10월 4일.

있다. 대화를 둘러싼 해석은 다양하게 가능하다. 그것보다 중요하게 살펴봐야 할 것은, 타인에 대한 공감이 원천적으로 봉쇄된 구조에 학생들이 놓여 있다는 것이다. 조금이라도 방심하면 안 된다. 그들은 나도 모르게 타인의 노이즈 효과를 구매하지 않기 위해 '관종, 안물, 알바'를 다급하게 외쳤던 것이다. 이와 같은 유행어들은 바로 (인지자본주의가 전방위적으로 전개하는) 관심경제에 포섭되지 않으려는 학생들의 무의식적 방어반응이었다.

이 방어반응은 인지자본주의가 우리에게 선사한 또 하나의 부작용인가, 아니면 새로운 저항 가능성일까.

3. 빅데이터[91]와 인지자본주의

앞서 말했듯이 자본이 차지하려고 하는 새로운 공공 공간은 바로 사물인터넷과 IT기술로 포획된 우리의 데이터다. 즉 우리의 '라이프로그'가 유저(User) 자신도 모르게 플랫폼을 가진 자본가에게 수집되고 있으며, 수집과 제어의 과정에 우리의 인지노동이 무단으로 쓰이고 있다.

91 '빅데이터'란 과거 아날로그 환경에서 생성되던 데이터에 비하면 그 규모가 방대하고, 생성 주기도 짧고, 형태도 수치 데이터뿐 아니라 문자와 영상 데이터를 포함하는 대규모 데이터를 말한다. PC와 인터넷, 모바일 기기 이용이 생활화되면서 사람들이 도처에 남긴 발자국(데이터)은 기하급수적으로 증가하고 있다(정용찬(2012), 『빅데이터 혁명과 미디어 정책 이슈』(KISDI Premium Report 12-02), 정보통신정책연구원). 쇼핑의 예를 들어 보자. 데이터의 관점에서 보면 과거에는 상점에서 물건을 살 때만 데이터가 기록되었다. 반면 인터넷 쇼핑몰의 경우에는 구매를 하지 않더라도 방문자가 돌아다닌 기록이 자동적으로 데이터로 저장된다. 어떤 상품에 관심이 있는지, 얼마 동안 쇼핑몰에 머물렀는지를 알 수 있다. 쇼핑뿐 아니라 은행, 증권과 같은 금융거래, 교육과 학습, 여가 활동, 자료 검색과 이메일 등 하루 대부분의 시간을 PC와 인터넷에 할애한다. 사람과 기계, 기계와 기계가 서로 정보를 주고받는 사물지능통신(M2M, Machine to Machine)의 확산도 디지털 정보가 폭발적으로 증가하게 되는 이유다. 주요 도로와 공공건물은 물론 심지어 아파트 엘리베이터 안에까지 설치된 CCTV가 촬영하고 있는 영상 정보의 양도 상상을 초월할 정도로 엄청나다. 그야말로 일상생활의 행동 하나하나가 빠짐없이 데이터로 저장되고 있는 셈이다[네이버 지식백과 참고].

라이프로그(Lifelog)는 문자 그대로 개인의 일상생활에 대한 기록을 뜻한다. 전통적인 의미에서는 일기와 같이 문자로 정리해 놓은 문서로 한정되었다. 그러나 ICT 기술의 발전은 우리의 모든 발자취를 라이프로그로 만들고 있다. 스마트폰의 GPS, 자동차에 탑재된 내비게이션과 블랙박스, 신용카드 사용 기록, 자발적으로 남기는 SNS의 기록들, 인터넷 검색의 흔적 등. 그 알람을 듣고 침대에서 눈을 뜰 때부터 시작해서 다시 스마트폰을 들여다보다 잠에 빠지기 직전까지 개인의 모든 일상은 여러 형태의 데이터로 고스란히 생산, 가공되고 있다.[92]

'포스트-포드주의'는 다품종 소량생산을 주된 스타일로 삼는 시장체제이다. 이에 따라 현대인에게 생긴 질병 중 하나가 '선택장애'이다. 정치적 차원에서 보자면 다중의 주권이 '시장민주주의'라는 냄비에 들어가 취향 존중과 소비자 권력이란 두 개념으로 축소돼 버린 소아증 사회 고유의 질병이라고 할 수도 있다. 예컨대 "고추장 삼각김밥이냐, 참치 삼각김밥이냐? 그것이 문제로다". 1분 1초가 아쉬운 출근길 아침마다 나는 양손에 두 김밥을 쥔 채 햄릿처럼 고뇌에 빠지고 마는 것이다. 포스트-포드주의의 새로운 버전인 '인지자본주의'는 이 난제마저도 해결한다. 인지자본주의는 빅데이터를 통해 우리의 습관과 행동 패턴, 우리의 무의식적 욕망까지 읽어 내는 것이다. 젠장맞을, e-편한 세상!

> **"빅데이터를 통해 자본은 우리에게 '무엇을 드릴까요?'라고 물어보지도 않고 우리가 원할 것이라고 예상되는 옵션들을 눈앞에 제시해 준다. 이제 우리는 원하는 게 무엇인지 스스로 생각할 필요도 없다."** (한병철(2015), 『심리정치』, 문학과지성사)

92 심홍진, 「빅데이터와 라이프로깅(Life-logging): 현황과 전망」, 『ICT 인문사회융합 동향』 vol 1, 2014년 3월.

4. 국가와 빅데이터

한편 국가에게 빅데이터는 어떤 의미일까? '테러방지법' 등을 통해 국정원의 무단 감시와 도청을 무제한으로 허용하려 했던 박근혜 정부와는 다행히 종결을 고했지만, 이는 현재 진행형의 이슈이다. 사실 '테러방지법'이 통과되지 않았다고 하더라도 한국은 인터넷 환경에서 이미 '빅브라더 사회'에 가깝기 때문이다. 공안당국은 정보통신기반 보호법, 전기통신사업법, 통신비밀 보호법 등의 다양한 법 테두리를 통해 우리의 스마트 기기들을 마음껏 감청하고 있기 때문이다. 문제는 그들이 테러리스트가 아닌 정부 정책에 반대하는 시위대를 표적으로 이동통신 가입자 정보, 통신사실 확인자료, 위치정보, 카톡 및 네이버 이용 정보 등을 임의로 광범위하게 수집하고 있다는 것이다. 국정원의 '인터넷 패킷 감청설비'는 지난 10년 사이 9배가 증가했다.

이를 통한 무작위 대국민 감시-감찰에 대한 의혹이 있는데, 국회는 민주주의 사회의 가장 중차대한 국가범죄인 선거개입 사건조차 손도 못 대고 있다. 국정원의 이와 같은 고군분투 덕인지 '국경없는기자회'는 2009년 이래 한국을 '인터넷 감시국'으로 분류했다. 심지어 영국 경제지 <이코노미스트>는 "한국인들이 광속 인터넷 환경을 누리고 있지만 자유로운 인터넷 사용은 허용되지 않고 있다"라며 "한국은 암흑시대에 머물러 있다"라고 폭로했다.[93] 하지만 '감시와 통제'라는 우리에게 익숙한 방식의 통치보다 더 무서운 것은 (그에 반해 합리주의적인 방식처럼 느껴지는) '여러 가지 통계를 이용하는 국가의 통치'이다. 삶의 더 많은 측면이 데이터화됨에 따라, 정책 입안자들과 행정부는 '데이터를 더 많이 얻는 것'을 세상만사의 골치 아픈 문제를 해결하는 만능키처럼 생각하고 있기 때문이다. 예를 들자면 다음과 같다. "교육이 위기에 처한 것 같은가? 성적을 측정할 표준화된 시험을 밀어붙여라. 그리고 기준에 미달하는 선생님이나 학교에 벌

93 「'테러방지법 없다'는 대통령의 말, 사실일까」, 『오마이뉴스』, 2015년 12월 16일. (http://www.ohmynews.com/NWS_Web/view/at_pg.aspx?CNTN_CD=A0002168492)

칙을 가하라. 이런 시험이 정말로 학생들의 능력과 교육의 질, 그리고 창의적이고 적응력 있는 미래 인력 수요를 제대로 반영할지는 알 수 없지만 말이다."[94] 우려스럽게도 조만간 교원평가, PISA와 일제고사와 같은 기존의 표준화 도구에 더해 갖가지 빅데이터들이 정량적인 지표들로 등장하며 교육 분야의 알파요 오메가가 될 것이다.

우리나라가 빅데이터와 관료주의가 결합해 실적의 표상들을 평가하고(성과나 실적을 직접 평가하는 것이 아니라 성과의 표상들을 평가하는 것이 핵심이다) 관리하는 신자유주의적 통치 체제를 따르고 있다면, 기술 통제 국가의 면모를 잘 드러내는 것이 중국 사회이다.[95] 중국은 사회신용 시스템을 구축해 2020년부터 전면 시행하기 시작했다. '국가신용관리체계'라고도 불리는 사회신용 시스템은 정부가 전 국민의 금융정보 그리고 200만 대의 CCTV(중국 정부는 2020년까지 600만 대로 늘리는 것을 목표로 삼았다)로 수집한 일상 행위 정보를 수집해서 점수를 매기는 것이다. 그리고 그렇게 매긴 점수를 기준으로 여러 가지 사회활동에 불이익을 부과하거나 혜택을 수여하고 있다. 예를 들어 길거리에 쓰레기를 버리고, 금연구역에서 흡연을 하는 등 법과 도덕질서를 어지럽히는 사람은 나쁜 사람으로 분류되어 신용점수가 감점된다. 신용점수의 하한선에 따라 여러 가지 공공 서비스를 이용할 수 없게 된다. 이미 낮은 점수를 받은 900만 명이 국내 항공기 표를 살 수 없고, 300만 명은 열차 좌석표를 살 수 있는 자격을 박탈당했다. 빠른 인터넷을 사용할 수 없으며, 본인이나 자녀의 고등교육기관 입학이 거부되는 불이익도 있다. 국영기업과 대형 은행 등 좋은 직장을 얻을 수 없으며, 호텔 숙박도 거부되고 반려동물을 압수당할 수도 있다. 나쁜 사람이라고 이름을 공개 지명해서 공적인 수치심을 주기도 한다. 한편으로 좋은 신용점수를 얻은 인민을 위한 혜택도 있는데, 공항에서 신

94 "데이터는 반영 못 할 가능성을 아예 존재하지 않는 것으로 간주할 것이다."-빅토르 마이어 쇤버거 외(2013), 『빅데이터가 만드는 세상』, 이지연 옮김, 21세기북스.

95 「[차이나로그인] 중국의 사회신용 시스템과 개인정보 공개」, 『국민일보』, 2019년 4월 1일. (https://news.naver.com/main/read.nhn?mode=LSD&mid=sec&oid=005&aid=0001186275&sid1=001).

속한 여행 수속을 받을 수 있고, 인터넷 짝짓기 사이트에서 더 많은 이성과 데이트할 수 있다.

이와 같은 불이익과 혜택들을 부과하는 것은 사회적으로 올바른 행동을 하도록 유도하기 위함이라 하지만, 문제는 사회 구성원들의 사상까지도 검열한다는 것이다. 실제로 중국 정부의 특정 정책을 비판했던 인권활동가나 언론인들의 비행기 이용이 금지됐다는 사실이 외신에 소개되기도 했다.[96] 중국은 어떻게 이와 같이 광범위한 통제 시스템을 구축할 수 있었을까? 국가 행정기관과 기업들이 가지고 있는 방대한 개인정보에 안면인식, AI, 빅데이터 분야의 하이테크 기술이 결합했기에 가능했다.

중국의 대표적 ICT 기업인 알리바바, 텐센트, 바이두, 징동 등은 전자상거래 정보, 결제 내역, 대출 관련 정보 등을 고객의 정보를 수집하여 자사의 이익을 위해 활용할 뿐만 아니라 중국 정부의 전산망에 모든 개인정보가 집적될 수 있도록 하고 있다. 중국에는 개인정보보호법 자체가 없기에 가능한 전횡일 것이다. 그러나 우리나라에도 '4차 산업혁명 시대에 맞는 규제 완화' 운운하며 개인정보 활용을 꾸준히 획책하는 기업들[97], 그리고 그들과 결탁한 언론인과 정치인들이 점점 늘어나고 있다는 사실을 고려하면 무서운 감시 사회가 이웃 나라 이야기만은 아닐 것이다.

96 「China's social credit score bans some from travel」, CBS, 2018년 4월 24일, (https://www.youtube.com/watch?v=xuqbx8tyW1Y)

97 보통 '개인정보 공개'라는 용어를 사용하는데, 민주주의, NGO, 참여정부의 구호였던 '정보공개'가 기업의 구호가 된 것은 흥미로운 지점이다.

5장. 노동의 미래
코딩교육은 좋은 일자리를 보장할까

1. 노동의 미래-유토피아적 디스토피아

인지자본주의는 노동하는 사람들의 (뇌, 신경, 감각기관 등과 같은) 인지기관만을 직접적인 생산수단으로 착취한다. 인지노동의 이러한 특성 덕분에 회사는 건물에 출근하는 정규직 노동자가 필요 없다. 인지노동은 특정한 노동시간, 특정한 노동 장소에 구애받지 않고 그 어느 때, 그 어느 곳에서건 수행될 수 있기 때문이다. 따라서 앞으로 임금을 지불하는 고용노동은 재택근무, 비정규직, 임시직이라는 형태, 요컨대 불안정노동 형태가 될 것이다. 인지자본주의가 추구하는 이러한 노동 형태로의 전면적 이행은 언제쯤 나와 내 학생들의 발밑에까지 닥칠까?

얼마 전까지만 하더라도 최소한 10년 이상은 걸릴 것이라 생각했다. 왜냐하면 현재의 생산환경을 육체노동 기반에서 인지노동 시스템으로 완전히 변화시키기 위해선 IT기술 이상의 것이 필요하기 때문이다. 즉 산업혁명기의 직물기와 같이 지금의 노동자들을 완전하게 대체할 전혀 새로운 물적 기반이 필요한 것이다.

이와 관련해서 나는 2015년 6월 구글코리아 본사에서 열린 '알고리즘 사회와 노동의 미래' 포럼[98]에 참석했다가 큰 충격을 받았다. 우리 사회가 부지불식간에 이미 '로봇(알고리즘) 사회'로 진입했고 그 기술적 성취

98 2015년 6월 29일, 서울 강남파이낸스센터, '슬로우포럼: 알고리즘 사회와 노동의 미래'(주최: 슬로우뉴스).

수준이 높다는 사실을 알게 됐기 때문이었다. 이것은 두 가지 의미에서의 놀람이었는데, 첫째로는 기술적 성취가 소비자로서의 우리에게 제공할 새롭고 놀라운 삶의 도약, 그 유토피아적인 서비스 때문이었고, 둘째로는 반대로 그 유토피아가 노동자로서의 우리에겐 디스토피아로 돌아올 것이라는 암울한 전망 때문이었다.

먼저 굿 뉴스, 기술적 성취에 대해서 살펴보자. 구글이 무인차를 개발하고 있다는 소식은 뉴스를 통해서 많이 들어 봤을 것이다. 구글은 교통사고율 0%에 가까운 자율주행차를 만들고 있는데, 사실상 프로그램 자체는 완벽하게 완성되었다. 그럼에도 모의 주행에서 몇 건의 사고가 발생했는데, 이는 불완전한 알고리즘[99] 때문이 아니라 종종 교통법규를 지키지 않고 변칙적으로 행동하는 (불완전한) 인간 때문이었다. 구글은 '때때로 제멋대로 행동하는 인간의 나약함'이라는 이 변수마저도 보완하여 무인차 시판[100]을 바라보고 있다.

한편 한국에서도 동호인 수가 부쩍 늘어난 드론의 기술력이 장난(감)이 아닌 수준으로 도약했다. 미군은 올해까지 공군 전투기의 1/3을 드론으로 대체할 계획을 가지고 있고, 이를 위해 대대적으로 게이머들을 고용해서 훈련하고 있다.[101] 한편 세계 최대의 물류회사인 아마존에서는 드론을 이용한 배송망을 구축하고 있는데, 이는 구매자의 실시간 위치를 추적해서

99 알고리즘 [algorithm]: 원래는 인도에서 아랍을 거쳐 유럽에 보급된 필산(筆算)을 뜻하며, 아랍의 수학자인 알콰리즈미(Alkwarizmi, 780~850)의 이름에서 유래한다. 또한 알고리즘은 수학 용어와 컴퓨터 용어 두 가지로 나누어 설명할 수 있다. 컴퓨터 용어로서 알고리즘은 어떤 문제의 해결을 위해 컴퓨터가 사용 가능한 정확한 방법을 말한다. 알고리즘은 여러 단계의 유한한 집합으로 구성되는데, 여기서 각 단계는 하나 또는 그 이상의 연산을 필요로 한다. 이때 컴퓨터가 각 연산들을 수행하기 위해서는 다음의 조건을 만족해야 한다. ① 명확성: 각 연산들은 명확한 의미를 가져야 한다. ② 효율성: 각 연산은 원칙적으로 사람이 연필로 일정한 시간 내에 할 수 있어야 한다. ③ 입력: 외부 입력 자료가 있을 수 있다. ④ 출력: 하나 이상의 결과가 나온다. ⑤ 종결성: 유한 번의 연산 후에는 끝나야 한다[두산백과 참고]. 우리가 알고 있는 개념인 프로그램과 비교해서 쉽게 표현하자면, C언어, 자바언어, 스크래치 등의 프로그래밍 언어로 '알고리즘'을 표현한 것이 '프로그램'이다.

100 2020년 10월 현재 자율주행 전담 계발 부서인 웨이보를 설립하여 도로주행 테스트를 진행 중이다.

물건을 전달하는 시스템이다. 예를 들어서 아침 일찍 용산에 위치한 자택에서 주문한 책을 출근길에 신도림역 부근을 걷는 중 상공에서 받아 볼 수 있는 것이다. 그야말로 영화에서나 보던 환상적 기술들이다.

이번엔 배드 뉴스. 이 유토피아적인 근미래가 노동계에 미칠 이면을 살펴보자. 무인차와 드론의 보급은 택시, 버스 운전사 및 물류 운송업 직업군에 종사하는 사람들이 실직하게 된다는 것을 의미한다. 아마존은 드론 배송 이외에도 키바 시스템(Kiva Systems)을 2014년도부터 도입해 전 세계 물류창고의 모든 노동자들을 로봇으로 대체하는 작업을 완성시켜 나가고 있으며, 독일 BMW 공장의 'i3' 생산라인은 고작 20명의 노동자가 일할 정도로 로봇이 이미 많은 영역에서 인간의 직업을 빼앗아 가고 있다.

기술의 발전이 블루칼라 직종만 위협할 것이라고 생각하는 것은 오산이다. 과거의 기술혁신이 이른바 기계 근육을 만들어 내는 것이었다면, 지금의 기술혁신은 기계 두뇌를 만들어 내는 것에 초점을 두고 있기 때문이다. 로봇이 위에 예시로 든 육체노동 종사자들을 대체했다면, 알고리즘은 변호사, 의사와 같은 전문직 종사자를 대체하고 있다. 예를 들자면 미국에서는 이미 역사상 모든 판례에 관한 데이터베이스화가 완료됐다. 컴퓨터는 어떤 행위에 대해 어떤 처벌을 받고 유죄를 받을 확률이 몇 퍼센트인지, 벌금을 얼마나 받을지 정확히 예측해 준다. 법률적 자문을 위해 변호사를 고용할 필요가 없어지는 것이다. 또한 영국 일간지 가디언은 2030년까지 90%의 저널리스트가 알고리즘 저널리즘(로봇 저널리즘)에 의해 대체될 것이라고 예측한다. 이미 우리가 읽는 기사 중 스포츠나 날씨같이 코딩[102]하기 쉬운 뉴스 분야들은 대부분 컴퓨터가 작성하고 있다고 한다. 상대

101 지난 19일에는 아프가니스탄 전쟁에 투입됐던 전직 미군 4명이 오바마에게 보내는 공개서한에서 "잡초를 뽑듯", "개미를 죽이듯 쉽게" 어린아이와 민간인들을 살상했으며 테러리스트들이 가지고 있는 강렬한 증오심의 원인이 여기에 있다고 고백해 논란이 되기도 했었다. 「전직 미 드론 조종사 폭로」, 『뉴시스』, 2015년 11월 20일. (http://v.media.daum.net/v/20151120164123823)

102 코딩(coding)=code(컴퓨터 언어)+ing(동작을 나타냄). 즉 코딩은 '컴퓨터 언어로 프로그램을 만드는 일'을 뜻한다.

적으로 고소득 직종에 해당되는 금융업에 종사하는 사람들도 위험하다. 현재 미국 증권 거래의 50%를 차지하는 HFT(High Frequency Trading: 고빈도 매매), 그 거래의 80%를 로봇이 담당한다고 한다.

우리나라도 현재 증권 거래의 5~6% 정도가 자동화되었고, 여의도에 아예 증권맨이 사라질 날도 멀지 않았다. '알고리즘 사회와 노동의 미래' 주제 발표자로 나선 강정수(디지털사회연구소장)에 따르면, "기술의 발전으로 인한 노동력의 대체가 새로운 일이 아니며 새로운 기술은 언제나 기존 일자리의 대체와 함께 새로운 일자리를 만들어 왔지만, 지금까지는 기술 발전이 육체노동의 영역을 대체해 왔다면 이제는 변호사, 금융인, 기자 같은 중간 영역의 일자리까지 대체하고 있으며 일자리가 생성되는 속도보다 파괴되는 속도가 더 빨라지고 있다"라는 것이다.

노동계가 맞이할 변화는 기술 진보에 따라 몇 년 주기로 반복되곤 했던 새로운 시장의 창출과 노동시장의 개편 정도가 아니라는 것이다. 기계가 인간을 농장에서 쫓아냈던 산업혁명과 같이 역사상의 '거대한 전환'이 다시 이 땅에 도래한 것이다.

2. '2015개정교육과정'과 코딩교육

이러한 시대적 문맥 속에서 2015 개정교육과정을 살펴보자. 진보 교육계의 강력한 반발에도 불구하고 박근혜 정부는 논란의 소지가 다분히 포함된 2015개정교육과정을 통과시켰다. 이 개정교육과정에 따르면, 초등학교 5, 6학년은 '실과' 시간에 소프트웨어 기초 교육을 1년에 17시간 이상(2019년 시행), 중학생은 정보 과목을 34시간 이상 이수(2018년 시행)해야 한다. 기존 교육과정에서 실과 내 ICT 시간은 12시간, 정보 과목은 선택과목에서 필수 교과로 변경된다. 이와 같은 소프트웨어(이하 'SW') 교육이 본격적으로 대두되기 시작한 것은 교육부, 미래부 등이 공동 주관한 'SW

중심 사회 실현 전략 발표회'에서 박 대통령이 '청소년의 SW교육 강화'를 강조한 2014년 7월부터이다. 따라서 SW교육의 교육적인 효과에 대한 교육계 내부의 심도 있는 연구와 준비를 통해 개정교육과정이 추진된다고 보기는 어렵다.

그렇다면 교육부와 박근혜 정부는 SW교육에 대한 추진 동력을 어디서 얻고 있는 걸까? 이와 관련해서 최근 영미권의 동향을 살펴보면 흥미로운 연결고리를 발견할 수 있다. 2013년 12월 오바마 대통령은 '컴퓨터 과학교육 주간'에 빌 게이츠, 잭 도시 등의 IT 전문가들과 '아워 오브 코드(hour of code)' 운동을 선포한다. 그 행사 이후 code.org라는 홈페이지가 구축되어 미국의 초·중·고 학생들이 코딩을 접하는 첫 공간이 되었다. 미국의 SW교육에는 마이크로소프트, 페이스북, 구글 같은 IT기업들이 깊숙이 관여하고 있다.

미국의 사례를 볼 때, 한국에서 갑자기 소프트웨어 교육이 강조되는 것 역시 산업계의 강력한 요청이 반영된 것은 아닐까? 거기에 한국의 '닥치고 미국 따라 하기' 관습이 더해진 것은 아닐까? 어쨌든 교육적인 목적으로 정밀하게 검토된 계획에 의해서 추진되는 것이 아니라는 것은 분명하다. 실제로 코딩교육 관련해서 최초로 교사 대상의 연수를 만들고 자료를 보급한 것은 교육부가 아닌 삼성전자였다. 삼성전자는 정부의 어떤 부처보다도 발 빠르게 2013학년도 2학기부터 수도권의 49개 시범학교에서 '삼성전자 주니어 SW 아카데미'를 운영했다. 현재까지 계속 진행되고 있는 교사연수와 과학기술정보통신부에서 만들어서 배포한 교재 역시 이때 삼성전자가 만들어 놓은 콘텐츠를 그 베이스로 하고 있다. 2016년에는 미래부와 교육부의 주관하에 민관합동 'SW교육위원회'를 구축하기도 했다. 즉 삼성과 네이버 등의 민간 기업들이 전면에 나서서 교육부의 이름을 빌려 초·중·고 학교의 SW교육을 담당하고 있는 것이다.

3. 코딩교육의 진짜 목적

여기서 우리는 성급하게 코딩교육 도입 반대를 외치기 전에, 먼저 국가와 기업이 왜 코딩교육을 하려 하는지 따져 물어야 한다. 학교라는 근대적 교육 시스템이 산업화혁명과 함께 새로운 인간의 유형-근로노동자를 양성하기 위해 탄생했듯이, 코딩교육은 새로운 산업의 필요에 의해서 요구되는 것이기 때문이다.

코딩교육을 추진하는 진짜 이유를 알기 위해 다시 한 번 우리의 선도국(?) 미국의 경향을 살펴보자. 최근 미국은 '저가의 알고리즘 노동자 증가'가 심각한 사회문제로 떠오르고 있다. 강정수에 따르면 새로운 첨단 기술들은 그 이면에 알고리즘이 작동하고 진화할 수 있도록 뒷받침하는 노동자들을 필요로 한다. 예를 들자면 앞에서 살펴본 구글의 무인 자동차는 초당 1GB의 데이터를 필요로 한다. 이 데이터를 유지하기 위해선 끊임없이 사람에 의한 데이터 업데이트가 필요하다. 즉 알고리즘은 데이터를 먹고 산다. 그리고 데이터를 생산하고 필요한 데이터를 추출하는 건 인간이다. 그리고 그 일을 수행하는 건 고급 인력이 아니라 저가의 노동력이다.

> "최근 미국의 사회문제로 떠오른 것이 이런 IT 계약직 노동자들의 문제다. IT 비정규직이 급증하고, 이들을 기업과 연결해 주는 인력 서비스가 급증하고 있다. 이들에게 사회보장은 그림의 떡이다. 이들은 지금까지 사회에서 존재하지 않는 '투명인간'처럼 존재해 왔다. 많은 노동자의 업무는 포르노 삭제, 어뷰징 삭제 등 대단히 단순한 업무에 한정된다. 하지만 이들 노동이 없었다면 현재의 알고리즘 진화가 불가능했을 것으로 생각한다. 이런 '데이터 문지기(data janitor)'가 없었다면 빅 데이터 시대도 인공지능의 진화도 존재하지 않았을 것이다."[103]

103 '슬로우포럼: 알고리즘 사회와 노동의 미래' 중 강정수의 발제문.

우리는 여기서 두 가지 사실을 알 수 있다. 첫째, 알고리즘의 진화는 뛰어난 코딩 능력에 의존한다기보다는 빅데이터에 의존하는 방식으로 이뤄진다는 사실이다. 둘째, 그렇기 때문에 알고리즘을 잘 짜는 고급 프로그래머가 아닌, 데이터를 정제하는 역할을 하는 낮은 수준의 코더에 대한 수요가 급증 할 것이라는 사실이다. 즉 새로운 일자리가 생겨나긴 하지만, 그것은 재택근무 형식의 비정규직으로 최저임금이나 기타의 노동법에 따라 보호받기 힘든 종류의 일자리가 양산될 것이라는 전망을 할 수가 있는 것이다. 코딩교육이 도입된다는 뉴스를 듣고 많은 엔지니어들이 냉소적인 반응을 보인 것은 이와 같은 이유에서이다. 한국의 IT업계는 낮은 대우와 높은 강도의 노동환경으로 유명하다.

> "보통 이런 식이다. 공공기관이나 대기업이 정보 시스템 개발·보수 사업을 발주하면 삼성SDS, LG CNS, SK C&C 같은 대기업 IT 자회사가 수주해서 자기네가 인증하는 1차 협력사에 도급을 준다. 그러면 1차 협력사는 다시 일을 쪼개 중소업체에 맡긴다. 이보다 아래 단계의 하도급은 IT 인력파견업체로 이어진다. 이 업체는 유흥업소에 접대여성을 소개하는 '보도방'처럼 원청업체에 개발자를 대 주기 때문에 'IT 보도방''이라고 불린다. 사장 외 상주 직원이 거의 없어 사무실에 정수기만 덩그러니 있는 경우가 많아 '정수기 회사'라는 별명도 붙었다. 이들 인력파견업체는 개발자를 보내 주면서 중개수수료로 인건비의 10~20%를 떼 간다. 발주사가 '갑'이라면 개발자는 '기' 이하에 해당한다. 이렇게 여러 단계의 하도급을 거치면서 사업대금에서 중개료가 계속 빠져나가기 때문에 원청업체로 파견돼 실제 개발 업무를 하는 IT 노동자는 원청에서 책정한 인건비의 3분의 1 정도만을 받게 된다. 하도급의 중첩에 따라 작업조건도 불리해진다. 사업을 따내려고 무리한 계약조건을 내밀기 때문에 개발자는 야근과 '월화수목금금금' 근무가 일상이 된다. 초과근로수당을 바라는 것은 언감생심이다."[104]

이런 상황이니 이 분야에서 이미 일하고 있는 사람들은 코딩교육을 마치 첨단 일자리 창출의 마술봉인 것처럼 묘사하는 정부의 발표에 쓴웃음을 지을 수밖에 없다. 코딩교육이 교육과정을 통해서 학교에 들어오려는 이유는 단언컨대 산업계의 요구 때문이다. 물론 사고력 향상 등의 교육적인 목적을 위해 코딩교육이 필요하다고 주장해 왔던 ICT교육계 일각도 있긴 하다. 하지만 중요한 것은 SW교육이 교육과정에 도입된 것은 교육적인 필요성으로 인해 교육계 내부에서 추진되었다기보다는, 산업계의 생태 변화에 따른 인력개편, 즉 '인지자본주의'의 차원에서 추진되어 왔던 것이다.

4. 그러나 러다이트운동이 대안이 될 수는 없다

이와 같은 디스토피아적인 전망 때문에 첨단 과학기술과 기계문명을 거부해야 한다고 주장하는 사람들도 늘어나고 있다. 이른바 네오러다이트족의 출현이다. 이들은 스마트폰, 컴퓨터, 자동차 등의 첨단 문명을 거부하고 외진 곳에 은둔하는 삶을 동경한다. 또는 유나바머(Una Bomber)처럼 첨단 기술의 저지를 위해 연구소와 공장을 대상으로 우편물 폭탄 테러를 자행하는 등 좀 더 적극적인 네오러다이터들도 있다.

네오러다이트 운동은 새로운 시대에 대한 대안이 될 수 없다. 그것은 이미 도래한 미래에 대한 현실부정일 뿐이다. 과거로 탈출할 수 있을 것이라는 퇴행적 공상보다는 새로운 기술을 어떻게 새로운 무기로 삼을 수 있을지 고민하는 것이 현명하다. 역사적으로도 러다이트운동은 산업화혁명이라는 새로운 흐름을 중단시킬 수 없었다.

104 「[IT 코리아의 그늘] '노가다' IT 노동자의 눈물」, 『국민일보』, 2013년 12월 7일. (http://news.kmib.co.kr/article/view.asp?arcid=0007823779)

> "네트워크 탈출을 부질없이 꿈꾸기보다는 신체에 집적된 네트워크 자본의 구체적인 성질과 구성을 되도록 정확히 이해하고, 인간적 존엄과 자율을 지킬 힘을 네트워크에서 다시 빼앗아 와야 합니다. 다 부숴 버리자고 소리치는 일이 제일 쉽습니다. 그리고 이 말만큼 무책임한 소리도 없습니다. 러다이트주의나 네오-러다이트주의로는 우리 시대가 직면한 새로운 유형의 격변에 대응할 수 없습니다. 셀 수 없이 많은 기술과 기계들의 복합체로 오늘의 현실이 구성되었던 것처럼 지금과 다른 미래를 살길 바란다면 다른 현실을 생산할 수 있는 기술과 기계들이 꾸준히 창안되어야 합니다."[105]

지금까지 소개한 내용들이 종종 미래학이 시전하는 새로운 변화에 대한 호들갑스러운 전망처럼 느껴질 수도 있다. 그러나 나는 문제의 심각성을 여러 출처의 자료를 통해 재확인할 수 있었다. 단순히 기술 진보에 따른 새로운 시장의 창출과 노동시장의 개편 정도가 아니라 제2의 산업혁명, 더 적확하게는 제2의 인클로저운동과 같은 '거대한 전환'이 도래했다는 결론을 내릴 수 있었다. 따라서 나는 학교에서 노동, 정치, 연대의 삶을 유예당하고 있는 청소년들이 사회로 진출했을 때 예상되는 파국적 근미래에 대한 경고의 목소리를 내고 싶었다. 또한 판 자체를 뒤엎는 새로운 파도가 다가오는 것을 모르고 모래성을 쌓고 있던 나와 내 동료들을 깨우고 싶었다. 이 글이 그 파열음을 조금이나마 제대로 냈는지 모르겠다.

앞으로의 모든 일자리는 알고리즘으로 대체할 수 있는 것과 대체할 수 없는 것으로 나뉘게 될 것이다. 노동이라는 것 자체가 삶의 일상과 밀접하게 연결되어 노동과 비노동의 구분조차 힘들게 될 것이다. 아니 이 새로운 체제는 이미 현재 진행형이다. 이른바 '인지자본주의 사회'로의 전환 앞에서 우리는 어떤 준비가 되어 있는가? 미래를 누가 선취할 것인지의 문제가 걸린 자본과 노동자의 거대한 전쟁이 목전에 놓여 있다. 노동자와 진보주의의 운명이 '급진적 교육학'과 그 실천들에 걸려 있다.

105 임태훈(2014), 『검색되지 않을 자유』, 알마, 280쪽.

6장. 해커스페이스와 핵듀케이션

디지털 리터러시는 어떻게 가르치고 배우나

우리는 '해킹'이나 '해커'라는 단어를 들으면 테러나 범죄자를 떠올린다. 하지만 'hack'의 어원을 살펴보면 미래교육에 시사하는 바가 크다. 해킹이라는 용어는 미국 대학인 MIT에서 1920년대에 탄생했다.[106] 기발한 장난으로 깜짝쇼를 벌이는 행위를 'hacking', 이에 가담한 학생들을 'hacker'라고 부르기 시작한 것이다. 이는 학교의 유서 깊은 전통으로 오늘날까지 내려오고 있다. 최근에는 영화 <어벤저스: 엔드게임>의 개봉에 맞춰 캠퍼스의 거대한 돔 건물 천장을 영화 등장인물인 캡틴 아메리카의 방패 모양으로 바꾸는 해킹을 하기도 했다.[107]

hack(핵)이 오늘날 우리가 알고 있는 것처럼 컴퓨터 프로그래밍 분야에서 시작된 것이 아닌 셈이다. 게다가 이 해킹은 다른 사람에게 피해를 주지 않는 것을 원칙으로 했었다. 즉 해킹의 본래 의미는 자신만의 독창적인 기술과 아이디어를 기반으로 친구들을 깜짝 놀라게 하는 유쾌한 놀이에 가깝다. 그럼에도 오늘날 해킹에 대한 이미지가 부정적인 색채로 채워져 있는 이유는 무엇일까? 'Anarchism(아나키즘)'이란 용어가 관제학자에 의해서 부정적 이미지-혼돈, 카오스, 무정부-로 번역[108]된 것과 같이 해킹에도 주홍글씨가 새겨진 것이 아닐까 싶다. 해킹 역시 자본주의 및 국가권력의 지배질서에 반하기 때문이다.

106 「'캡틴아메리카 방패'가 된 MIT 명물 돔」, 『동아일보』, 2019년 5월 3일. (http://news.donga.com/3/all/20190503/95363261/1)

107 「[디지털 라이프] 해커와 크래커」, 『매일신문』, 2011년 4월 21일. (http://news.imaeil.com/NewestAll/20110421142732166623)

관제 학자들은 본래의 단어를 터부시하기 위해 저항의 의미가 탈색된 대체 용어를 사용한다. 언어의 어용화가 일어나는 것이다. 예를 들어 요즘 교육계에서 많이 언급되는 '메이커스페이스'의 기원은 독일의 '해커스페이스'[109]이며 '메이커 운동'은 핵티비즘(해커 행동주의)에서 유래했다. 본래 자발적이고 저항적이었던 성격은 표백되고 자본주의에 친연한 하나의 매끈한 상품으로 변환된다. 전 세계적으로 발흥하는 메이커운동은 혁신교육운동이라기보다 기술미디어적 유행이나 특정 상품에 대한 열광에 가깝다. 더욱이 국내에서 공식화된 메이커 문화는 자본주의적 시장논리 속 개인의 DIY(자가제작) 취향으로 협소하게 정의되면서 기존의 소비 시장으로 흡수되거나 시스템 포획의 논리로부터 자유롭지 못하다(이광석, 2017).

그렇기 때문에 나는 최근 요란한 메이커교육이 대중을 소비자 주체화하는 또 하나의 '잠재적 교육과정'[110]이 되지 않을까 우려스럽다. 따라서 나는 핵듀케이션(Hackducation)이 메이커교육의 대안이 될 것이라 생각한다. 핵듀케이션의 의미를 다음과 같이 표로 정리하고, 이 용어들을 본문 중에 다시 사용하고자 한다(모르는 용어는 표시해 두었다가 본문에서 다시 언급되는 순간에 찾아본다면 재미있는 독해 경험이 될 것 같다).

108 Anarchism을 무정부주의라고 번역하는 것은 오역이다. 그 의미상 '반강권주의(反强權主義)'로 번역하는 것이 옳다. 아니키즘의 어원은 그리스어 '아나르코스'에서 유래한다. '선장이 없는 배의 선원'을 의미하는 '아나르코스'는 진정한 민주주의를 뜻한다. 자신의 미래를 한 사람의 손에 맡기는 건 위험한 일이다. 그래서 선원들은 선장 대신 자기들이 서로 머리를 맞대어 판단하고 그 결정에 스스로 책임져야 하는 것이다. 동양에 아나키즘이 처음 들어온 것은 19세기 말 일본으로, 아나키즘을 '무정부주의'라고 번역한 것은 일본의 관제 학자들이다. 동양의 아나키스트들이 '무강권주의'라는 표현으로 바꾸기 위해 노력했지만, 무정부주의라는 말이 이미 대중화되어서 그 시도는 실패로 끝났다. 아나키즘이 추구하는 미래는 모든 질서에 반대하는 완전한 무질서가 아니라, 내가 합의한 질서를 뜻한다. 또한 아나키즘은 무차별적인 테러를 결코 찬양하지 않는다(하승우(2008), 『아나키즘』, 책세상).

109 메이커스페이스의 시초인 c-base는 1995년 독일 베를린에 그 공간을 열었다. 이곳은 해킹 문화에 관심 있는 프로그래머의 모임으로 시작되었으나, 이후 아이디어를 나누고 같은 관심사를 가진 사람들과 제작을 꾀할 수 있는 공간으로 발전되었다(김형준 외(2016), 『메이커교육』, 콘텐츠하다).

110 잠재적 교육과정(latent curriculum): 학교의 물리적 조건, 지도 및 행정적 조직, 사회 및 심리적 상황을 통하여 학교에서는 의도하고 계획 세운 바 없으나 학교생활을 하는 동안에 은연중에 가지게 되는 경험(『교육학용어사전』(1995. 6. 29), 서울대학교 교육연구소).

<표 3> 핵듀케이션이란 무엇인가?

핵듀케이션 (Hackducation)의 정의	자신의 아이디어를 실행하기 위해 자발적으로 무엇인가를 만들고 변형하며, 이를 위해 다른 사람들과 자원과 정보를 공유하며 협력하는 활동.
핵듀케이션에서 학생의 위상	Hacker; 자립의 주체
핵듀케이션의 학습 방법	언러닝(Un-learning), 역설계(RE: design), 디자인 사고(Design Thinking), 체화된 인지(Embodied Cognition), 수작(手作, 酬酌, 秀作)[111], 교육농
핵듀케이션의 목표	디지털 리터러시(Digital Literacy) 함양, 암묵지의 습득

'소비자 주체'와 '자립의 주체'

우리는 일상에서 많은 물건들을 사용하고 있다. 그러나 물건의 유행주기가 점점 짧아지며 더 많은 물건을 구입하고 이용하기 시작하자 사용자들은 역설적으로 사물의 작동원리에 완전히 무지하게 되었다. 애초에 제품 설계에서부터 사용자들의 수리가 불가능하게 만드는 제조사가 늘고 있다. 애플의 제품들은 사용자 스스로 배터리조차 교체할 수 없도록 밀봉되어 있으며, 자체적으로 수리할 경우 AS나 보상 서비스를 거부한다. GM과 같은 자동차회사의 차량은 전자식 통제 시스템으로 덮여 있어서 아날로그식 수리

111 핵듀케이션에서 학생들의 학습은 불확실한 미래를 주체적으로 살아갈 수 있도록 하는 일종의 연습으로서의 의미를 지닌다. 그러한 연습의 과정에서 학생들은 친구와 선생님, 지역 어른들과 수작(酬酌)하고, 수작(手作)을 통해서 각자의 개성을 살린 수작(秀作)을 만들어 내며, 그런 맥락에서 핵듀케이션의 중요한 교육 방법 중 하나로 수작을 뽑고 싶다. 학습 방법으로서의 수작의 원리는 1) 하는 것을 통한 배우기(learning by doing), 2) 창조적 배움(creative learning)의 두 가지이며, 이러한 과정을 통하여 학생들이 자유롭고 즐거운 배움을 경험하고 그러한 경험을 공적으로 확대할 수 있도록 하는 데 초점을 둔다. 빠르게 변화하는 미래 사회에서 당면하게 될 각자의 삶의 문제를 정확히 분석하고 이를 주체적으로 해결해 나갈 수 있는 힘을 길러 주는 데 초점을 맞춘다. 이에 현재 당면하고 있는 각자의 삶에서의 문제를 해결하기 위해 필요한 지식과 기술을 바탕으로 실제 문제를 해결해 보는 경험을 중요한 학습 방법으로 한다[김월식(2017), 「어떤 것을 만드는 사람들의 삶」, 『경기도 문화재생 쇼케이스-수작, 먹고사는 기예술』, 다사리문화기획학교 주관, 경기문화재단].

를 하기 어렵다. 작은 부품 하나만 재조립해서 해결할 수 있었던 문제를 이제는 설계상 그 부품이 연결된 패킷 전체를 통째로 교체해야 되기도 한다.

이와 같은 폐쇄적 설계가 우리에게 주는 메시지는 분명하다. 사용자는 사물의 작동원리를 알 필요가 없으며, 제작자나 편집자가 아닌 소비자로 머물러야 한다는 것이다. 소비자 입장에서도 복잡한 작동원리를 몰라도 버튼 몇 개로 직관적으로 조작 가능한 물건이 더 편리하게 느껴질지 모른다. 교육자이자 사회학자였던 이반 일리치는 이와 같은 현상을 현대인들이 자신의 자연스러운 삶으로부터 점점 소외되는 것이라 해석한다. 그리고 이렇게 되는 근본 원인은 자본주의 사회가 지향하는 주체화 효과 때문이라고 주장한다. 자본주의는 다중들이 본래 가지고 있던 자족적인 생산능력을 빼앗고 대신 소비자로서의 위치에 그 역할을 한정짓는다는 것이다. 이와 같이 '교환가치'가 블랙홀처럼 주변의 모든 것을 빨아들이는 세상에서 교육도 예외가 아니다. 오히려 경쟁 교육의 근본적 원인을 여기에서 찾을 수 있다. 자신의 생존에 관련된 기초적인 필요부터 시작해서 유희의 즐거움까지 모든 필요(needs)를 소비를 통해서 해결하는 사회에서 사람들은 오직 돈을 많이 버는 것만을 추구할 수밖에 없기 때문이다. 이에 이반 일리치는 근본적인 전환을 통해 소비노예의 삶에서 탈출하라고 촉구한다.

> "지금은 전문가의 관리가 아니라 대중의 결단과 정치 행동이 필요할 때다. 현대 사회에서는 부유한 사람이든 가난한 사람이든 서로 다른 두 개의 길 가운데 하나를 선택할 수밖에 없다. 첫째는 좀 더 안전하고 좀 더 값싸고 좀 더 쉽게 공급할 수 있는 상품을 개발하는 길이다. 그래서 그 상품에 더 의존하는 길이다. 또 다른 길은 지금까지와는 전혀 다른 눈으로 필요와 만족 사이의 관계에 접근하는 것이다. 다시 말해 이 선택은 생산물의 외양만 바꿔서 시장 의존 경제를 그대로 가져갈 것인가, 아니면 상품에 대한 의존 그 자체를 낮출 것인가이다. 두 번째 길로 간다면 개인과 공동체 모두 현대에 적합한 도구를 새로 만들기 위해 사회 구조를 다시 상상하고 설계하는 모험이 뒤따를 것이다. 그 대신 사람들이 자신의 필요를

직접 만족시키는 비율은 더 늘어날 것이다." (이반 일리치(2014), 『누가 나를 쓸모없게 만드는가』, 허택 옮김, 느린걸음)

이반 일리치가 말한 전환의 길은 기술에 대한 가치척도를 개인이 되찾는 것을 의미한다. 이는 돈이 되지 않으면 아무 의미가 없고, 부끄러운 일도 돈이 되면 의미 있는 행위가 되는 자본주의적 가치척도에 대한 투쟁을 필요로 한다. 오늘날 어린이들은 공식적인 생산자(취업)가 되기 이전까지 일상의 생산 활동에서 철저하게 소외되어 있다. 예전에 농사짓던 시골에서 흔히 듣던 "책 그만 보고 농사일이나 도와라"라는 잔소리는 이제 "넌 이런 것(집안일) 하지 말고 공부나 해"로 바뀌었다. 가정에서나 학교에서나 아이들은 의식주와 관련해 전혀 손발을 놀리지 않고도 자신의 욕구를 해결하는 것(소비자-주체화)에 익숙하다.

우리는 그동안 효율성과 생산성에 눌려 정작 삶에서 필요한 기술들을 얼마나 천시하고 부수적인 것으로 치부해 왔는가. 교육의 전환은 가장 먼저, 학생들이 소비자 주체성을 벗고 일상적 의식주 생활에서 자립적 생산능력을 갖추는 것을 목표로 해야 한다. 이를 위해서는 핵듀케이션의 요소 중 언러닝과 역설계가 필요하다. **언러닝(Un-learning)**은 지금까지 학교에서 배운 내용이나, 사회적으로 학습된 고정관념과 편견들을 비판적으로 재독해하고 해체하는 것을 뜻한다. **역설계(RE: design)**[112]란 설계자가 의도한 설계와는 다르게 사용자가 자신의 편의와 뜻에 맞게 설계를 변경하여 제작하는 것을 뜻한다. 예를 들어 '생활해킹'이라고 검색하면 찾을 수 있는 영상들처럼, 물건을 애초의 용도와 다르게 사용하거나 일부 기능과

112 역설계는 공학 용어로 기존 장치의 분해를 통해 그 시스템의 기술적 원리를 발견하는 과정을 뜻한다. 이 용어의 영어 표기는 reverse engineering 혹은 약자로 RE라고 쓰인다. 그럼에도 design이라는 단어를 병기한 이유는 우리가 학교를 분해하고 뜯어보는 것에서 그칠 게 아니라 재설계하는 과정으로 나아가야 하기 때문이다. redesign은 산업용어로 '기존 제품의 기능, 재료, 또는 형태적 변경의 필요에 따라 디자인을 개량하거나 조형을 변경하는 행위'(한글글꼴용어사전)를 뜻한다. 관료주의와 자본주의의 이데올로기에 따라 설계자 본위의 일방향으로 설계된 학교를 다중을 위해 재설계하겠다는 의지를 담고자 했다. 관련된 아이디어는 『한국 테크노컬처-연대기』의 저자 임태훈으로부터 얻었다.

외관을 변경하고 서로 조합하는 작업들이 이에 해당한다고 볼 수 있다. 우리는 초기업사회 속에서 무력한 소비자 혹은 그저 블랙 컨슈머[113]가 될 수밖에 없는 미래 세대들에게 언러닝과 역설계를 가르쳐야 할 의무가 있다.

문제는 제한된 수업 차시 안에 교과별로 배워야 할 내용이 이미 가득 차 있는 학교에서 핵듀케이션을 어떻게 가르칠 수 있느냐 하는 점이다. 현재의 정규 교육과정을 통한 가장 쉬운 접근경로는 '실과(가정·기술)' 교과이다. 실과는 '실용기술교과(practical art)'라는 교과명에 걸맞게 다양한 실습활동이 이루어지기 때문이다. 이런 실습 활동의 일부를 핵듀케이션으로 운영한다면 단순히 실기능력이 향상되는 것 이상의 교육적 효과를 도모할 수 있다고 본다.

첫 번째로, 학생들이 정답에 대한 인지능력만 과다하게 함양된 자기애적인 주체에서 파르헤지아[114]를 가진 윤리적 주체로 재탄생할 수 있도록 자극할 수 있다. 윤리적 의식은 인지적 도야만을 거쳐서는 이루어질 수 없다. 윤리적 자의식은 구체적 장소와 시간이라는 물리성 속에서 탄생하기 때문이다.[115] 학생들은 '타인-물건-자연'과의 간객관적인 관계 속에서 자신과 세상에 대해 더 분명하게 인식할 수 있는 것이다.

두 번째로, 핵듀케이션의 제작활동을 통해 학생들은 '암묵지'를 습득

113 의도적으로 악성 민원을 제기하는 소비자를 말한다. 주로 기업을 상대로 부당한 이익을 얻기 위해 고의로 민원을 제기하거나 과도한 서비스를 요구하는 등의 행위를 한다(다음백과).

114 '진리에 대한 용기', '솔직한 말하기'로 번역되는 그리스어로, 소크라테스의 제자 플라톤이 참된 교육의 도달점으로서 강조했던 덕목이다. 플라톤은 웅변술로서의 앎과 참된 앎(파르헤지아)을 구분한다. 둘 다 겉으로 보기에는 논리적인 형태를 띠고 있기에, 웅변술로서의 앎과 파르헤지아를 구분하는 것은 쉽지 않다. 그러나 웅변술로서의 앎이 타자를 나의 목적에 따라 조종하고자 하는 의지가 앎의 뒷면에 배어 있다면, 파르헤지아는 나를 타자화시키고 타자를 자기화시킴으로써 객관적 인식에 도달하고자 한다.

115 이를 인지과학에서는 '체화된 인지embodied cognition'(또는 물리적 공간으로 '확장된 마음extended mind')라 부른다. "이 틀은 인간의 마음, 인지가 개인의 뇌 속에 추상적(다분히 언어적) 명제의 형태로 표상된 내용이라고 하기보다는, 구체적인 몸을 가지고(embodied) 환경에 구현, 내재되어(embedded) 사회 문화 환경에 적응하는 유기체가 환경과의 순간적 상호작용 행위 역동(dynamics)상에서 비로소 존재하게 되는 마음, 즉 몸과 문화와 역사와 사회의 환경적 맥락에 의해 구성되고 결정되는 그러한 '역동적 활동'으로써 마음을 강조하는 접근이다"(신경인문학 연구회(2012), 『뇌과학, 경계를 넘다』, 바다출판사, 282~293쪽).

할 수 있다. 암묵지와 직관은 인공지능이 아무리 발전한다고 해도 기계가 인간을 흉내 낼 수 없는 영역이라고 알려져 있다. 암묵적 지식은 말이나 글과 같은 언어논리로 설명할 수 없고 오직 체험을 통해서 습득되기 때문이다. 몇 년 전 유럽에서 '안토니오 스트라디바리' 같은 뛰어난 장인의 솜씨를 현대에 재현하기 위해 엄청난 자금을 투자한 프로젝트가 있었다. 기술자, 과학자들에 슈퍼컴퓨터까지 동원해 끝없는 실험을 이어 갔지만 그와 같은 뛰어난 바이올린을 흉내 낼 수조차 없었다. 제자들에게 말로 전수되었던 비법들, 각 부위의 두께, 사용하는 재질, 겉에 바르는 질료의 양과 같은 수치들만으로는 도저히 알 수 없는 지식이 있었던 것이다. 많은 분야에서 기계가 우리의 일자리를 대체할 것이라는 암울한 전망 속에서 우리가 어떤 교육을 통해 미래 세대를 준비시킬 수 있을까에 관해 좋은 통찰을 주는 사례이다.

한편으로 실과 교과는 목공, 바느질, 뜨개질, 요리, 옷 수선, 옷 개기[116], 가족의 구성(비혼, 성평등, 퀴어, 폴리아모리[117], 시민권), 동물·식물 돌보기(생태권), 로봇(아두이노) 만들기, ICT(프로그램) 등 다양한 주제를 포함하고 있어서, 표준화된 교육과정 밖의 어떠한 교육적 시도와도 쉽게 연결고리를 찾을 수 있다. 교육부의 주요 정책 중 하나인 '지역사회와 협력하여 교육의 질 향상' 부문과 연계해서 새로운 장을 열 수도 있다. 예를 들어 교육청이 학교 밖 교육 공간인 '해커스페이스'를 지원하고 운영하는 것이다. 독일에

116 자기 속옷조차 개지 못하는 사람은 결코 자기 삶의 주체가 될 수 없다. 이와 관련해서 미나미노 다다하루의 책 『팬티 바르게 개는 법-어른을 꿈꾸는 15세의 자립 수업』을 일독해 보길 권한다.

117 '많은'을 뜻하는 그리스어 폴리(Ploy)와 '사랑'을 의미하는 라틴어 '아모리(amory)'의 합성어로 폴리아모리(Polyamory)는 '독점하지 않는 다자간의 사랑'을 뜻한다. 폴리아모리를 지향하는 이들은 독점적 관계인 연인 관계 또는 일부일처제 결혼제도를 비판하며 일부다처제 또는 집단혼 형태를 추구한다. 두 명의 남편과의 결혼 생활을 다룬, 2008년 개봉한 손예진 주연의 영화 <아내가 결혼했다>도 이런 폴리아모리를 기반으로 했다(『단비뉴스』, 2019년 11월 18일). '폴리아모리'를 추구하는 사람들은 소유적 사랑보다 존재적 사랑(에리히 프롬)을 추구하는 사람이라고 볼 수 있다. 퀴어, 비혼, 폴리아모리 등 기존의 가족제도에 포함되지 않는 대안적 삶을 택하는 사람들이 점차 늘어나고 있다. 미래에는 이들을 정상시민으로 존중하고 보호할 수 있도록, 사회적 제도와 법적 안전망의 보완이 필요하다. 덴마크에서 1989년부터 시작되어 현재 프랑스 등 20여 개 국가에서 시행 중인 시민결합제도를 참고해 볼 필요가 있다.

는 베를린 등 여러 곳에 해커스페이스가 있다. 이곳에서는 누구나 쉽게 사람을 모아 공동 프로젝트를 추진할 수 있다. 또한 IT, 전자, 목공, 수공예 등이 가능한 공구와 장비를 보유하고 있어 무엇이든 만들 수 있다. 이 공간에는 따로 정해진 프로그램과 스승이 존재하지 않는다. 무언가를 만들고 싶은 사람들이 자발적으로 사람들을 모으고 서로가 서로를 가르쳐 주며, 완성하는 공간이다. 일종의 공유 공간으로 작업장, 도구, 아이디어, 지식, 정보 모든 것이 자유롭게 소통된다(류한길 외(2014), 『공공도큐멘트3』, 미디어버스).

내가 교육자로서 해커스페이스라는 공간에 주목하게 된 이유 중 하나는 이곳에서는 무한한 실패가 허용된다는 사실 때문이었다. 실패에 대한 참여자들의 리스크가 굉장히 적다. 기발한 아이디어만 있다면 동료를 모으고, 실패하고, 다시 다른 일에 도전할 수 있다. Hacker(학생)의 주체적 학습이 지속가능한 것이다.

반면 오늘날 학교교육은 실수와 실패에 관용적이지 않다. 고작 오지선다형 평가에서 잘못 선택한 보기 하나로 인해 매년 자살하는 학생들이 있을 정도이다. 교육현장에서 실패에 대한 이와 같은 불관용은 세월호 이후 안전사고가 이슈로 떠오르며 더욱 증대됐다. 교육 중 안전사고에 대한 교사의 책임이 막중해졌다. 문제는 교사들이 안전사고 발생에 대한 두려움 때문에 아예 실기·실습 교육 자체를 포기할 가능성이 높아졌다는 것이다. 이는 초등학교에서 실과, 과학, 체육 등의 활동 중심 교과가 교사들의 비선호 과목이 된 경향(보통 남교사나 신규 교사가 교과전담으로 맡게 됨)과도 일치한다. 이 과목 수업을 담임이 맡아 진행한다 해도 수업의 경향은 실습의 비중과 학생의 주도적 참여가 줄어드는 방향으로 무한 수렴한다. 예를 들자면 목공을 수업할 때 학생들이 톱질하거나 망치질 하는 공정을 없애기 위해 교사가 모든 재단을 마치고, 학생들은 이미 완벽하게 준비된 나무 조각들을 드라이버를 이용해 고정하는 수준으로 공정을 매뉴얼화하여 자율적 조작과 변환 정도를 최소화하는 것이다.

인간이 기계와 다른 점이 있다면 종종 실패를 한다는 것이다. 그리고 이와 같은 우리의 불완전함이야말로 인간을 인간답게 하는 요소이다. 기계는 제한된 과업을 반복적으로 완수한다. 자동기계는 이렇게 홀로 자기

완결성을 이룬다. 그러나 인간은 여러 실패와 실수를 통해 배워 나가며, 어떤 식으로든 타자에게 의지할 수밖에 없다. 따라서 환경 값이 상수에만 의거한다면 기계의 적응력이 훨씬 뛰어나지만, 변수가 있다면 기계는 인간의 대응을 따라올 수가 없다. 지난 알파고 대국을 앞두고는 이세돌 9단이 바둑판을 뒤집거나 바둑알을 바둑판에 흘린다면 알파고가 이세돌을 이길 수 없을 것이라는 우스갯소리가 있었다. 알파고는 좁은 바둑판에서만 뛰어날 뿐 그 작은 세계의 룰을 넘어서는 변수가 개입했을 때에는 철저히 무능할 것이란 점에서 뼈 있는 농담이라고 생각한다. 예를 들어 자율주행차와 같이 높은 수준의 인공지능에 부여된 진짜 과제는, (정해진 룰의 과업에서 인간을 압도하는 것이라기보다) 예상치 못한 다양한 변수들에 기계가 올바르게 반응하도록 하는 것이다. 교통 법규를 지키지 않는 다른 차량과 사람, 급격한 기상이변, 동물의 난입, 혹은 길가에서 심장마비로 쓰러진 행인 앞에서 기계는 인간만큼이나 현명하고 윤리적으로 판단할 수 있을까?

이에 대하여 인지과학, '시스템 다이내믹스', '생태사회학', '복잡계이론' 등의 관련 학문에서 내리는 공통적인 결론은 요컨대 추상화와 표준화, 기계화하는 방식만으로는 결코 높은 수준의 기술적 성취, 교육적 성취에 다다를 수 없다는 것이다. 결국 기술과 교육 두 영역 모두 발전하려면, 체계에 대한 상호연결성, 실패와 실수에 대해서 다시 도전할 수 있는 안전망이 제공되어야 한다. 무엇보다도 학교현장에서 이런 실천이 가능하기 위해서는 교육과정 개발 및 운영에 대한 교사의 전권을 인정해 줘야 한다. 앤디 하그리브스의 언어로 표현하자면, 성취 목표 표준화 및 교과 내용과 진도의 각본화를 통해 정부와 기관 관리자가 교육의 주도권을 쥐는 '학교교육 제2의 길'에서 교사의 전적인 자율권과 다양성을 존중하는 '제4의 길'[118]로 나아갈 필요가 있다.

118 앤디 하그리브스·데니스 셜리(2015), 『학교교육 제4의 길』, 이찬승 외 옮김, 21세기 교육연구소.

다중의 통제권을 확보하기 위한 디지털 리터러시 교육

진보적 교육학자인 프레이리는 다중들의 해방운동의 일환으로서 교사들이 학생들의 비판적 문해능력을 길러 주는 일이 중요하다고 강조했다.

> "프레이리에게 있어 우리의 임무는 반헤게모니적인 교육을 집단적으로 건설하는 것이다. 그리고 그 임무는 문해(literacy)를 구성하는 것이 무엇인지, 누가 그것을 통제할 것인지, 그리고 어떻게 '비판적 문해'가 실제 공동체에서 실제 관계를 맺고 있는 실제 국민들에 의한 실제 투쟁과 연결되어 있는지를 놓고 벌이는 더 넓은 영역에서의 투쟁의 일부로서 교육을 집단적으로 건설하는 것이다. 그에게 있어서 해방을 지향하고 착취에 반대하는 투쟁과 관련 없는 교육은 '교육'이란 이름을 붙일 가치가 없는 것이었다."
>
> (마이클 애플, 『교육은 사회를 바꿀 수 있을까?』, 강희룡 외 옮김, 살림터, 63쪽)

우리 사회가 인지자본주의라는 기술결정사회로 이행해 감에 따라 기술에 대하여 비판적으로 사고하는 능력을 길러야 한다는 시대적 요구도 높아지고 있다. 문해력이 없는 기술맹이 되어서는 '러다이트'라는 함정에 빠지거나 '순진한 기술 추종자'가 되기 쉽다. 따라서 지금 이 순간 무엇보다 **'디지털 리터러시(Digital Literacy)'** 교육이 중요하다. 앞에서 살펴본 바와 같이 새로운 기술 자체가 우리를 해방하는 것은 아니기 때문이다. 그럼에도 테크노크라트들은 선진국의 최신 기술을 도입하면 우리나라가 마치 단번에 그 사회를 따라잡을 수 있을 것처럼 주장한다. 이와 같이 고도화된 과학기술사회에서는 기술 엘리트들과 소수 권력자들의 다중에 대한 통제력이 더욱더 막강해질 수밖에 없으며, 우리가 특별한 사회구조적인 변혁을 가하지 않는다면 그 힘의 격차는 갈수록 벌어지게 될 것이다.

특히 교육 분야에서는 새로운 디지털 기술이 교육격차에 어떤 영향을 미칠지 신중하게 검토할 필요가 있다. 그런 면에서 나는 지난 '알파고 시대의 학교교육' 심포지엄[119]에서 강정수 (사)오프넷 이사가 주장한 내용 중 우려스러운 부분이 있었다. 그는 교육계에서 구글의 공유 지식 시스템을 적극적으로 받아들여야 한다고 주장했는데, 학교 수업은 물론 시험을 볼 때도 구글 검색이 자유롭게 가능할 정도로 구글에 상시 접속되어야 한다는 것이다. 내게 우려스러웠던 점은 첫째로, 관료제적으로 구태화된 공교육을 기업 친화적 개혁을 통해 일거에 변화시킬 수 있다는 테크노크라트들의 예의 그 자신만만한 착각이었다. 공공 부문의 민영화, 학교교육의 시장화가 기존의 모든 병폐를 해결할 것이라는 진단, 즉 신자유주의적 구조조정에 힘을 보태 주는 주장이기 때문이다.

두 번째로는 구글과 같은 민간 기업이 제공하는 인터넷 플랫폼들이 진정 공공성(common)을 활성화시키는 공유, 즉 국가와 기업에 짓눌려 있는 다중들의 통제력을 증가시키는 방향으로의 '공유'를 지향할까 하는 점에서 의문이 일었다. 이와 비슷하게 우버, Airbnb 등 공유경제를 주장하는 기업들의 다양한 플랫폼들을 보자면, 공유경제에서 말하는 '공유'는 결국 '경제'에 먹히기 위한 먹잇감(공유재)을 뜻하는 말이 된 게 아닐까 여겨질 정도였다. 그들은 플랫폼을 만들어 그 플랫폼에 대한 통제력을 장악함으로써 다중이 생산하는 공공재들을 공짜로 얻어 시장에 비싸게 팔아먹고 있기 때문이다. 따라서 우리는 구글이 오픈 소스를 주창하며 공유지식 시스템을 구축하고자 하는 시도의 진의가 무엇인지 먼저 따져 봐야 한다. 구글의 수법은 인지자본의 전형적인 행태라 볼 수도 있다. 빅데이터로 포섭되는 우리의 삶은 오픈 소스처럼 무료로 취득되지만, 플랫폼을 제공할 뿐인 구글은 데이터에 대한 통제권을 전부 가져간다. 구글의 재산은 데이터 자체가 아니다. 구글은 데이터의 이용에 대한 데이터인 메타데이터를 통해서 엄청난 수익을 창출해 낸다.

자본가와 관료들은 태생적으로 기술 개발에서 이윤추구라든지 통제력 강화와 같은 '도구적 합리성'을 추구할 수밖에 없다. 기술 개발과 관련해 '도구적 합리성'만을 따지는 도도한 흐름에 대항해서 기술을 이용한 '민주적 합리성'을 강화시키는 방향으로의 저항 운동이 필요하다. 따라서 학

119 2016년 6월 30일, 서울시교육청과 (사)징검다리 교육공동체가 공동 주최한 이날의 행사는 전, 현직 서울시 교육감 및 교사와 학부모 200여 명이 참여한 가운데 이루어졌다.

교에서 이루어지는 디지털 리터러시 교육은 다중들의 비판적 문해력을 높이는 교육이 되어야 한다. 그러므로 새로운 기술의 도입과 관련해서 우리가 집요하게 추적해야 할 것은 기술 도입의 정도와 방향을 결정하는 '통제권'의 향방이다. 미래에는 빈부의 격차가 종의 차이, 혹은 신과 인간의 차이만큼 벌어지는 초격차사회가 우리를 기다리고 있을 수도 있다. 어쨌든 '포스트휴먼'이라 불릴 정도로 지금까지 이해되어 왔던 인간의 의식, 자유의지, 윤리 개념을 넘어서는 새로운 기술적 변이점이 오고 있으며, 이런 기술을 어떻게 사용할지에 대한 치열한 토론과 교육이 필요한 시점인 것은 분명하다.

대안으로서의 '핵듀케이션'

안타깝게도 이런 질문들이 공론장에서 제대로 나눠지기도 전에 인지자본주의 시대가 본격적으로 시작됐다. 우리는 이 거대 기술권력에 대항해 다중의 통제권을 되찾아야 한다. 나는 추상화 인지교육에 매몰된 현재의 수업을 사물에 대한 이해를 도모하며 몸과 손을 쓰는 '체화된 인지' 교육으로 전환시키고, 디지털 리터러시 교육을 시행함으로써 학생들의 민주적 역량을 증대시킬 수 있다고 본다. 예를 들어, 'Haker 스페이스'에는 교사와 학생이 따로 존재하지 않으며, 오픈 소스를 통해 모두가 모두로부터 배우며 성장하고 발전해 나간다. 그리고 그 모든 것은 개인의 이익이 아닌 상호간의 우애와 재미를 목적으로 이루어진다. 이러한 집단 내에서는 소수의 엘리트가 나머지를 통제하는 것이 철학적으로뿐만 아니라 기술적으로 불가능하다. 이 외에 핵듀케이션은 미래교육이 갖춰야 할 요소들을 더 가지고 있는데, 이를 세 가지 항목[120]으로 나눠 부가 설명하고자 한다.

[120] 아래 세 가지 항목은 내가 공동 연구자로 참여한 「지역기반 미래 학교 운영 모델 탐색: 여주 지역 사례를 중심으로」(경기도교육연구원) 보고서에서 인용 및 일부 수정했다.

1) 디자인 사고

기술을 삶의 여러 영역과 연결하기 위해서는 우리에게 **디자인 사고(Design Thinking)**[121]가 필요하다. 디자인 사고는 문제 상황에 공감하고(empathize), 새로운 아이디어를 떠올려 보고(ideate), 방안을 만들어 보는(prototype) 과정을 반복(iteration)하면서 문제를 해결해 가는 일련의 사고 과정을 의미한다. 디자인 사고를 통해 사회적으로 다양한 필요에 대한 세심한 관찰과 분석을 바탕으로 문제를 창의적으로 해결할 수 있으며, 이는 곧 핵듀케이션과 연결된다. 여기서 핵듀케이션은 단순히 3D프린터 등의 첨단 기술을 활용하는 것을 의미하는 것은 아니며, 다양한 장비와 도구를 활용하여 삶과 관련된 문제를 해결하기 위한 공작을 의미한다. 이 과정에서 필요한 것은 최첨단의 기술이 아니라 적정기술[122]과 타인의 삶에 공감하는 능력이다. 디자인 사고는 창의적인 활동의 기본이자 사회의 문제를 발견하는 데 필요한 공감능력의 형성에 중요한 기능을 한다. 앞에서 설명한 역설계도 대표적인 디자인 사고 중 하나이다.

나는 디자인 사고의 일상적 적용으로 생활해킹을 꼽고 싶다. 생활해킹이란 사용자가 기존의 도구나 장치들을 자의적으로 조립하거나, 형태를 변경하거나, 제작 의도와 다른 용도로 사용하는 것을 말한다. 생활해킹을 유튜브에 검색해 보면 소소하고 재밌는 사례들이 많이 나오는데, 내가 사용하는 생활해킹들도 소박하다. 예를 들자면 '헬멧+랜턴'과 같은 것이다. 자전거에 렌턴을 부착한 채 정차해 두면, 누가 랜턴만 훔쳐가곤 한다. 그렇다고 매번 승하차할 때마다 탈부착하기는 귀찮다. 그래서 다이소에서 파는 2천 원짜리 LED 집게를 사서 자전거 헬멧의 틈에 부착시켰다. 물론 잘 찾아보면 랜턴이 부착된 자전거 헬멧을 구입할 수도 있을 것 같다. 그러나 아

121 디자인 사고(design thinking)는 건축과 도시계획 분야에서 처음 사용되었으나 마케팅 분야에서 확산된 개념으로 최근 디자인 사고는 예측 불가능성이 크고 불확실한 미래 사회에서 필요한 역량으로 주목받고 있다.

122 적정기술은 기술을 적절한 수준에 제한하는 것이 아니라 기술 사용에 대한 책임 있는 자세와 태도를 의미하는 것으로 지속가능성을 지향하는 일종의 사고체계를 의미한다(김정태·홍성욱(2011), 『적정기술이란 무엇인가』, 살림).

이디어 상품들은 보통 가격이 비싼 편이다. 다만 미적인 면에서 완성도는 떨어질 수 있다. 그러나 '뭔가 이상한데, 뭐가 이상한지 모르겠다'는 표정으로 두리번거리는 주변인들을 보면서, 묘한 자부심(?)도 느낄 수 있고, 무엇보다 상황에 맞춰 적당히 손봐서 사용할 수 있기 때문에 가심비가 높다.

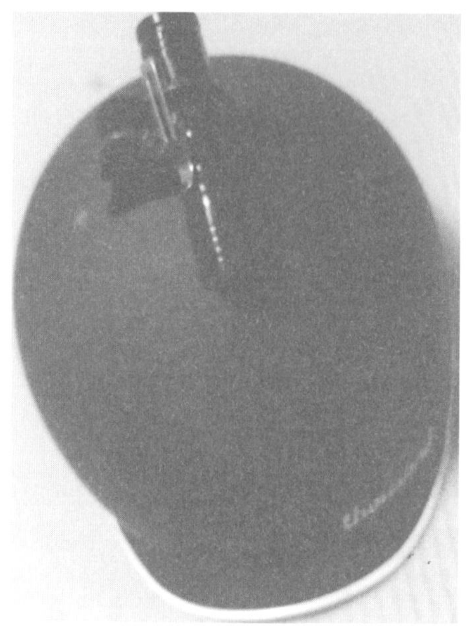

2) 체화된 인지

체화된 인지(Embodied Cognition)는 '생각하는 몸(Embodied Learning)'으로 불리기도 하는데, 존재적 수행(Ontological Performance, Beckett & Morris, 2001)에 초점을 두고 몸으로 경험하는 학습을 의미한다. 쉽게 설명하면, 어렸을 때 배운 스케이트를 10년 후에 다시 탈 수 있는 것은, 몸이 기억하기 때문이다. 승용차를 타고 여러 사람이 함께 이동했을 때, 운전자는 이동 경로를 동승자보다 더 잘 기억하는 경우도 이에 해당된다. 이와 같은 체화된 인지를 교육과정에 어떻게 적용할 수 있을까? 이러한 교육과정에는 힘을 기울여 무언가를 만들어 내는 창작 행위로서 일차적인 형태의 노동인 **노작활동**, 몸을 활용하여 자기 서사를 만들고 표현하는 과정인 **예체능활동**,

노동의 보람, 자연이 가진 생명력, 공동 작업을 통한 공동체 의식 등을 경험함으로써 생태 감수성을 기를 수 있는 **교육농**[123] **활동**을 포함할 수 있을 것이다. 기술과 예술의 융합을 실천하는 해커스페이스를 이용하여 상상력을 발휘한 다양한 실험을 진행하는 워크숍 형태도 가능하다. 이 과정을 통해서 전통 문화예술을 현대적으로 재해석하고 현대 문화예술과 조우하도록 다양한 디지털 매체와 새로운 미디어 기술을 문화예술에 접목시키는 것도 유의미하다.

3) 프로젝트 수업

프로젝트 수업은 학생들의 자기 결정권이 극대화된 교육과정으로, 프로젝트를 수행하는 과정에서 무엇을 어떻게 학습하는가는 전적으로 학생에게 달려 있다. 프로젝트 수업은 학생들의 완전한 자율권이 주어지는 자유기획, 지역사회 관련 문제해결을 중심으로 한 마을 프로젝트, 학기별로 제시되는 특정 주제를 다루는 주제 중심 프로젝트의 세 영역으로 구성된다. 프로젝트는 제작을 통해 공동체의 미래를 만드는 과정으로, 실천을 기반으로 일상을 변화시켜 나갈 수 있다. 또 프로젝트의 과정에서 발생하는 불일치와 갈등의 경험조차 각자의 소리를 내며 끊임없이 재조정하는 역능이 민주시민의 핵심적 소양임을 깨달을 수 있다.[124]

핵듀케이션의 일환으로 추천하는 프로젝트 수업은 지역사회의 현안 해결을 위한 마을 프로젝트이다. 지역사회에 거주하며 느꼈던 문제를 학생이 직접 해결하는 것(해킹) 또한 대표적인 핵듀케이션이라 부를 수 있다. 이 과정을 통해 비판적 사고력과 문제해결능력, 의사소통능력, 제작능

123 '교육농'은 '교육적 관심과 관점으로 바라보는 농'의 줄임말이다. 산업농에서는 경제적 효율성이 중요하기에 적은 비용으로 많은 양의 농작물을 경작하여 최대한의 이윤을 남기는 게 목표라면, 교육농은 전인(全人)적 경험을 통한 교육적 효과를 목표로 두고 있다. 교육농은 농교육과도 다르다. 농(업)교육이 농사기술을 배우는 것에 가치를 두고 농부로서의 진로를 목표로 두고 있다면, 교육농은 농이 가진 전인성, 예술성, 생태성 등 교육적 가치에 초점을 두고 자연의 순환, 건강한 먹거리, 협업 등을 배우는 장이다(cafe.naver.com/edunongcoop 교육농협동조합).

124 구수현(2017), 「경험을 경험하기」, <2017 '광장 세미나: 참여와 개입의 예술 실천을 위한 공론장' 발표 자료>, 서울시립미술관.

력 등 로컬 주체로서의 총체적인 역능을 연마하고 점검할 수 있는 중요한 계기가 될 수 있다. 내가 프로젝트 수업의 놀라운 가능성을 재발견했던 것은 스티븐 리츠의 『식물의 힘』이라는 책을 읽었을 때이다. 스티븐 리츠는 미국에서 가장 가난한 마을의 고등학교 선생님이었다. 그곳은 범죄와 방화, 마약으로 얼룩진 사우스 브롱크스라는 작은 마을이었는데 아이들은 어떤 희망도 꿈꾸지 못하고, 미래의 범죄자로 방치되어 있었다. 학교에 부임한 리츠는 학생들과 마을텃밭 프로젝트를 펼친다. 범죄 우범지역들을 텃밭으로 탈바꿈하면서 마을의 범죄율도 낮아질 뿐 아니라, 학생들이 변화하기 시작했다. 텃밭활동을 통해 자신뿐 아니라 가족의 건강한 식생활을 책임지면서 아이들은 실제적인 자존감을 세우게 된다. 최악의 중퇴율로 악명 높았던 이 학교의 졸업율은 17%에서 100%로 바뀌었다. 재학생들은 자신의 미래를 준비하기 시작했고 졸업생들은 다채로운 진로로 진출해 지역사회에 새로운 바람을 불러일으켰다. 한 교사가 시작한 작은 프로젝트 수업이 학생들의 삶 뿐만 아니라, 마을의 미래를 대변동시킨 계기가 된 것이다.

2부를 닫으며: 메이커 교육 대신 핵듀케이션을!

이 책의 4장에서는 관종이라는 교실 유행어와 그 언어가 쓰이는 정황에 대해서 추적해 보았다. 이를 통해 그 이면의 '인지자본주의'를 드러내면서 우리에게 새로운 급진적 교육학이 필요함을 역설했다. 이어 5장에서 현재 시행되는 미래교육인 코딩교육, 진로교육을 비판하고, 6장에서는 그 대안으로서 '핵듀케이션'에 대해서 살펴보았다. 2부를 마치면서 다시 한 번 강조하고 싶은 것은 '기술사회에 대한 비판적 독해력(디지털 리터러시)'의 중요함과 시급성이다. 학생뿐만 아니라 대부분의 교사마저도 디지털 리터러시의 중요성을 인식하지 못하고 있다. <프로메테우스>, <엑스 마키나> 등 인공지능과 관련하여 유행하는 SF 영화가 우리에게 주는 교훈이 있다. 우리가 빠른 시일 내에 기술에 대한 통제권을 확보하지 않는다면, 소수의 테크노크라트들이 휘두르는 힘에 다중이 노예처럼 굴복할 수밖에 없는 과학기술적 특이점이 다가오고 있다는 것이다. 이에 미래교육은 단순히 생산자(maker)가 되어 보는 경험에 만족하는 교육을 넘어서서 세계를 다시 만들어 내는(remake), 사회를 다시 쓰는 방향(hacking)으로 연결하는 교육인 핵듀케이션이 되어야 할 것이다.

마을과 학교는 어떻게 만날 수 있을까

학교는 어떻게 관료주의를 넘어설 수 있을까

우리는 어떻게 서로를 돌볼 수 있을까

3부

역설계
(RE: design)

7장. 마을교육공동체

마을과 학교는 어떻게 만날 수 있을까[125]

환경학회가 아니라고 하더라도 최근 여러 미래 예측에서 가장 주목되는 사안이 '인류세'라는 화두이다. 인간이 지배하는 지구생태계가 더 이상 지속 가능하지 않다는 위기의식에서 나온 개념인데, 우리 삶의 방식 전체를 생태적으로 전환해야 한다는 요구가 담겨 있다. 생태적 전환이란 무엇일까? 단순히 자연보호를 목적으로 하는 환경운동에 집중해야 한다는 주장은 아니다. 생태적 전환이란 생물과 비생물, 인간의 발명품, 인공지능을 포함해 지금까지 주체에서 배제되어 왔던 대상들을 주체로 인정하는 과정이다. 이러한 비주체들과의 상호의존적 관계 속에서 공존하는 삶의 존재방식이 생태적 전환이라 말할 수 있다. 그리고 이와 같은 생태지향성은 그동안 비시민으로 분류되어 왔던 청소년과 학생들에게도 주체적 권한을 부여하기에 민주시민교육과도 연결되어 있다. 그러나 학교교육의 생태적 전환은 학교라는 물리적 공간 안에서는 한계가 분명하다. 따라서 학교와 지역 사이의 연결망을 강화하고 교육의 성과물을 다시 지역으로 피드백하여 지역의 가치를 높이고 학교와 지역이 상생하는 체계인 '마을교육공동체'[126]를 활성화할 필요가 있다.

한편 우리나라는 이미 고령화 지수가 10%를 상회하여 고령화 사회

125 필자가 책임연구과제로 작성한 「마을교육공동체 사례 연구를 통한 협력적 거버넌스 구축 방안」(연구교육정책연구 2017-017)에서 인용 및 수정했다.

126 김홍주·양승실·김순남·박승재·이쌍철·이성회·김갑성·류성창(2016), 「미래지향적 교육생태계 조성을 위한 교육체제 재구조화 연구」, 한국교육개발원, 24쪽.

에 진입했으며 머지않아 초고령화 사회로 진입할 것이다. 이와 같은 인구 감소의 문제는 지방에서 훨씬 심각하다. 점점 지방은 쇠퇴하고 인구의 대부분이 서울을 비롯한 대도시권에 집중되어 대부분의 지방이 소멸하는 '극점 사회'로 귀결할 것으로 예상된다. 이와 같은 지방 소멸 현상은 지역 간 불평등이 심화되면서 나타난 결과이다. 이런 추세에서는 대도시권이라는 한정된 지역에 사람들이 밀집해 있는 고밀도의 환경에서 생활[127]하게 되어 지방과 대도시의 생활환경을 동시에 악화시킨다.

이를 막기 위해 대안으로 제시되는 것 중 하나가 인구의 재배치인데, 이를 통해 지방에서 인구, 특히 젊은이들이 유출되지 않게 할 수 있기 때문이다. 인구 재배치의 방법 중 하나가 교육 분야에서 학습자의 실제 삶과 배움을 연결하는 것이다. 다시 말해 학교교육을 지역과 연결 짓는 노력을 함으로써 재학생과 졸업생이 자신의 삶의 터전인 지역에 대한 의미를 부여할 수 있다. 일자리, 문화시설, 새로운 배움의 기회 등의 격차로 인해 지방 소도시는 대도시로 인구를 꾸준히 유출시키고 있다. 그리고 학교는 지방 소멸의 악순환을 끊고, 지역 재생을 가능하게 하는 열쇠가 될 수 있다. 특히 농산어촌 지역에는 문화적 인프라를 비롯한 물적·인적 자원이 부족하므로 학교가 지역사회를 위해 할 수 있는 일이 많다. 예를 들면 학교가 보유한 시설, 기술, 훈련된 인적 자원 등을 활용하여 지역 주민들에게 성인 문해 교육, 어린이 돌봄, 건강검진 등의 서비스를 제공할 수 있다. 또한 지역사회에 관한 콘텐츠를 학교의 교육과정으로 활용하여 학생들로 하여금 자기 지역에 대한 자긍심을 갖게 할 수 있다. 교육과정의 지역화는 삶과 지식의 괴리를 극복하는 대안이기도 하다.[128] 학생들이 프로젝트 수업을 통해 지역의 필요를 조사하고 지역의 역사를 기록하는 등의 교육활동을 하면서 지역사회에 필요한 것이 무엇인지 파악하고 필요한 지식과 기술을 습득함으로써 구체적인 삶의 현장에서 적용 가능한 실제적인 학습이 가능하기 때문이다.

127 마스다 히로야(2015), 『지방 소멸』, 김정환 옮김, 와이즈베리, 39쪽.

128 강영택(2017), 『마을을 품은 학교 공동체』, 민들레, 146쪽.

지역의 맥락에 맞는 생산 방식을 학교에서 연구하고 대안을 창출함으로써 졸업 후에도 졸업생들이 지속가능한 지역사회를 만드는 데 중추적 역할을 할 수 있다. 지속가능한 지역기반 교육을 위한 구체적 아이디어 중 하나가 '전환기술'을 수업에 반영하는 것이다. 전환기술은 중간기술, 적정기술, 적당기술로 번역되어 왔으며, 이를 간단히 정의 내리면 다음과 같다.

> **"태초에 개별 인간들이 가지고 있었던 생산능력을 소비노예를 양산하는 자본주의 시스템으로부터 탈취하는 것, 즉 나와 지역공동체의 필요를 해결하기 위해 소비에만 의존하지 않고 함께 (재)생산할 수 있는 기술."[129]**

농사, 목공, 요리, 리폼(리사이클링) 등 의식주와 관련된 전환기술을 배우는 것도 중요하지만, 교육의 형태를 전환하는 것도 필요하다. 예를 들자면 LETS(Local Energy Trading System) 플랫폼의 수업을 개설하는 것이다. Local(지역사회에서 서로 속한 영역의 다른 사람과 만남), Energy(사람이 곧 에너지), Trading(배움의 교환), System(새로운 시스템 창작)이라는 개념들의 약자인 LETS는 '자발적인 공부 네트워크'라고 이해할 수 있다. 즉 학생들이 주어진 교육과정을 수강하는 방식이 아니라 자신이 배우고 싶은 과목들을 직접 개설하는 프로젝트식 배움 체제이다. 지역사회의 재원을 이용하거나 지역사회의 난제를 학생들이 직접 해결하는 등 지역사회와 학교가 상생 발전하는 수업 플랫폼인 것이다.

지역기반 미래 학교의 장소성[130]

학생들은 교과서나 교사로부터 전달된 지식이 아니라 '구체적 세계'

129 김환희(2015), 「전환기술과 전환교육」, <오늘의 교육>, 2015년 1-2월호.

130 필자가 공동 연구자로 참여한 「지역기반 미래 학교 운영 모델 탐색: 여주 지역 사례를 중심으로」(경기도교육연구원) 보고서에서 인용 및 일부 수정했다.

와 연결됨으로써 자신과 우리 사회를 이해하고 해석할 수 있다. 따라서 자신의 배움을 타인과 공유하고 연결하는 '구체적 세계'라는 측면에서 장소라는 특성에 주목할 필요가 있다. 그러나 우리 주변의 모든 공간이 '구체적 세계'가 되는 것은 아니다. 10년을 거주한 동네더라도 나에게 특별한 의미가 부여되지 않는 공간이 있을 수 있다. 출근이나 통학하기 위해 그저 지나치는 풍경으로서만 존재하는 그런 공간 말이다. 인류학자 마르크 오제에 따르면, 삶의 공간은 '장소'와 '비장소'로 구분된다. '장소'란 역사가 새겨지고 관계가 만들어지며 정체성 형성이 개입하는 공간을 뜻한다. 즉 사람들이 정차하고 전유하고 서로 교류하는 곳이다. 이에 비해 '비장소'란 '유기적 사회성을 빚어내는 전통적인 장소의 기능을 더 이상 수행하지 않는 공간', 개별자들이 교감하기보다는 서로를 소외시키는 곳이다. 이런 개념에 근거해 볼 때, 우리 아이들에게 학교는 장소와 비장소 중 어느 쪽에 가까울까? 더 나아가 집을 벗어난 우리 동네는 그들에게 장소로 존재할 수 있을까?

사람은 사회 안에서 타인의 인정을 필요로 하는 존재이다. 그리고 이러한 인정인 사회적 성원권이 부여되는 자리가 바로 장소이다.[131] 따라서 우리는 우리의 청(소)년들이 사람으로 인정되는 공간, 그를 통해 '사회적 성원권'을 확보하게 되는 공간을 지역에서 찾아야만 한다. 이와 비슷한 주장을 했던 최초의 인물이 간디이다. 그는 현대 사회의 여러 문제점들을 해결하기 위해 지역과 마을로 돌아가자고 주장하며, 이를 하나의 운동으로까지 만들었다. 간디는 이를 '스와라지'[132]라고 표현했는데, 그는 "학교를 마을로 가져가야 한다"라고 주장했다. 즉 진정한 교육은 모두가 쉽게 접근할 수 있어야 하고, 마을 사람들이 매일의 생활 속에서 쓸 수 있는 것과 관련되어야 한다는 것이다.[133]

'스와라지' 정신을 미래 학교에서 구현하기 위해서는 학교의 파격적

131 김현경(2015), 『사람, 장소, 환대』, 문학과지성사.

132 스와라지(Swaraji)는 힌디어로 자치를 뜻하는 말로, 영국의 지배를 벗어나서 독립을 획득하려는 목적으로 민족주의자들과 간디가 일으켰던 자치운동이다(두산백과 참조).

133 마하트마 간디(2006), 『마을이 세계를 구한다』, 김태언 옮김, 녹색평론사.

인 역할 변화가 선행돼야 한다. 현행법상 이는 대안교육 특성화고의 형태로 인문학/문화예술/생태농업 등의 특성화 영역을 명확하게 하거나 <초·중등교육법>상의 '각종학교' 중 대안학교(제60조의 3) 형태로 구현 가능하다. 미래 학교는 학교교육의 목표를 명문대 합격률이나 취업률 상승이 아니라, '지역기반 아래 상생하고 지속하는 삶'에 두어야 할 것이다. 학교가 장소로서 의미화될 때, 학생들은 지역 정체성을 바탕으로 졸업 후에도 지역을 떠나지 않고 지역의 주체로서 살아갈 수 있을 것이다. 그렇다면 학교를 장소화하는 구체적 방법은 어떻게 될까? 지역기반 미래 학교가 갖춰야 할 세 가지 지향점을 생각해 보았다.

1) 기술을 사유하는 미래 학교

앞으로 인간만이 할 수 있다고 여겨졌던 과제를 인공지능이 점차 수행하게 되면 어떻게 될까. 아마 우리는 '인간과 인공지능의 차이는 무엇인가?', '인간이란 무엇인가?'와 같은 근원적인 질문을 던지게 되지 않을까. 따라서 기술 발달이 가져올 문제들을 생각할 때 학교에서 인간과 자아에 대한 철학적이고 윤리적인 고찰을 할 수 있는 사람을 길러 내는 것이 중요[134]할 것이다. 일상(주변의 사람, 사물, 상황)을 유심히 관찰하고, 그것들의 입장이 되거나 그것들의 이야기를 상상해 보면서 일상을 새롭고 낯설게 봄으로써 자신과 세상에 대해 질문하고 답하는 작업이 이루어지는 장소를 상상해 보자. 미래 학교는 기술을 기계적으로 습득하는 곳이 아니라 기술을 철학적으로 사유하는 곳이다.

2) 삶을 예술화하는 미래 학교

예술교육은 궁극적으로 자기 언어를 만들어 가는 과정이다. 자기 서사를 만들어 갈 수 있도록 돕고, 나아가 동시대를 살아가는 다른 사람들과 동시대의 서사를 함께 만들어 나가는 것을 배우는 교육과정을 꿈꿔 본다. 그러한 배움은 예술을 통해 사회의 고민을 풀어내는 가능성으로 이어질 수

134 이혜정(2016), 『미래 사회 변화와 교육제도 혁신』, 경기도교육연구원.

있다. 예를 들어 동네의 낙후된 공간을 리모델링하는 공공미술 같은 실천이 가능할 것이다. 즉 미래 학교는 주체적이고 참여적 형태로서 예술활동의 장이 되어야 한다.

3) 실패가 장려되는 미래 학교

학생이 자기 삶과 관련하여 갖게 된 질문과 탐구 주제에 대해 시공간적으로 연속성을 갖고 탐구 작업을 해 나갈 때, 학생들은 주체적인 학습자가 될 수 있다. 미래 학교는 불확실성이 높은 미래에 대한 시행착오와 연습의 공간으로서 새로운 실험이 허용되는 플랫폼이어야 한다. 기존의 관행이나 암묵지를 벗어나려는 창의적인 시도는 슬프게도 실패의 가능성이 높다. 결국 학생들이 자유롭게 사고하려면 마을 학교가 실패해도 괜찮은 장소가 되어야 한다.

마을교육 거버넌스의 두 가지 형태

앞서 상상한 세 가지 지향점을 지금 당장 실행하기에는 우리 학교가 당면하고 있는 교육정치 현실이 만만치 않다. 이러한 장소를 구축하는 힘을 학교 안으로만 국한하면, 그 혁신적 동력이 내부 갈등으로 소진될 염려가 높다. 따라서 두 가지 접근 방식을 동시에 고려해 보는 게 현실적이다.

첫 번째는 '탈학교 거버넌스'이다. 이는 대안교육, 공동육아 등 공립학교 밖에서 교육적 실천을 하는 움직임을 말한다. 교육청이 아닌 association[135]에 의해 거버넌스가 운영되기 때문에 주도권이 마을 주민과 청소년들에게 있다. 탈학교 활동가들은 마을의 다양한 교육 의제와 이슈들에 대응해 나가고 있으나, 관과의 소통이 원활하지 않으면 운영 자원과 재정의 어려움을 겪는다는 점에서 탈학교의 딜레마가 있다. 한편 탈학교 거버넌스에서 추구하는 교육의 성격을 나열해 보면 다음과 같다.

135 아나키스트 조직의 한 형태로, 구성원의 자율성을 기반으로 자유롭게 결성되고 해체되는 조직을 뜻한다. 여기서는 '자율적인 주민모임'을 뜻한다.

① 학교와 교육청에 종속된 교육의 범주를 재구성하는 기획
② 세대 사이의 만남과 서로 배움
③ 평등을 추구하려는 노력과 지향
④ 청소년들의 자율과 자치를 지향하는 교육 플랫폼
⑤ 배움의 동기를 스스로 얻을 때까지 기다리고 지켜보는 느린 교육

두 번째는 우리에게 익숙한 '학교 중심 거버넌스'다. 학교 중심 거버넌스 모델은 학교 중심에서 마을교육 공동체 구축을 시작해, 지역사회로 향하게 하는 운동이다. 홍동중학교, 풀무학교 등 유명한 마을교육 모델이 이 사례에 해당된다. 협력의 초기에는 중요한 의사결정이 학교 중심으로 이루어지다가 중기에는 학교와 마을이 협의를 거쳐 의사결정을 내리고 성숙기에는 지역사회가 중심이 되어 의사 결정이 진행되는 형태를 띠었다. 비전에 대해서도 초기에는 학교의 비전으로 시작해서, 중기에는 학교와 지역사회가 비전을 공유하고, 후기에는 학교가 지역사회 비전의 일부가 되었다(강영택, 2017)고 한다. 아래 표에서 볼 수 있는 이 학교들은 교육계에서 혁신학교와 혁신특구와 같은 혁신교육의 롤모델로 각광받으며 교육개혁에 많은 영감을 주고 있다.

<표 4> 학교와 지역사회의 협력 모형

출처: 강영택, 2017: 151

협력 주체 및 내용	학교 주도			지역사회 주도		상호융합적 관계
	교육/문화 제공	사회/경제 발전 토대	교육과정	물적/인적 자원 제공	교육과정	통합적 활동
사례	이성 초등학교, 알바니 프리스쿨	민들레 학교	의정부 여중학교	일본, 미국의 커뮤니티 스쿨	홍동 중학교	풀무학교

사실 이와 같은 혁신교육은 대안교육과 홈스쿨링 등 탈학교 운동의 교육적 철학과 방법론을 공교육 안에 도입해 공립학교 버전으로 실험하는 움직임이라고 말할 수 있다. 학교 중심 거버넌스이지만, 공립학교 시스템 외부에서 실천한 역량과 콘텐츠들이 필요한 것이다. 또한 학교 중심 거버넌스가 성숙함에 따라 궁극에는 탈학교 거버넌스와 많은 부분이 중첩되게 될 것이다. <그림 1>에서 화살표는 운동의 방향, 영역의 확장을 의미한다. 학교 중심 거버넌스는 소통의 중심에 학교를 놓고 마을로 영향력을 수목형으로 펼쳐 나간다면, 탈학교 거버넌스는 하나의 association이 지역 내의 다른 association, 주민, 학교 등과 직접 교류하는 리좀형[136]으로 확장된다.

운동성에서 보자면 학교 중심 거버넌스는 마을로 향하고, 탈학교 거버넌스는 학교로 향하고 있기 때문에 궁극에는 학교 중심 거버넌스와 탈학교 거버넌스가 만나 '마을교육공동체'라는 하나의 거버넌스로 통합되는 것이다. 여기서 탈학교 거버넌스는 학교 중심 거버넌스의 공백을 보완 및 보충하면서 예시적 정치(pre-figurative politics)[137]로서 마을교육공동체의 목표를 선취하는 역할을 한다. 따라서 학교 중심 거버넌스와 탈학교 거버넌스의 관계 설정은 마을교육공동체의 성공에 중요한 요소이다.

136 리좀(Rhizome)은 식물의 뿌리를 뜻하는 프랑스어로 불규칙적이면서도 수평적인 자유로운 연결망을 뜻한다. 이 용어는 들뢰즈와 가타리가 그들의 저서 『천 개의 고원』에서 사용하며 널리 알려지게 되었으며, 그들은 리좀형과 수목형을 '관계 맺기'의 대비되는 두 방식으로 사용된다. 수목형은 관계 맺는 방식이 가지줄기가 퍼져 나가듯이 이항대립적(binary) 방식으로 연결되어 있다. 잔가지가 큰 가지에서 분리되어 나아가듯이 '클래스 계층(class hierarchy)'에 따라 관계망이 수직적으로 구분될 수 있는 것이다. 예컨대 대학이 크게 이과와 문과로 나뉘고, 문과는 인문대학과 사회대학으로 나뉘고, 인문대학은 어문계와 역사철학계로 나뉘는 식이다. 수목형으로부터 리좀형으로 가는 것은 곧 현실적 이항대립을 극복하고서 잠재적인 보다 자유로운 접속 가능성으로 감을 뜻한다. 역으로 리좀형에서 수목형으로 가는 것은 곧 리좀형에 보다 까다로운 규정이 가해질 때 성립한다(네이버 지식백과).

137 '데이비드 그레이버'가 개념화한 아나키즘의 조직 형태이다. 이상향을 혁명 이후의 미래로 미루지 말고 지금 당장 실천하려는 의미를 담고 있다. 즉, 운동을 통한 결과로서 이상향이 도래하는 것이 아니라, 현재의 운동 형태와 그 과정 안에서 이상적 사회관계를 선제적으로 구현해 간다는 뜻이다.

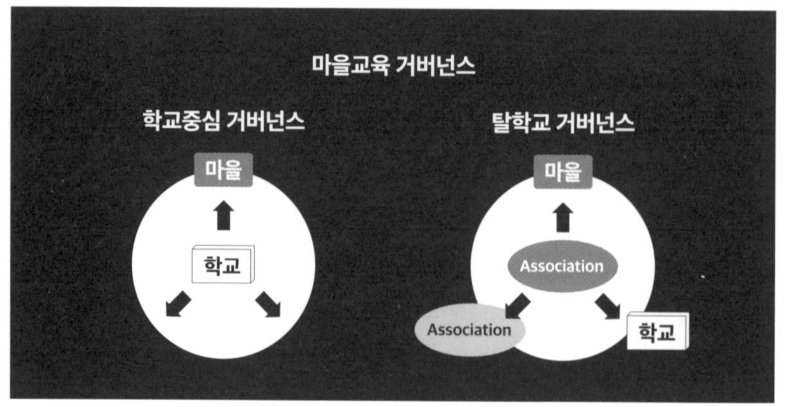

<그림 1> 마을교육 거버넌스 유형

마을교육공동체 실천 사례

이론적인 논의를 넘어서서 실제 사례를 중심으로 마을교육공동체의 장단점을 더 살펴보자. 나는 몇 개의 사례를 아래 표와 같이 학교 중심 거버넌스와 탈학교 거버넌스로 구분했는데 분류 기준은 다음과 같다. 교육 활동이 주로 학교 단위로 구획되고 교육 참여에 대한 선택권이 학교 당국에 있는 경우 학교 중심 거버넌스로 분류했다. 예를 들어 경기도 시흥시 행복교육지원센터의 경우 핵심 활동이 창의체험학교, 마을교육과정, 자유학기제지원사업 등이라고 볼 때 마을교육공동체 활동이 창의적 체험 활동을 비롯하여 정규 교육과정을 통해 이루어졌다. 이러한 활동은 학교 단위로 이루어지고 있다. 학교를 중심으로 마을이 연계되는 형태이다. 따라서 마을활동을 운영하는 주요 재량권이 학교에 주어진다.

프로그램이 주로 학교 외부에서 이루어지고 학교 밖 청소년이나 마을 주민이 활동에 참여할 수 있으면 탈학교 거버넌스로 분류했다. 예를 들어 의정부시는 학교 밖 마을학교인 꿈이룸학교를 중심으로 마을교육공동체 활동이 이루어지고 있다. 꿈이룸학교로 결집된 청소년들이 자신들의 관심과 희망에 따라 프로젝트를 발굴하여 수행하는 형식인 것이다. 이러한 활동들은 학교 단위로 이루어지는 것이 아니며 학교의 정규 교육과정과도 직접적인 관련이 없다. 그만큼 꿈이룸학교의 교육과정 프로젝트에는 청소년의 주도권과 자율성이 부여되어 있다. 또한 학교 밖 마을학교이므로 마을교육공동체 활동의 혜택을 재학생만 받는 것이 아니라 학교 밖 학생들도 받을 수 있다. 의정부시는 학교와 마을이 연계되는 시흥시와 달리 청소년과 마을이 연계되는 형태라고 볼 수 있다.[138]

<표 5> 추진 주체에 따른 마을교육 실천 조직 구분

*세부 사례 분석 대상에서는 제외됨

구분	학교 중심 거버넌스 ⟷	탈학교 거버넌스
지자체 주도	경기도 시흥시 행복교육지원센터	광주시 청소년삶디자인센터*
교육청 주도	전북 완주군 풀뿌리교육지원센터	경기도 의정부시 꿈이룸학교(몽실학교)
association (시민단체) 주도	서울 구로구 마을협동조합*	광주시 청소년플랫폼 마당집

1) 시흥시 행복교육지원센터

시흥시의 마을교육은 교육에 대한 지자체장의 관심으로부터 시작되었다. 평생학습도시를 만들겠다는 공약을 내고 당선된 시흥시장은 당선 직후 선불리 사업을 시작한 것이 아니라 공부와 만남을 먼저 진행했다. 교육정책의 성공이 시흥교육청과 시흥시 간의 관-관 협력의 수준에 달려 있다고 판단했기 때문이다. 시장은 시청 공무원, 교육청 장학사와 지역 대학교수와 연구자 등 약 15명 규모의 학습모임을 1년간 진행했다. 그렇게 관-학 차원에서 교육에 대한 철학, 정책적 방향 등 공감대가 어느 정도 형성되자 평생학습센터와 마을학교를 설립한다. 한편 교육청에서는 혁신학교를 발전시켜 지역사회와의 만남을 활성화시키기 위해 노력했다.

2015년에는 행복교육지원센터를 설치해서 학교와 마을을 연계하는

138 조윤정 외(2016), 「마을교육공동체 실천 사례 연구: 시흥과 의정부를 중심으로」(이하 '조윤정 외, 2016').

중간지원조직으로 운영했다. 행복교육지원센터는 학교가 마을 강사들과 함께 동반자적 관계를 이뤄 학생들의 교육에 더 적극적으로 참여하기를 유도했다. 현장 교사의 입장에서도 마을과 마을의 전문 인력들을 알아 가는 과정은 향후 교육과정을 설계하고 실행하는 데 커다란 도움이 되었다. 특히 현장 교사들은 행정 업무 경감을 통한 공교육 정상화라는 측면에서 높이 평가했다.

> 우리는 경기도교육청과 시흥시로부터 혁신교육지구로 지정받으면서 정말 많은 도움을 받았습니다. 특히 우리 학교는 선생님들이 공문 처리를 하지 않습니다. 아예 기안할 줄도 모르는 사람이 많습니다. 이는 바로 혁신교육지구에서 공문 처리와 같은 행정 업무를 지원해 줄 행정실무사를 지원해 주기 때문입니다. 실제 작년에 우리 학교에서 외부로 발송한 공문을 조사해 보니 지난 한 해 동안 선생님들이 처리한 공문은 단 2%였습니다. 이 외에도 혁신교육지구를 통해 상담사, 독서토론지도사, 수업협력교사 등의 지원 인력이 들어옵니다. 선생님들은 이분들의 도움으로 오로지 교육과정과 수업에만 집중하고 있습니다.
>
> ● 장곡중 교감 류승희[139]

행복교육지원센터는 교육청에서 7명, 지자체에서 5명의 직원을 파견해 공동 운영했다. 교육청과 지자체가 예산과 인력을 공유하는 것은 관-관 거버넌스의 중요한 진전이었다. 하지만 학습모임을 통해 서로 알아 가는 시간이 없었다면 두 공공기관의 지금과 같은 협업 성과가 나오지 않았을 것이다. 관-관 거버넌스가 업무분장을 통해서 구축되는 것은 아니기 때문이다. 한편 지역 활동가들은 그동안 개별적으로 추진했던 공익적 교육사업들이 통합된 관의 행정망을 이용하게 되면서 급격히 성장하고 활성화하는 계기가 되었다고 평가한다.

139 추창훈(2017), 『로컬에듀』, 에듀니티(이하 '추창훈, 2017').

사실 민간에서 에너지를 100만큼 소모해서 어떤 일을 진행하려 한다면 그 결과물을 10~20밖에 가져올 수 없어요. 그런데 꿈의학교에서는 그것의 2배 또는 4배 정도로 높은 결과물을 가져오는 겁니다. 예를 들어서 우리가 만약 지역 주민들에게 "이러이러한 마을학교를 할 겁니다"라고 아무리 말해도 전문적 훈련을 받지 않은 민간인들이 교육 사업을 진행한다고 하면 그분들은 별로 관심을 보이지 않죠. 하지만 꿈의학교는 관에서 진행하는 거잖아요. 그렇기 때문에 공문도 학교에서 발송을 해 주곤 하는데 그렇게 도움 주는 부분 때문에 우리들이 직접 행정을 진행했던 것보다 훨씬 더 좋았습니다.

● 시흥 지역 활동가 R(조윤정 외, 2016)

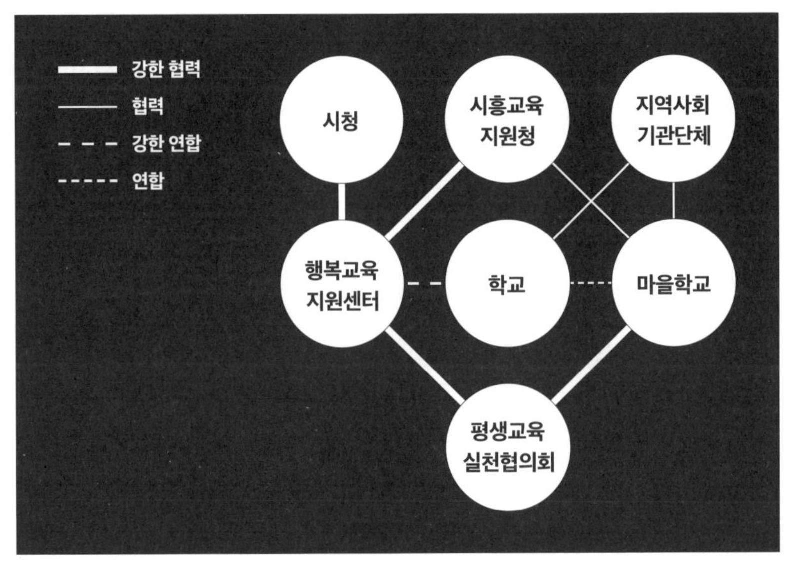

<그림 2> 시흥시 마을교육공동체 참여 주체 사이의 상호작용

출처: 조윤정 외, 2016

2) 완주군 풀뿌리교육지원센터

완주의 마을교육은 혁신학교 삼우초등학교의 성공에 기반을 두고 있다. 혁신학교의 성공 사례로 널리 알려진 삼우초를 중심으로 외부에서 이주한 학부모들과 지역 주민들이 교육에 대한 높은 문제의식을 공유하며 교육운동이 전개되었던 것이다. 이렇게 완주지역의 마을교육은 지자체보다는 지역교육청과 학부모가 먼저 이니셔티브를 갖고 있었다. 따라서 지자체의 참여와 지원이 절실한 상황이었고, 학부모들이 완주군수 선거를 앞두고 수차례 교육정책 토론회를 여는 등 후보들을 적극적으로 압박했다. 학부모회장의 주관 아래 51개 학교를 지역별로 8개 권역으로 나누고 권역별 회의를 통해 권역 대표와 임원을 선출했다. 활동 경험이 탄탄한 혁신학교 학부모회가 주축이었기에 가능했던 일이었다. 그렇게 여론을 형성해 확보한 지자체 예산을 바탕으로 완주군은 혁신교육지구를 시작하게 되고 교육청은 2017년 2월 풀뿌리교육지원센터를 설립했다. 이 센터를 통해 마을이 방과후학교와 돌봄, 직업체험과 문화예술교육, 지역사회이해교육 등 기존에 학교에서 담당했던 영역들을 전담했다. 관련 업무 부담을 덜게 된 학교 교사들은 수업 준비에 매진할 수 있게 되었다. 학생들 입장에서는 센터의 방과후활동 프로그램이 초·중·고 통합 운영되면서, 한 가지 특기 적성 및 진로 활동에 10년 이상의 연속성을 갖고 참여할 수 있게 되었다.

> 제가 지난 4년 동안 이렇게 저렇게 발버둥치면서 지역에서 교육과 관련해 고민하면서 최종적으로 도달한 결론은 이래요. 교육은 사회적 경제의 영역에 두면 안 돼요. 공공의 영역에 둬야 해요. 지금 돌봄, 방과후나 청소년 교육은 공공의 영역에서 지역이 함께 고민하면서 가야 한다고 생각해요. 이걸 실현하기가 아직 만만치 않죠. 그런데 이렇게 되지 않으면 희망이 있을까 싶어요. 그나마 다행히도 풀뿌리교육센터가 생기면서 이런 영역들에 근접해 가고 있는 것은 사실인데, 전라북도에서 모범적으로 정책이 진행되었으면 해요.
>
> ● 마을활동가 C

3) 의정부시 꿈이룸학교(몽실학교)

2014년 의정부 지역의 교사, 지역 주민, 지역 사회단체로 구성된 민간 교육공동체에서 지역 청소년 대상의 '비몽사몽' 토론회를 주최했다. 토론회를 통해 주체적으로 기획하는 기쁨을 알게 된 학생들이 프로젝트 활동의 지속을 희망하여 정기적 모임을 갖게 된다. 그리고 2015년 경기도교육청의 꿈의학교에 응모하여 관의 지원을 받게 되면서 드디어 꿈이룸학교가 발족한다. 의정부는 시흥과 달리 지자체에서 마을교육공동체가 형성될 수 있는 기반을 조성해 놓은 것이 없었기 때문에 꿈이룸학교(이하 '몽실학교')가 마을교육공동체의 핵심 주체로 우뚝 설 수 있었고 교육청이 향후 주도권을 잡게 되었다. 그러한 정치적 지형 위에서 꿈이룸학교는 청소년 주체가 다른 공동체들과 거버넌스를 파생적으로 형성하는 형태로 네트워크를 맺은 것이다.

> 그런데 이제 의정부 같은 경우는 교육청이 마을교육공동체를 계속 잡고 가는 거예요. 그래서 A 장학사님은 계속 교육청에서 이거 주도권을 잡아요. 왜냐하면 교육이니까 시에다 놓으면 마을공동체로 가고 그냥 시에 돈 퍼 주고 만다, 우리는 교육이니까 아이들을 붙잡아야 되는 거다, 그리고 우리가 네트워크 하면 된다, 그 사람들하고 계속 그거를 주장하고 있는 거예요.
>
> ● 의정부 교사 B(조윤정 외, 2016)

몽실학교의 프로젝트 팀에는 길잡이 교사가 존재하지만 길잡이 교사도 팀원의 일원으로 참여할 뿐 모든 것을 학생이 직접 구성하고 결정한다. 길잡이 교사는 몽실학교를 거쳐 간 청년부터 현직 교사, 주민까지 다양하며, 이들은 외부 전문 강사 섭외를 돕거나 예산을 짜는 등 주로 행정적 지원을 한다. 또한 매주 진행하는 회의와 교육을 통해 길잡이 교사들이 퍼실리테이터(Facilitator)의 역할에 충실하도록 지속적으로 훈련시키고 있다. 길잡이 교사들은 학생들보다 앞서 나가지 않으나 학생들의 프로젝트가 공공성을 지향할 수 있도록 자극한다. 예를 들어 처음 프로젝트 시작할 때 학생들에게 "마을 안에서 하자, 공동체를 지향하자, 다른 사람에게 피해를 주지 않으면서 나눌 수 있어야 한다"라는 가이드를 제시하는 것이다. "우리가 하고 싶은 것으로 세상을 이롭게 하자"가 슬로건인 몽실학교는 학생들에게 온전한 자치권을 주었다는 점에서 파격적이다. 이를 통해 참여 학생들은 지역사회에 대한 애착을 품게 되며 정주의식을 고취하게 되었다.

> 저는 (여기서) 태어났으니까 의정부가 너무 좋고 이런 생각은 별로 없었어요. 생각을 해 보면 저도 일반 학교를 안 다니고 그러니까 국가에서 그런 지원이나 그런 걸 받는 기회가 별로 없었단 말이에요. 되게 교육비라는 건 교육비대로 다 내면서 그런 교육은 저한테 하나도 돌아오는 게 없고 불만이 많아서 '되게 청소년을 위한 공간이나 그런 것도 제대로 된 곳이 없구나'라는 생각부터 시작해서 '아, 내가 어쨌든 살아야 되는 마을이고 어차피 살면서 내가 막 어디로 이민을 가거나 어디 내가 공부를 열심히 해서 서울 가거나 이럴 거 아니면 내가 살아야 하는 마을인데 좀 더 좋게 만들어야 되지 않을까'라고까지 생각해서 되게 그때부터 꿈이룸학교 시작하면서 그때부터 마을에 대한 그런 게 생긴 거 같아요. 되게 좋게 만들어야지라는.
>
> ● 의정부 학생 K(조윤정 외, 2016)

<표 6> 꿈이룸학교 학생 선언문

❶ 내가 좋아하는 것이 무엇인지 알아 가고 배움의 재미를 찾기 위해 최선을 다하는 배움의 주인이 되겠습니다. ❷ 몸과 마음, 머리가 함께 자라는 배움을 만들겠습니다. ❸ 실패를 두려워하지 않고 도전하며, 스스로 생각하고 판단하고 행동하겠습니다. ❹ 개인의 자유와 선택을 존중하며, 서로 소통하는 과정 속에서 함께 자라겠습니다. ❺ 나이와 능력과 성별과 성적으로 서로를 판단하고 차별하지 않고 누구에게도 배울 수 있다는 마음으로 서로에게 배우겠습니다.

❻ 혼자 앞장서서 나가는 것이 아니라 힘든 친구들 손잡고 서로 도우며 함께 나가겠습니다.
❼ 마을 안에서 배우고 자라는 기쁨을 느끼고, 내가 자란 마을을 소중히 여기며 마을을 위해 나눌 수 있는 주체가 되겠습니다.
❽ 사회의 모순과 비교육적인 현실에 당당히 맞서겠습니다.
❾ 행복한 환경을 위해 앞장서서 노력하겠습니다.
❿ 불안하다는 핑계로 꿈을 포기하지 않겠습니다.

4) 광주시 청소년플랫폼 마당집

마당집 하정호 대표는 2015년 2월 10일 교육협동조합 마당집(조합원 30명)을 설립하고 재개발 지역인 신가동에 집을 사서 아이들이 언제든 찾아와 쉴 수 있는 공간으로 개방한다. 마을 청소년들이 마당집 재건축 및 리모델링 기획과 실행 전(全) 과정에 함께 참여했다는 점이 신선하다.

청소년 플랫폼 마당집은 이름 그대로 마을에 있는 플랫폼입니다. 마을 플랫폼, 주민들, 어른들이 차 마시면서 쉬는 플랫폼은 많으나 청소년들이 서로 교류하고 능동적인 공간은 부족하다고 생각해 청소년들만의 플랫폼이 필요하다고 생각했어요.

● 마당집 대표 하정호

그해 9월부터 12월까지는 마당집에서 '마을과 함께하는 자유학기제'를 운영했다. 쓰지 않는 농협의 창고를 무상 임대해 '예술 창고'로 만드는 등 마을재생사업과 교육활동을 연계했다는 데 특색이 있다. 개발 사업으로 피폐해진 신가마을을, 어린이와 청소년의 힘으로 개선함으로써 정주인으로서의 주인의식을 기를 수 있었다.

교수학습 시스템을 벗어나려고 했죠. 아이들을 뭔가 가르쳐야 하는 대상으로 보지 않았고, 어른의 봉사활동과 일을 지켜보며 자연스럽게 어깨동무로 배우게 하는 게 맞는다고 생각했어요.

앉아 봐 가르쳐 줄게 하는 게 아닙니다. 그래서 설령 학습 과정이 있다 하더라도 이 사람이 가르치는 사람이 아니라 늘 거기 있는 사람, 마을 주민이라는 인식이 중요해요. 마을 주민도 그렇고 아이들도 그렇고 더불어 성장하는 것을 생각해요. 마을교육이나 이런 것이 시민의 자기교육이어야 한다고 봅니다. 가르치는 사람과 배우는 사람이 나뉘어서 교사는 아이들을 가르치고, 전문 강사가 지역 주민을 가르치고, 교사 양성을 해서 누군가를 또 가르치면 돈이 들고 지속이 어려워요. 그런 관계를 깨려면 시민들이 자기교육을 하는 게 중요해요.

● 마을활동가 B

이렇게 마당집은 아이들이 원하는 활동을 보장해 주는 시스템을 구축했다. 이 과정은 사교육과 학교로부터 아이들이 배움의 주체성을 되찾도록 유도하는 과정이었다. 새로운 체험, 좀 더 자극적인 체험이 마당집의 목표는 아니었다. 천편일률적인 진로체험 활동이 펼쳐지는 상황에서 체험의 대상, 어른의 돈벌이 수단에서 아이들을 구하는 것이 신가동 마당집의 목적이었다.

<그림 3> 농협 폐창고를 리모델링한 예술 창고

출처: 『광남일보』, 2016년 6월 21일

신가마을에서 하는 마을교육공동체는 아이들을 대상화하고 교육하는 것이 아니라고 생각해요. 기존의 방과후학교, 지역아동센터도 있고 각종 체험 활동이 펼쳐져 있어요. 기회와 공모 예산이 엄청 많죠. 마을교육공동체에서까지 그렇게 해서는 안 된다고 생각했어요. 거꾸로 그 체험의 대상, 어른의 돈벌이 수단에서 아이들을 구하는 것이 신가동 마당집의 목적입니다. 아이들이 학교를 나오고 학원 가기 전에 학원 수업이 힘들 때 놀다 가는 곳이에요. 놀면서 치유하고, 아이들과 싸우며 관계를 맺고, 내부에서 하고 싶은 마음이 나오게 하는 것이 일차적 목표이죠. 마을교육공동체는 섣불리 무엇을 가르치려고 하는 것이 아니에요. 마을이라는 것은 오랫동안 형성됩니다. 수년, 3~4년 이상 훈련하는 과정이어야 해요. 아이들이 스스로 하고 싶은 마음이 들 때야 할 수 있도록 지원하는 것으로 설계해야 해요.

● 마당집 대표 하정호

마을교육 거버넌스 모델 제안

사실 마을교육공동체를 제안하면 피로감을 호소하는 교사와 마을활동가들이 많다. 교사 입장에서는 기존의 업무도 버거운데 마을교육이라는 새로운 업무가 추가된다고 생각하는 것이다. 따라서 교사들에게 마을교육공동체가 오히려 여러 가지 잡무를 줄여 주고 수업에 집중할 수 있게 도와준다는 인식을 줄 필요가 있다. 마을학교가 돌봄, 방과후 등의 업무를 전담하면 가능한 이야기이다. 하지만 이러한 낮은 수준의 협력은 지나치게 강한 '학교 중심 거버넌스'로 구축되기 때문에 '탈학교 거버넌스'로 나아가지 못하고 학교/마을학교의 이원체계로 고착되기 쉽다. 마을학교가 학교 업무의 하청기관처럼 전락할 위험을 가지고 있는 것이다.

마을활동가들은 학교라는 조직이 굉장히 폐쇄적이라는 지적을 많이 한다. 특히 시골 지역에서 학교는 인적 물적 자원의 중심지이기도 하고, 마을 교통의 요지에 있는 경우가 많다. 그런 상황이기에 마을활동가들은 교실, 운동장 등의 공간을 사용하거나 학생들, 학부모들을 참여자로 여러 활동들을 도모하고 싶어 한다. 반면에 학교는 안전 문제와 관리상의 어려움 때문에 비공식적(교육청 등 공식 기관 외부)인 요청을 거부하는 경우가 많다. 따라서 처음에는 학교 중심 거버넌스로 시작해 점차 탈학교 거버넌스 단계로 나아갈 수 있도록 협력의 밀도를 높여 가는 것이 현실적인 방안이다. 각 지역마다, 그리고 각 학교마다 물적 여건과 공동체 의식, 마을교육에 대한 의식화 정도는 모두 다르다. 나는 이번 장에서 5단계로 구분한 모델을 제시하려고 한다. 1단계는 학교 중심 거버넌스에 가깝고, 5단계에 갈수록 탈학교 거버넌스에 가깝다. 각 공동체의 여건에 맞게 유용한 모델을 뽑아서 사용할 수 있을 것이다.

<표 7> 마을교육 거버넌스 5단계 모델

출처: 강영택, 2017: 151

1단계	2단계	3단계	4단계	5단계
학교협동 운영 모델	자원활용형 모델	학교지원형 모델	마을지원형 모델	학교-마을 상호융합형 모델
학교 중심 거버넌스		⟷		**탈학교 거버넌스**

가. 1단계: 학교협동 운영 모델

20세기 말 한국 사회는 학교교육이 지역사회와 지나치게 분리되면 문제가 발생한다는 사실을 인식하고 지역사회의 특성을 반영한 학교교육을 시행하고자 1995년 학교운영위원회라는 제도와 법규를 입안했다. 학교운영위원회(이하 '학운위')는 학교를 학교장 일인에게 맡기기보다는 학교 구성원들이 민주적으로 운영하도록 기획된 제도였다. 그럼에도 학운위에 학부모가 아닌 지역사회 인사가 초빙되어 마을공동체 활성화를 위해 협의하는 사례를 찾기 힘든 게 현실이다. 또한 학교 운영에서도 구성원들 간의 수평적 민주주의와 토론을 통해서 결정되지 않고 여전히 학교장 1인에 의해 수직적 명령 체제로 운영되는 경우가 많다.

> 제가 볼 때 서울 같은 경우는 민-관-학 거버넌스라고 했는데 사실 학교의 참여는 매우 저조했어요. 교사들이 혁신교육지구 사업을 교육청과 학교 관리자가 위에서부터 추진하는 여러 사업 중 하나로 받아들인 게, 초기 과정에서 교사들이 정책의 주체로서 이 안에 결합할 수 없게 했어요. 대상화된 느낌이었고 그래서 초기에는 잡무로 받아들였고 불만이 많았어요.
>
> ● 서울시 초등학교 교사 Y

'일본의 커뮤니티스쿨'은 학운위에 실질적 권한을 부여하여 지역사회와 소통한 좋은 사례이다. 커뮤니티 스쿨의 학교운영협의회는 다음과 같은 세 가지 주요한 권한을 가지고 있다.

- 학교장이 작성한 교육과정 편성 및 학교운영의 기본적인 방침을 검토 승인하는 권한
- 지정 학교 운영의 전반적인 사항에 대해 교장이나 교육위원회에 의견을 개진할 수 있는 권한
- 지정 학교의 교직원 인사 행정과 관련하여 임명권자에게 직접 의견을 말할 수 있는 권한

지역 주민과 학부모들은 학교의 실천에 대해 의문을 제기하며 보다 적극적으로 학교와 학급의 활동에 참여하도록 독려된다. 우리의 경우도 학부모들이 학교 운영과 관련해서 현재의 소비자 역할에서 생산자 역할로 전환하도록 정책적으로 지원해야 한다. 학부모가 학교운영에 참여하는 것에 대해 교사들이 거부감이 있는 것으로 알고 있다. 하지만 민원을 통해서 문제를 해결하는 '몬스터 페어런츠' 문제가 이미 심화되고 있다는 사실을 고려할 때, 학부모들이 학교운영에 동참하고 책임도 함께 나누는 민주적 구

조를 만들어야 할 것이다. 더불어 마을 주민과 지역 공동체와의 교류를 통해 교육의 공공성을 확보하는 것도 중요하다.

> 제가 생각할 때 마을교육공동체의 또 하나의 특징은 마을 사람들이나 학교 밖의 지자체가 같이 결합함으로써 방과 후 아이들의 삶에 주목할 수 있다는 점이에요. 사적 영역 안에 방치돼 있는 아이들을 공적으로 어떻게 돌볼 것인가를 사람들이 고민하게 됐고 이런 면에서 교육 공공성을 반쪽짜리에서 온쪽짜리로 전문화시키는 정책이라고 생각을 했어요.
>
> ● 초등학교 교사 H

학운위의 실제적 작동을 위해서는 각 지역에 학부모지원센터와 같은 중간지원조직을 설립하거나 <학부모회지원조례>를 통해 학부모의 역할 수행을 지원하는 단계들이 요구된다. 또한 '학교 협동 운영'의 가장 큰 어려움이 교장의 독점적 권한에 있음을 고려해 볼 필요가 있다. 따라서 수평적 리더십을 갖춘 평교사를 대상으로 한 내부형 교장공모제를 대폭 확대해 인사제도를 통한 학교 민주주의의 질적 향상을 꾀할 필요가 있다. 그 밖에 '학교 협동 운영' 거버넌스에서 주의해야 될 점이 있다. 학교 거버넌스의 목표를 학생들의 성적 향상이나 환경 개선과 같은 눈에 보이는 지표들에 두지 말고, 학교를 둘러싼 구성원들이 수평적으로 소통하는 범위와 수준을 높이는 데 두어야 한다.

> 너무 학습적 측면과 교육 환경만 이야기할 것이 아니라 어떻게 하면 지역과 소통할 수 있는 매개자 역할을 하는 학교를 만들까 고민해야 해요. 일본은 생애고양학당을 만들어 운영해요. 지역에서 어떤 문화를 갖고 있는지 알 수 있도록 학교 수업에 공식적으로 편재해 이수 시간이 들어가 있어요. 논농사를 짓는 마을은 연중 프로그램이 진행돼요. 수확철에는 논으로 가서 수업해요. 내가 살아가는 마을 문화를 전수 체험하며 지역 사람과 호응하며

인성교육과 공동체 학습들이 이루어질 수 있어요. 그것을 통해 공동체 기반들을 확보할 수 있습니다. 주민들이 교사가 되는 것, 그런 시스템이 마을교육공동체 아닌가요. 정읍의 마을교육공동체 운동도 청소년들이 우리 지역을 기억하게 하자는 문제의식으로 시작했어요.

● 중간지원조직 활동가 B

나. 2단계: 자원활용형 모델

1) 지역자원 활용형 거버넌스

지역사회는 '문서 자료, 오디오 비디오 자료, 인적 자원 제공, 지역 조사를 위한 인터뷰, 현장 여행, 사회조사, 심화된 현장 연구, 캠핑, 봉사활동, 직업 체험(리세롯 마리엣 올슨(2017), 『들뢰즈와 가타리를 통해 유아교육 읽기』, 이연선 외 옮김, 살림터)' 등 학교에 제공할 수 있는 많은 자원을 가지고 있다. 그러나 교사가 마을에 대한 사전 지식이 부족할 경우 너무 수동적인 역할에 머문다는 단점이 있다. 또한 기존의 학력주의, 지식 위주 교육관에 물든 학교 문화가 공생교육으로의 진전을 막는 부분이 있다.

지자체보다 교사와의 협업이 더 힘든 부분이 있어요. 많은 학교에서 교사들의 1등 추구 성향이 강해요. 학교와 교사 먼저 바뀌어야 해요. 학교 수업에서 이루어진 교육은 지식일 뿐이었지 진짜 교육이 아니었던 것 같아요. 마을과 학교에서 교사의 일상적 삶을 통해 아이들이 무엇을 배웠나 반성하는 부분이 있어야 해요. 교사들은 뭔가 구체적으로 결과를 추출하고 산출물이 나오기를 바라요. 낮은 통제의 느슨한 과정을 통해 학생들이 즐거워하고 자유로운 배움의 거버넌스가 구축된다는 생각을 못 해요.

● 중간지원조직 활동가 D

2) 학교자원 활용형 거버넌스

농산촌 지역에는 교육적 인프라뿐 아니라 물적·인적 자원도 부족하여 학교자원 활용형 모델이 마을자원 활용형 모델보다 적합한 경우가 많다. 특히 학교 시설을 이용하지 못하는 상황에 대해 불만을 표출하는 이웃 주민이 많으면 마을학교 협력의 초기 단계로 '학교자원 활용형 거버넌스'를 검토해 볼 만하다.

> 초기에 마을교육공동체를 할 때 학교가 문을 안 연다는 마을의 불만이 많았어요. 학교가 문을 안 연다는 이야기가 공간적인 이야기만 하는 것이 아니고 학교와 협력하고 싶은데 학교의 협력의 원활하지 않다는 이야기이기도 해요. 초기에는 학교 바깥의 마을에서는 활성화되고 막 모이기 시작했는데 이 속도에 학교가 못 따라온다든가, 학교가 협력을 덜 개방적으로 한다든가, 협력을 못 하고 있다든가 이런 식의 비판 비슷한 문제 제기들이 많이 있었죠.
>
> ● 마을활동가 D

학교자원 활용형의 우수 사례로는 완주군 이성초등학교(강영택, 2017)를 꼽을 만하다. 이성초등학교는 학부모 아카데미를 통해 농촌 지역 주민과 학부모들을 위한 교양·취미 교육을 진행했다. 성인을 대상으로 매주 화요일에는 독서 교실, 토요일에는 우쿨렐레 교실을 운영했고, 1년에 두 차례 전교생과 마을 주민이 학교에 모여 함께 영화를 관람하기도 했다.

다. 3단계: 학교지원형 모델

학교지원형 거버넌스는 학교교육 정상화를 위해 마을이 학교를 지원하는 거버넌스를 뜻한다. 먼저 마을교육과정을 통해 삶과 배움이 일치되는 교육의 장을 여는 활동이 대표적이고, 둘째로는 학교 수업이 끝난 후 방과후를 마을과 지자체가 지원해 주는 협력도 가능할 것이다. '학교지원형 방과후학교'는 기존의 방과후학교라는 틀에 커다란 변화를 주지 않으면서 마을이 가지고 있는 학교 밖 교육 콘텐츠(프로그램)나 행정 전담 인력을 투입하여 지원하는 형태이다. 지자체의 풍부한 인적 자원을 학교에 투입함으로써 학교의 방과후학교 운영으로 인한 행정 부담을 감소시키고 프로그램의 다양화와 학생의 흥미와 요구를 반영하는 교육활동 기획이 가능하다.[140] 하지만 단순한 '업무 떠넘기기'를 넘어서기 위해서는 심화된 협력이 가능하도록 지속적인 노력을 기울여야 한다.

> 방과후 사업을 마을에서 맡을 때 우려되는 점이 있어요. 양자의 이해관계가 일치하잖아요. 교사들은 방과후와 돌봄 업무가 과중하고 책임 문제가 따르니까 마을에 넘기고 싶어 하죠. 마을 방과후가 시작되면 교사들은 방과후 업무 자체가 완전히 마을로 넘어갔다고 생각하죠. 그런데 마을에서 이것저것 협력해 달라고 요청을 해 와요. 그러면 교사들은 잡무라고 느끼게 되는 거죠.
>
> ● 초등학교 교사 D

> 우리는 방과 후에 1시부터 5시까지 아이들과 끊임없이 일을 벌여요. 그런데 교사들은 아이들이 거기 있는 것을 알면서 인사도 안 와요. 마을 주민들은 일상이 봉사인 분들이죠. 교사들은 주민들이랑 아이들이 꽃 심고 있으면 졸졸 따라다니면서 사진만 찍어요. 김장할 때도, 학교는 마을 사람과 학부모를 자원으로만 생각해요. 힘든 일을 공짜로 부릴 수 있는 사람인 거죠. 성과는 자기들이 가져가고 일은 마을 사람들이 다하는 것, 그런 식으로 하는 것은 마을교육공동체를 하는 것이 아니죠.
>
> ● 마을활동가 B

마을, 지자체, 학교가 심화된 협력을 하기 위해서는 각자의 역할을 분

140 주정혼(2017), 「학교와 자치구가 협력하는 마을방과후학교 운영 방안 연구」, 서울특별시교육청.

명히 설정하는 것이 중요하다. 예를 들어, 교육청과 교사들이 지자체의 아동 청소년 복지 시스템에 교육 전문가로서 개입할 수 있는 여지가 있어야 한다.

> 복지와 교육의 문제는 분리할 수 없는 문제예요.
> 일반 행정기관으로서 지자체는 주민 복지를 책임지고 있는데,
> 아동 청소년의 복지와 관련해서는 교육의 전문성이 필요하죠.
> 이런 부분에서 교육청과 교사들이 마을 바깥에서 이루어지고 있는
> 아이들의 복지 혹은 삶에 관한 교육적 전문성을 덧입혀 줘야 합니다.
> 그래야만 아동 청소년 복지 자체가 영혼이 있고 생명이 있는
> 복지가 될 수 있습니다. 그렇지 않으면 돈을 주는 등 단순 지원
> 형태의 복지가 될 가능성이 있죠. 마을과 협력하는 학교의 두 번째
> 역할은 마을교육 시스템이 만들어지는 데 교육 전문가로서의
> 협력 자문 이런 것들을 해야 합니다. 이게 큰 틀에서 보면 가장
> 중요한 학교의 역할이 아닐까 생각을 해요.
>
> ● 마을활동가 D

라. 4단계: 마을지원형 모델

학교가 마을을 살려야 학생들의 졸업 후 삶이 보장된다는 점에서 오늘날 마을지원형 거버넌스가 요구된다. 마을 재생을 하고자 하는 마을 주민이나 지자체의 입장에서도 이와 같은 공생교육은 좋은 대의를 담보해 준다.

> 마을 활동하는 입장에서 보면, 그리고 아이를 키우는 학부모의
> 입장에서 보면 결국 아이들의 미래는 마을이 살아나는 것에 달려
> 있어요. 결국 아이들이 대학 가서 서울에서 직장 생활을 할지
> 모르겠지만 대부분의 아이들이 돌아올 곳은 결국 지역일 거예요.
> 그래서 마을교육공동체는 학교가 마을을 살리는 형태여야 한다고
> 저는 주장하고 있어요.
>
> ● 중간지원조직 활동가 A

> 교사와 장학사, 학부모들이 교육이라는 아이템으로 모이면 공공성을 담보하기가 굉장히 쉬워요. 자기 이해관계가 아니라 교육이라는 공공적 목표를 가지고 갈 수 있어요. 마을활동가 입장에서 보면 중간지원조직을 만드는 것이 어려운 지역에서 학교와 교육 부문이 나서 주면 일을 하기 굉장히 쉬울 거 같다는 생각을 해요. 학교가 마을을 살리는 것에 적극적으로 나서 주면 좋겠다고 생각해요.
>
> ● 중간지원조직 활동가 A

마을지원형 거버넌스의 우수 사례로 완주 이성초등학교를 뽑을 수 있다. 이성초등학교는 지역사회와 관련된 업무를 효과적으로 할 수 있도록 업무 분장에 평생교육부를 따로 두었다. 평생교육부 담당 교사는 주말에도 마을을 돌아다니며 주민들과 대화하고 프로그램을 관리할(강영택, 2017) 정도로 열심히 활동했다. 하지만 학교교육이 학교-마을 연계의 중심에 놓여야 한다는 우려와 비판이 교사와 교육청 사이에서 나오고 있다. 또한 업무를 추진했던 교사의 전보와 함께 학교-마을 연계 사업이 사라지는 경우가 많다는 점에서 한계를 볼 수 있다. 예를 들어 이성초등학교는 평생교육부 업무를 담당했던 헌신적인 교사들과 관리자가 떠나고 난 후, 이 업무 담당자의 피로도가 높아 불만이 쌓였으며 결국 마을 지원형 프로그램 운영이 제대로 되지 않게 되었다. 지자체와 교육청의 정책적 지원 없이 소수의 리더십과 헌신만으로는 사업을 지속하기 어렵다는 것을 알 수 있다.

마. 5단계: 학교-마을 상호융합형 모델

미래 사회의 직업 유연성 증가로 진로교육이 변화해야 한다는 목소리가 높다. 이에 진로지도를 담임교사 1명이 아니라 지역사회 전체가 맡는 모델이 주목받고 있다. '학교-마을 상호융합형 거버넌스'는 마을이 진로교육을 담당함으로써 학교보다 더 장기간에 걸친 진로지도가 가능하다는 장점을 갖고 있다.

유럽은 진로와 관련된 것을 어렸을 때부터 지역사회에서 학생을 계속 살펴보고 그 기록이 남아 있어서, 최종적으로 진로 선택으로 이어져요. 우리는 고등학교 때 적성검사와 시험 점수로 결정되죠. 교사가 바뀌더라도 지역사회에서 마을 사람들이 계속 관찰하고 진로에 관여하는 것으로 바뀌어야 해요. 업무 경감보다 교육적인 목적이 커요.

● 중간지원조직 활동가 A

직업 모델이 많이 바뀌었어요. 예전에는 60세 정년까지 일했으나 지금은 45살에 잘려요. 남자들 군대 갔다 와서 30세에 대기업에 취업해도 15년 일하고, 다시 새로운 직업을 구해야 해요.
이제 진로는 직업을 선택하는 것이 아니라 자기 인생, 삶을 설계하는 거예요. 어렸을 때는 서울에 가서 돈을 벌지만 두 번째 인생은 지역에 내려올 수 있다고 아이들에게 이야기해 줘야 할 때예요.
자신의 삶을 구성하고 살 수 있게끔 해 줘야 해요. 마을교육공동체는 그렇게 학생들이 마을로 돌아와서 할 수 있는 일을 많이 만들어 주는 것과 미래의 직업관이 바뀌는 부분에 주목해야 합니다. 학교는 전혀 안 바뀌고 여전히 대학입시에 맞춘 진로교육만 하고 있어요.

● 중간지원조직 활동가 B

학교-마을 상호융합형의 사례로는 먼저 충남 홍성의 '풀무학교'를 꼽을 수 있다. 풀무학교는 마을 문제를 해결하기 위한 프로젝트 수업을 운영했다. 가령 마을에 독거노인이 많다면, 수업에서 문제해결을 위한 기획을 하고 구체적인 실천 방안을 찾았다.[141] 국가수준 성취기준 외 마을의 문제를 수업의 중심에 두고, 그에 관한 해법을 찾는 과정에서 아이들이 마을의 문제를 해결하기 위한 주체가 되었다는 점에서 의의를 발견할 수 있다. 외

141 이동성(2017), 「전라북도 농어촌지역 소규모 학교의 성공 사례 분석: 마을학교를 중심으로」, 전라북도교육청, 전라북도 농어촌 교육 활성화 정책 토론회.

국의 사례로는 덴마크 코펜하겐의 '진로교육센터'도 좋은 참조점이다.

> 덴마크의 공립학교 진로 상담 교사들은 코펜하겐 진로교육센터에 매주 150명이 모여요. 그 교사가 가장 먼저 하는 일은 마을 자원을 찾는 거예요. 농부가 되고 싶은 학생이 있다면, 어느 농부가 좋은지 찾죠. 교사들이 다시 모여서 어디에 어떤 자원이 있는지 소통해요. 교사가 학급에서 진로 상담을 하는 것이 아니에요. 진로 상담 교사들은 학생의 관심 분야와 마을 자원을 조사해서 학생과 마을을 연결시켜 주고, 요청이 있을 때만 상담해 주죠.
>
> ● 마을활동가 B

'학교-마을 상호융합형'이 교육적으로나, 공동체적으로 큰 의미가 있음에도 교육과정의 한계 때문에 실천에 큰 어려움이 따른다. 교육과정 운영에 대한 교사의 완전한 자율성이 보장되지 않는다면, 이 단계까지 성숙한 거버넌스가 가능하지 않을 것이다.

> 우리나라 교육과정은 너무나 교과서 위주예요. 국가가 교육과정을 틀어쥐고 있잖아요. 교과서를 없애 버리든지, 교사가 교육과정을 재구성하고 틀어쥐는 책임자로 변해야 해요. 교사들이 여러 자료로 교과서를 만들고 그걸로 수업을 해야 해요. 지금은 교사들이 교육과정의 전문가가 아니라 교과서 전달자로 전락해 버렸어요. 국가 정책적으로 시스템을 만들어야 해요. 이게 함께 되지 않으면 마을교육공동체 활동은 교사에게 잡무예요. 이런 선순환 구조를 만들어야만 학교와 마을의 심도 있는 배움 체계가 작동을 하는 거죠.
>
> ● 혁신특구 교사 F

정책 제안: 혁신학교 너머 '마을교육공동체'

진보 교육감들이 혁신학교를 통해 교육계에 변화의 바람을 몰고 왔지만 현재 여러 가지 한계에 봉착한 게 사실이다. 혁신교육의 파급력 확산과 진정한 변화를 위해서, 나는 개혁의 범위가 학교와 교육청을 넘어서야 한다고 생각한다. 즉 혁신학교 이후 진보교육의 비전은 '마을교육공동체' 구축이 되어야 한다. 그러기 위해서 교육 당국에 몇 가지 실무적인 방안을 제안하고 싶다.

마을교육공동체 활성화를 위해서는 아래로부터의 움직임과 위로부터의 움직임을 모두 활성화시키는 투트랙 전략이 필요하다. 먼저 현장의 선도적 실천가들을 지원하고 민-민 거버넌스를 양성하기 위한 지원이 필요하다. 동시에 행정 혁신을 통해 관-관 거버넌스, 민-관 거버넌스를 활성화해야 한다. 이를 통해 위에서부터 시행하는 정책과 아래에서 자발적으로 올라오는 민의 실천이 만나는 곳에 중간지원조직과 같은 구체적 거버넌스 시스템을 마련해야 할 것이다.

먼저 도교육청 산하에 광역단위 민-관 협의회를 구성해야 한다. 또한 마을교육공동체 운영위원회, 운영협의회 등 협의 기구가 실질적이고 민주적으로 작동할 수 있도록 관련 조례 및 운영 지침을 마련할 필요가 있다. 시군 단위에서는 지역 교육청 산하의 중간지원조직으로서 허브형 센터 설립을 검토해 볼 만하다. 허브형 센터는 학부모회, 지역 교육자치회, 교육협동조합 등 시군단위 민-관-학 거버넌스를 지원하는 역할을 수행한다. 특히 학교협동조합이나 사회적기업 설립(학생 창업)을 위한 행정법률 절차상의 자문과 지원을 통해 관내 사회적협동조합을 양산할 수 있다면 이상적이다. 협동조합을 통해 학생과 학부모가 주체화 될 수 있기 때문이다. 허브형 센터는 지역 교육청 건물 내에 3명 이내의 활동가가 근무하는 방식으로 운영한다면 별개의 건물을 신축하기 위한 거액의 예산이 필요 없을 것이다. 그러나 읍면동 지역에 구축할 거점형 센터의 경우에는 5~10명 정도의 상근 활동가가 근무할 수 있는 별도의 공간 구축이 필수적이다. 관내 학교들의 방과후 프로그램 및 돌봄교실 위탁 운영, 진로체험학습 등 학생과 마을 주민 대상으로 프로그램이 직접 진행되는 실무적인 공간이기 때문이다. 거점형 센터 운영을 위한 재원은 인건비의 경우 방과후, 돌봄 관련해 학교가 확보하고 있는 예산을 위탁(민간 경상 보조, 사무 위탁)받아 운영하고, 부족한 부분은 교육지원청에서 교육특구 예산의 일부로 지급할 수 있을 것이다.

한편 지역의 여건에 따라서는 별도의 중간지원조직을 구축하거나 거점형 센터를 구축하기 위한 공간과 재원 마련이 어려울 수 있다. 이 경우에는 학교 단위 중간지원조직인 마을학교 코디네이터(이하 '코디네이터')를 제안한다. 코디네이터는 혁신지구 내 개별 학교에서 근무하면서 마을과 학교, 교육청 사이에서 마을교육공동체를 활성화하는 교량 역할을 수행한다. 재원은 학교 건물에서 마을 주민 대상 평생교육을 시행하는 조건으로 지자체가 임기제 공무원으로 채용하는 방안이 가능하다. 코디네이터는 학부모와 마을 주민을 대상으로 평생교육 과목(기초문해교육, 외국어교육, 교육철학 등 인문학 교육, 공동체 교육)을 개설할 뿐만 아니라 호주의 공립학교에서 성공한 모델인'학교 내 직업훈련 프로그램'(VET-in-school, 호주)을 기획하는 업무를 맡을 수도 있다. '학교 내 직업훈련 프로그램'은 지역사회에 필요한 공공 일자리 및 스타트업 창업을 위해 필요한 지식 및 기술을 교육하는 프로그램이다. 이와 같이 지역사회에 필요한 직업훈련을 학교에서 시행하게 됨으로써 청소년들을 농촌에 더 머물게 되는 결과를 유도(강영택, 2017)할 수 있다.

이 외에도 학교의 마을교육과정 재구성을 통해 학생들이 마을의 인적·물적·지리 역사 정보에 대한 데이터베이스(DB)를 구축하는 마을연구소 프로젝트도 추진해 볼 만하다. 마을연구소는 주민들의 생애사, 지역의 역사 기록, 환경과 토지 사용 패턴을 모니터링 및 아카이브하는 곳이다. 교사들이 학생들과 마을교육과정을 제작하고 프로젝트 수업을 통해서 자료를 축적한다면, 코디네이터는 축적된 자료를 거점형 센터에 등록하고 읍면동 단위로 출판된 자료를 지역 주민에게 보급하는 역할을 수행한다. 또한 학교 가정통신문을 활용하여 지역 정보를 교류하고 학교 내 학생 동아리와 학교 밖 활동을 연계하는 등 학교 내에서 마을교육공동체 활성화와 관련된 활동을 지원하는 기초단위 중간지원조직 역할을 할 수 있다. 이상에서 살펴본 바, 다양한 형태와 규모의 중간지원조직을 통해 아래로부터의 교육운동을 활성화시킬 수 있을 것이다.

8장 교육행정혁신

학교는 어떻게 관료주의를 넘어설 수 있을까

많은 사회학자들이 한국 사회가 식민지 근대성을 아직 극복하지 못했다고 이야기한다. 이와 관련된 대표적인 사례가 관료주의적이고 권위적인 관치행정이다. 우리나라가 교육 선진국으로 도약하기 위해서는 교육행정의 혁신, 민-관-학 거버넌스 구축을 시대적 과제로 삼아야 할 것이다. 이런 시대적 상황 속에서 학교와 교육청을 재설계해서 어떻게 하면 관료주의를 혁파할 수 있을지 논의해 보고자 한다. 내가 연구소[142]에서 마을활동가들을 만나면서 가장 많이 놀랐던 부분은 교육청 내부에 만연한 관료주의 문화였다. 마을교육공동체 관련 활동가들 사이에 지자체보다 교육청이 훨씬 관료적이며, 기관장의 혁신 드라이브를 통한 조직문화 변화 폭이 지자체 공무원들보다도 크지 않다는 의견이 많았기 때문이다.

> 일반행정의 자치라고 하는 것이 교육행정의 교육자치보다 역사가 길잖아요. 교육자치는 말만 교육자치였지 그동안 간접선거로 지속되다가 실제로는 2007년부터 처음으로 직접선거 했잖아요. 일반 행정자치보다 역사가 짧고, 그래서 선출직에 의한 행정수장이 되는 것은 그 자체로 민주화의 물꼬를 트는 거라고 생각이 들어요. 상대적으로 지자체 공무원들이 훨씬 더 관료화한 문화를 깨고

142 저자는 2017년 전북교육정책연구소에 연구교사로 근무했다. 그리고 1년간 연구책임자로 활동한 결과물이 「마을교육공동체 사례 연구를 통한 협력적 거버넌스 구축 방안」(연구교육정책연구 2017-017)이다. 이 책의 7장과 8장의 많은 부분을 이 보고서에서 인용했다.

개방적으로 가야 한다는 분위기에 일찍 노출된 거죠. 그런 면에서 유연성이 길러진 측면이 있고 교육 같은 면에서는 2011년도에 진보 교육감이 집권하고 나서야 교육자치가 시작됐다고 할 수 있어요. 자치를 통한 민주화라고 할까요? 이런 부분에 덜 노출된 면이 있어요. 또 하나는 교육계 자체가 가지고 있는 보수성이 있어요. 교육이라는 것 자체가 어떻게 보면 뿌리를 따지면 한편에서는 굉장히 과거의 어떤 축적된 인류의 지적 자산 같은 것을 공유하고 전수하는 이런 역할을 하는 것에서 출발했죠. 본질적으로 보수적인 성격을 가지고 있어요. 이런 것도 영향을 주는 것 같아요.
또 한편에서는 교직사회 자체의 관료주의랄까? 상대적으로 좁은 조직의 규모와 테두리 안에서 그들만의 리그 이런 것이 오랫동안 교육계 안에 있었던 거죠. 이런 세 가지 원인이 다 결합되어서 실제로 보면 지자체 사람들은 변화하는 속도가 빨라요. 거버넌스 하자고 하면 처음에는 징징 울다가도 두세 달 지나면 '열심히 해야지. 주민들한테 잘해야지.' 그런 부분이 있는데 교육 장학사들은 뻣뻣해요. 제가 볼 때는 교육의 전문성은 나눌수록 생긴다고 생각하는데 거꾸로 쥐고 있을수록 전문성이 생긴다는 이상한 의식이 있는 것 같아요. 방어적이죠. 상대방을 가르쳐야 한다는 말도 안 되는 생각이 교직사회 일반에 많이 퍼져 있죠. 실제로 지자체보다 훨씬 덜 개방적이고 덜 민주주적이랄까, 관료적인 게 훨씬 강해요.

● 마을활동가 D

민선 지자체장이 생긴 후 지금 기수가 6기예요. 24년이 지난 거예요. 95년도에 시작하고 6기인데 내년에 7기예요. 민선 1, 2, 3기 때는 몰랐는데 4기 이후로 완전히 달라졌어요. 지자체가 혁신되고 있어요. 그런데 교육청은 아니잖아요. 교육감이 민선된 것이 얼마 안 되었죠. 그리고 광역이죠. 기초가 아니죠. 광역단위의 교육감이 교육장을 임명해요. 교육 쪽은 멈추어 있어요. 갭이 엄청 커요. 마을 입장에서 지자체와 교육청 쪽을 보았을 때 교육 쪽에 개념 없는 사람이 많죠.

교육청이 더 관료적이더라고요. 복지부동에 무사안일에 법적 절차나 따지면서 감사 때문에 안 움직이죠. 내부에서 또아리만 틀고 승진만 생각해요.

● 마을활동가 X

수직적인 업무처리 관행

대표적 관료주의의 첫 번째 유형이 수직적인 업무처리 관행이다. 업무 기획과 추진과정에서 다자적 협력주의가 아닌 Top-down 방식의 수직적 업무처리로 진행되는 경우가 많다. 지자체의 인식과 지원이 오히려 전폭적인 반면, 교육청은 과거의 관습대로 사업을 운영한다는 지적이 많다. 특히 학교나 교직 문화에 익숙한 교육청 관계자들이 사업 운영에서, '지역과의 원활한 소통을 통한 혁신적 방식보다는 개인 경험과 관행의 답습에 의존하고 있다'는 비판에 대해 심각하게 반성할 필요가 있다.[143] 특히 교육전문직이 가지고 있는 특유의 학교 중심주의, 교사(교육전문직) 중심주의 등 주관적 교육관이 마을교육 거버넌스를 구축하는 데 방해물로 작동하기도 한다.

일을 할 때, 특히 혁신학교를 할 때에는 동료성이라는 말을 굉장히 중요하게 여겨요. (중략) 2년 가까이 하다 보니 공무원들도 나름대로 방향을 잡아 가는 것 같아요. (중략) 지자체 공무원들은 (교육 부문의 전문성에) 한계가 있기 때문에 민간이나 학교 단위에서 좋은 제안을 하면 적극적으로 수용하는 부분이 있어요. 반면에 교육청은 오히려 그걸 다 못 따라가는 측면이 있는 것 같아요. 지자체 공무원들은 '내가 모른다, 도와 달라'는 생각이 바탕에 있다고 한다면, 장학사들은 스스로 다져진 생각들이 있어

143 박상현 외(2017), 「서울시교육청의 협력적 거버넌스 구축과정 분석」, 한국교육행정학회(이하 '박상현 외, 2017').

자기 방식대로 해석하려는 경향들이 있어요.

● 교사 C

교육청은 현재 거버넌스 활동이 학운위밖에 없다. 학운위가 사실은 거버넌스의 핵심적인 구조인데 잘 안 돈다. 거버넌스라는 생각이 안 든다. 거기 참여하고 있는 학부모나 교사나 지역의원들이 내가 거버넌스를 한다는 성취감, 만족감, 효능감 이런 것을 전혀 못 느낀다. 서울시하고 교육청이 협력할 때는 혁신지구라는 것을 끌고 가는 중심이 교육청이다. 그런데 자치구로 내려오면 거꾸로 지자체가 주도적이고 광역 단위로 가면 교육청이 주도적인 이런 언밸런스가 생긴다. 그래서 교육지원청이 왜 안 움직이나 봤더니 교육지원청은 자기가 집행기구가 아니라 학교가 집행기구다. 학교에 넘기고 이렇게 하는 체제로 하다 보니까 방어-보수적인 장학사의 행패라는 게 나타난다. 이야기하고 서로 같이 논의해서 결정하는 것에 너무 익숙하지 않은 것이다. 그래서 어떻게든 안 하려고 자꾸 발을 빼고 도망가는 사태가 자치구에서는 벌어진다. 그게 현실이고 현재 상황이다.

● 마을활동가 E

이런 병폐를 막기 위해서는, 자원은 행정에서 지원하되(top-down), 그 결과는 교사, 학생, 주민 주도적인(bottom-up) 성과를 내는 접근이 필요하다. 이 모순적인 마을공동체 정책의 전략을 성공적으로 이루기 위해서는 첫째 행정 혁신을 통해 top-down의 방법을 달라지게 해야 하고, 둘째는 bottom-up의 접근이 가능할 수 있도록 작은 단위의 현장 주체를 형성해야 한다. 이를 통해서 교육행정이 다자적 협력주의로 이행할 수 있을 것이다.

중요한 것은 마을교육공동체의 형성을 위한 방향의 문제입니다. 핵심은 주민자치와 학교자치입니다. 결코, 교육청이나 지자체가 핵심이 되어서는 안 됩니다. 관 주도 방식은 경제자본이 오히려 공동체를 와해시키며, 지속가능한 발전을 담보할 수도 없습니다. 따라서 지자체와 교육기관은 호흡을 길게 하고, 기다려야 합니다. 지원은 하되, 최대한으로 간섭을 하지 않는 기다림의 지혜이지요. 무리하고 획일적인 평가도 지양해야 합니다.

● 연구자 A

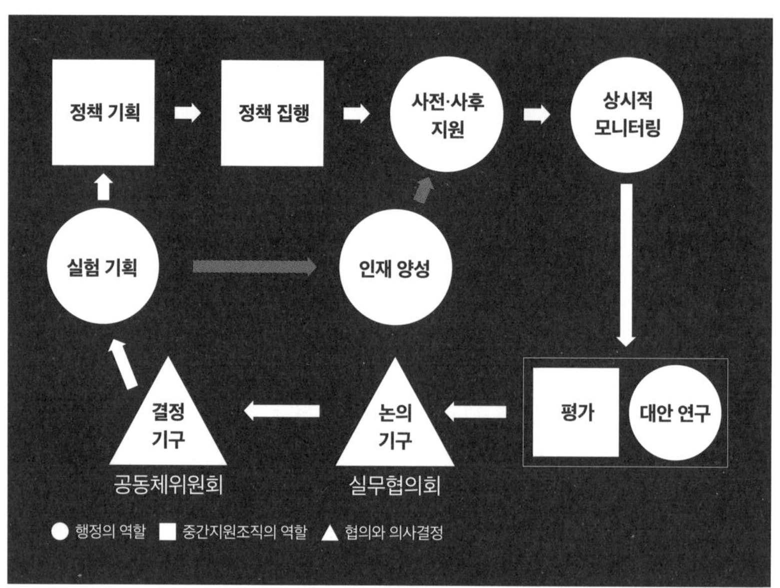

<그림 4> 다자적 협력주의를 위한 민-관-학 협력 프로세서

출처: 유창복(2016), 『도시에서 행복한 마을은 가능한가』, 휴머니스트

칸막이 문화 타파

칸막이 문화란 부서별로 맡은 업무만 기계적으로 수행함으로써, 부서 간의 정보 공유와 협력이 이루어지지 않는 내부 문화를 뜻한다. 이런 칸막이 문화는 필연적으로 각 부서별 사업 중복이나 결함을 발생시킨다. 이는 자원 활용의 효율성을 저해하는 요소일 뿐만 아니라 '부서별 전화 돌려막기' 등 민원인과의 불통을 발생시키는 요소이기에 반드시 개선되어야 할 것이다.

> 콘텐츠를 최대한 모아서 정리하는 작업을 관(행정)이 해 줘야 해요. 그런데 관은 '칸막이 문화' 때문에 절대로 다른 과의 업무에 대해 간섭을 못하고 업무도 제한적이에요. 사회적 경제는 '사회적 경제과'가 따로 있고, 마을과 혁신도 담당과가 각자 존재하고. 이러다 보니까 중복되는 자원들을 제대로 활용하지 못하고, 예산 낭비가 될 수 있는 지점들이 있는 거죠.
>
> ● 지자체 담당 공무원 E

교육청 각 과별로 협업 목표를 제시하고 과별 업무실적 평가에 반영함으로써 칸막이 문화를 구조적으로 타파해 나가는 것이 현실적인 대안이다.

> 사실 우리 교육지원청 안에서도 팀별로 칸막이가 있지요. 어느 조직이나 다 있는 문제입니다. 그럼에도 시청의 각 과들이 이렇게 의무적으로 협업회의를 할 수 있도록 구조를 만든 거예요. 시장님 주도로 시청의 각 과별로 협업 목표를 제시했고요. 그 목표를 달성해야 연말에 과별 업무실적 평가에 반영을 하는 거예요. 그렇기 때문에 예를 들면 '교사연수는 2회씩 하겠다' 이런 식으로 성과 목표를 다 내는 거죠. 시청 측 파트너가 그러하니 저희 같은 교육지원청에서도 시청의 협력 파트너들이 성과 목표를 달성할 수 있도록 하기 위해서 교사 연수를 계속 개설하고 의뢰를 하고 했던 겁니다.
>
> ● 시흥 장학사 A(조윤정 외, 2016)

한편으로는 유사 중복 사업의 통합이 필요하다. 먼저 도교육청 내 업무 개편이 필요하다. 마을교육공동체 사업을 예로 들자면 혁신특구, 다문화특구, 농어촌교육특구, 어울림학교 정책 등의 유사한 사업이 각 부서별로 동시다발적으로 진행되어 업무 피로도를 높이고 사업 효율성을 저하시키고 있다. 유사 중복 사업들의 예산을 한 가지 사업으로 일원화해서 규모의 경제 효과를 노려야 할 것이다. 작은 예산이 여러 개 분산되어 일회성 사업

비로 투입되는 것보다 하나로 큰 예산을 만들어 준다면 중간지원조직이나 거점형 센터의 공간 구축을 하는 등 지속가능성 확보에 유리하기 때문이다. 업무 담당자에게도 여러 가지 잡다한 업무를 쪼개서 맡는 것보다 단일화된 큰 업무 하나를 전담하는 것이 업무 효율성과 책무성을 높일 수 있다.

> 혁신특구, 농어촌특구, 순창다문화특구 등 여러 특구 사업이 너무 많아요. 특구가 제대로 되어 있는지 논의가 필요해요. 혁신학교면 다른 공모에 응하지 못하도록 제도적으로 막기도 했어요. 현장에서는 정작 필요로 하지 않는데 도교육청의 각 부서가 실적을 남기기 위해 사업들을 동시다발적으로 추진하는 것 아닌가 싶어요.
>
> ● 전북 교사 A

> 각 특구별로 내용이 90% 이상 겹쳐요. 이렇게 분산된 이유는 각 부서별로 사업이 진행되기 때문이에요. 특히 교육부의 각 라인과 연결되어 있기에 교육부 특교 예산을 따내기 위해 각 사업이 별도로 진행돼요. 도교육청 정책 사업의 경우도 마찬가지예요. 현재는 교육부 특교 예산에 따라 사업, 혁신과에서 추진하는 사업, 일반 부서에서 추진하는 사업이 다 따로따로 진행되고 있어요.
>
> ● 전북 장학사 E

민-관 공동생산 체제

많은 지역 교육청들이 민관협력에 관한 조례를 제정하고 민관협력위원회를 운영하고 있다. 그러나 대부분의 학부모들은 물론 교사들조차 관내 지역에 민관협력위원회가 존재하고 있다는 사실을 모르고 있다.[144] 민관협력위원회가 내실 있게 잘 운영되기 위해서 각 지역교육청은 학부모와 교

144 전북교육연구소(2017), 「전북교육청 7년 평가와 2018 전북교육 희망 찾기」 보고서.

사 대상으로 홍보를 강화하고 참여를 독려할 필요가 있다. 민-관 협의회는 민의 자치적 역량을 키우는 인큐베이터가 되어야 한다. 지역 현안에 대한 정보를 공유하고 주민을 대상으로 하는 참여와 학습의 기회를 확대하여 주민의 집단지성을 이끌어 내야 하는 것이다. 이와 같은 민관 거버넌스 구축을, 선심 쓰듯 생각하는 공무원들의 인식 전환도 필요하다. 많은 행정가들이 주민 또는 민간전문가의 의견을 듣는 1차 수요조사 정도의 활동이 협치(거버넌스)의 전부라고 생각하는 것 같다. 그러나 주민들이 직접 예산을 결정하고 실행에 참여하는 단계까지 나아가야 거버넌스의 완성이라고 말할 수 있다.

거버넌스는 관청의 사업이 아니라 시민들의 권리라는 관점에서 접근해야 합니다. 덴마크처럼 미래를 설계하기 위해 배우고 싶어 하는 사람이 있다면, 무엇을 배우고자 하든 그 돈을 관에서 제공하는 방식이 되어야 하는 거죠. 교사가 연구를 하든, 학부모의 동아리 활동이든 마을 단위에서 하고 마을사람들이 공동의 협의 과정을 통해서 내년에 얼마 예산을 세울지 교육청과 시청에 요구해야 합니다. 예를 들어 우리 아이가 플루트를 배우려고 하는데 우리 마을에 플루트 배울 곳이 없다고 한다면, 예산을 어떻게 쓸지 주민들이 스스로 그 예산의 설계부터 시작하는 것입니다.
돈에 대한 권리를 주민이 갖고 있고 내가 필요한 돈을 행정에 요구할 수 있는 것이 행정혁신이라고 생각합니다.
즉 마을교육공동체는 주민에 대한 호혜가 아니라 주민의 권리 관점에서 접근해야 합니다.

● 마을활동가 B

미국 사회에서는 2012년 허리케인 '샌디(Sandy)' 사태 이후에 국가 및 공공기관의 책무로만 여겨졌던 국가적 재난 대응역할을 지역 주민이 함께 수행하는 것이 최적이라는 인식을 갖게 되었다. 이와 같이 정부 혼자서는 해결하기 어려운 복잡한 사회문제를 민간 주체와 함께 해결하는 이른바 '공동생산(Co-production)' 패러다임이 전 세계로 확산되는 추세이다. 핀란드의 참여실험실, 영국과 호주 등의 사회성과연계채권 등이 그 예이다.

우리나라도 국민의 의식과 수준이 복잡다기화하면서 과거 권위주의 시대에나 통하던 일방통행적 정책 결정이나 사업 추진은 성공을 기대할 수가 없다. 변화를 위해서는 첫째, 행정-민간의 이분법적 사고를 탈피하고, 주민이 교육청과 함께 정책결정·집행·평가 전 과정에 주체로서 참여하는 공동생산 방식을 전면적으로 도입해야 한다. 마을 주민들이 직접 정책을 디자인하고 집행과정에 참여하면 행정의 최종 가치인 도민 만족과 교육청 신뢰 역시 자연스럽게 올라가기 마련이기 때문이다. 마을교육공동체 인큐베이터, 마을 디자이너, 퍼실리테이터, 국민디자인단 등의 형태로 민의 참여를 독려할 수 있을 것이다.

주민 중심으로 정책을 추진하기 위한 대안으로 '살아 있는 연구소(리빙랩)'를 설립해야 한다는 주장도 있다. 리빙랩은 전문 연구자(프로그램 개발자)를 중심으로 교육지원청, 지자체, 학부모, 마을활동가가 모여서 논의하는 거버넌스 모델이다. 행정기획의 역할을 지역 인근 대학이나 연구소의 교육 분야 전문 연구자에게 맡겨 지역전문성과 지속가능성을 높일 수 있다는 주장이다. 리빙랩은 전문가가 개입하여 관-민의 협의 수준을 도약시키고, 실질적으로 일을 추진하는 과정에서의 효율성과 수평성을 담보할 수 있다. 하지만 전문 개발자의 이해관계가 지나치게 반영된다든지 엘리트주의적인 방향으로 논의가 흘러 지역 주민들이 참여하기 어렵게 되는 분위기가 형성되는 것을 끊임없이 경계해야 할 것이다.

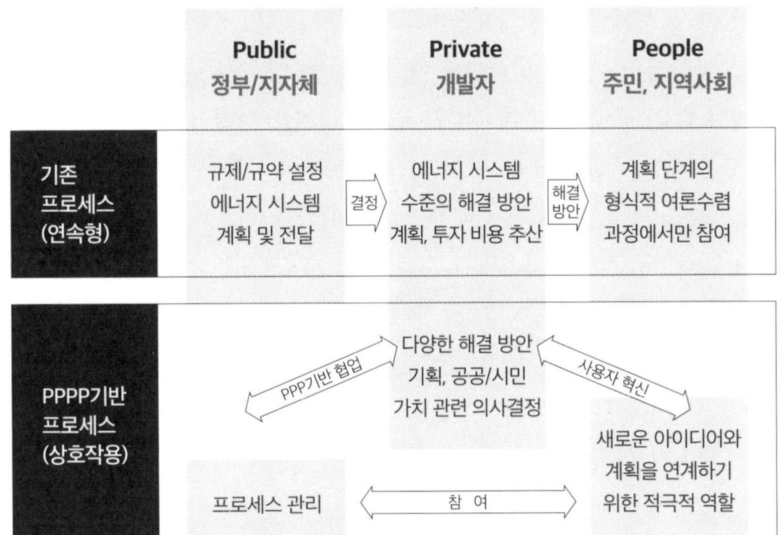

<그림 5> 리빙랩 모델에서의 민-관-학 공동생산 체제

출처: Research on Families and Family policies in Europe, Kuronen et al, 2010

청소년의 의사결정권 반영

교육행정의 당사자이면서도 의견 반영을 하지 못하는 구성원이 바로 청소년들일 것이다. 따라서 교육청의 정책 추진과 학교 운영에 청소년들의 결정권을 반영할 수 있으려면 어떻게 해야 할까? 청소년이 설계하고 직접 운영하는 공간을 마련하는 것이 그 시작일 것이라 본다. 청소년들이 자율적으로 움직일 수 있는 공간의 폭을 넓혀 주는 것이 청소년 주체화의 시작이기 때문이다. 교육청이 주도한 청소년 복합문화공간의 우수 사례로는 앞에서도 언급한 의정부시의 몽실학교를 참고할 필요가 있다.

몽실학교는 '학생 스스로 만들어 가는 교육과정'을 꿈꿨던 지역 교사와 장학사, 상담가 3인의 헌신 속에 탄생했다. 경기도교육청 북부청사가 신청사로 이전함에 따라 빈 건물을 교육청에서 청소년 복합문화공간으로 리모델링해 주었다. 몽실학교는 학생자치배움터로 초등학교 5학년부터 고등학교 3학년까지 500여 명의 학생이 28개의 프로젝트팀을 운영하고 있다. 프로젝트팀은 무학년제로 운영되고, 참여하고 싶은 학생은 프로젝트 제안서를 쓴 뒤 함께할 팀원을 직접 섭외해야 한다. 최소 5명이 모여야 진행되며, 고등학생과 중학생이 섞인 팀에 초등학생이 팀장을 맡는 경우도 있다. 팀마다 길잡이 교사가 존재하지만 길잡이 교사도 팀원의 일원으로 참여할 뿐 모든 것을 학생이 직접 구성하고 결정한다. 어른들이 공간 운영에 대한 전권을 쥐고 청소년들에게 수혜적으로 서비스를 베푸는 대부분의 다른 교육 공간과 대조적이다.

> 꿈이룸학교 아이들이 성장한다면 이제 청소년들이 운영하는 진짜 청소년센터가 되는 거죠. 저는 벤포스타 어린이왕국처럼 청소년왕국을 꿈꿔요. 이 공간에서 청소년왕국. 그래서 자기네들이 짱도 하고 뭐 그 안에 운영도 하고 스스로 사회적 협동조합도 만들고 지금도 많은 애들이 그거를 꿈꾸고 있어요. 애들도 그리고 자기네들이 운영한다고 생각하고 애네들한테도 계속 그 얘기해요. 이거는 너희들이 운영하는 공간이 될 것이다. 그거를 따내 주기 위해서 어른들이 지금 노력하고 있는 거고 이 공간의 주인은 너희들이다. 이렇게 얘기하고 있거든요.
>
> ● 의정부 교사 B(조윤정 외, 2016)

물론 이러한 청소년 주권이 쉽게 이루어진 것은 아니었다. 청소년들에게 공간 사용과 운영의 독점권을 인정함으로써 역설적으로 지역의 다른 주민들을 배제하게 되었지만, 그럼으로써 학생들의 주체성을 보호할 수 있었던 것이다. 편향된 운영이라고 볼 수도 있지만, 청소년은 집에서도, 학교에서도, 학원에서도 주체가 될 수 있는 공간이 그 어디에도 없다는 현실을 고려해야 한다. 교육행정에서 정치적 약자를 어떻게 배려할지에 대하여 시사점을 가진 운영 사례라고 생각한다.

> 서포터즈분들하고 또 같이 어떻게 묶일까 그런데 이제 그게 먼저 주가 되다 보면 애네들이 놓치는 거예요. 아이들의 주도성을 위해서 조금만 기다려 달라, 부모님들한테는 계속 그렇게 얘기를

해요. 어른들은 계속 "야 거기 목공방 우리도 좀 들어가서 쓰면 안 돼?" 이렇게 얘기를 하거든요. 이 공간이 있기 때문에 이게 엄청난 메리트예요. 지금 계속 저희가 공격을 받는 것도 그런 거예요. 그렇게 하는 게 무슨 마을공동체냐고 얘기하는데 저희가 꾸리고 싶은 건 마을공동체가 아니라 교육을 중심으로 한 마을교육공동체, 아이들을 함께 키운다는 마을교육공동체인 거죠. 그리고 그렇게 하기 위해서는 애들이 서야 되는 거예요. 지금 경기도교육청에서 하고 있는 마을교육공동체는 다 어른들 판이에요. 어른들이 다 모여 있어요. 그리고 애들은 교육받는 대상인 거죠.

● 의정부 교사 B

지자체와 교육청의 협력체제 구축

한편 지자체와 도교육청 간 대화를 통해 몇몇 부서를 없애거나 주무 부처를 설정해야 할 필요가 있다. 지방 분권화로 인해 중앙정부의 많은 업무들이 지역 정부로 넘어왔으나, 일반행정과 교육행정 간에 업무 조정이 제대로 이루어지지 않아 유사 중복되는 업무 부문이 존재하고 있기 때문이다.

지방정부 공무원들은 일에 허덕이고 있어요. 일이 일을 만드는 악순환이 이어지죠. 도교육청과 지자체가 서로의 업무를 크로스 체크하고 업무 조정하면서, 정말 쓸 만하고 필요한 일들만 찾아 정리해야 돼요.

● 중간지원조직 활동가 A

교육부의 도교육청 권한 이양이 준비되고 있는 현 시점은 각 시도 교육청이 지자체와 유사 업무를 재조정하기 위해 논의를 시작할 호기이다. 지자체가 교육과 관련해서 맡고 있는 업무 중 교육복지, 지역아동센터, 평생교육 업무 분야는 마을교육공동체 부문으로 일원화할 필요가 있다. 이를 통해 지금까지 지방정부 차원에서 교육행정(교육청)이 담당했던 평생학습,

교육복지(교육복지투자우선지역지원사업), 방과후학교, 보육교실 부문의 일반행정으로의 업무 이양을 토의해야 한다.

그러나 현재 많은 지역에서 지자체장과 교육청 간의 소통을 담당하는 주무 부처조차 존재하지 않는 실정이다. 지자체는 지역 내에 방대한 정보망과 마을 자치 조직망을 가지고 있다. 교육청은 지역교육에 특화된 전문 콘텐츠와, 학교를 중심으로 한 강력한 지역 네트워크(학부모-학생-교사)를 가지고 있다. 지자체 부서별로 분산되어 있는 교육 관련 지역 정보를 수집하고 정리해 이를 교육청과 공유하는 부서가 지자체 내에 있어야 한다. 이를 통해 청소년 문화의 집, 문화재단, 박물관, 도서관 등 지역 내에 존재하는 다양한 교육 유관 기관들과 학교가 밀접하게 연결된다면 그 교육적 효과와 더불어 지역사회의 발전에 공헌할 수 있을 것이다.

이와 관련해서 강원도 화천군청과 서울시 도봉구 사례를 살펴볼 필요가 있다. 화천군은 2016년에 강원도 교육특구로 선정되자 교육청과의 협의 체계 구축을 위해 군청 내에 '교육복지과'를 신설했으며, 방과후학습센터를 개소해 학교방과후 프로그램을 통합 운영했다. 또한 마을교육공동체 사업 관련해서 전국적으로 가장 선도적인 지역 중 하나인 도봉구는 구청 안에 '방과후학교지원센터'와 '혁신교육지원센터'를 설립하여 교육청과 학교를 서포트하는 중간지원조직으로서 기능하게 했다. 특히 지역 내 초등교사를 구청장의 교육정책보좌관으로 특별 채용하여 양 센터의 센터장으로 임명함으로써 교육청과 학교현장과의 관계성을 단시간에 높일 수 있었다. 이 외에도 서울시교육청은 서울시청에 직원 4명을 협력관으로 파견했다. 교육감과 지자체장의 의지만 있다면 현행 법규 체계 안에서도 일반행정과 교육행정의 연결망을 좀 더 강력하게 할 여러 가지 방법들이 존재하는 것이다.

고용정보원이 2018년 발표한 자료에 따르면, 전국 시군구 10곳 중 4곳은 소멸 위험 단계에 진입했다고 한다. 이와 같은 지방 소멸에 대한 위기의식 공유를 통해 교육자치-일반자치가 협력해야 한다. 국제교육도시가 이를 위한 단초가 될 수 있다. 유니세프가 인증하는 '아동 친화 도시'나 유네스코가 인증하는 'ESD(Education for Sustainable Development, 지속가능발전교육) 도시'에 도전해 보면 어떨까? 국제교육도시라는 공동 목표를 위해 함께 노력하는 과정을 통해 긴밀한 관-관 거버넌스를 구축할 수 있기 때문이다.

지역교육청에 도교육청 권한 이양

일반 행정의 경우 광역과 기초자치 단체가 각각 독립성을 유지하면서 유지·운영되고 있는 반면, 교육행정에서는 각 지역 교육지원청이 단지 광역 교육청 산하기구로 인정되기 때문에 의사결정 권한이나 사업 운영의 자율성이 떨어지는 문제점이 발생하고 있다. 자율성이 떨어지기 때문에 지역의 주민 교육단체나 지자체와 유기적 협력관계를 맺는 데 제한적인 역할과 권한을 발휘할 수밖에 없다. 따라서 도교육청에서 지역교육청에 '예산 집행·편성·변경의 자율권, 공간과 인력 운용의 자율권' 등 사업을 진행하는 데 필요한 전권을 이양해야 한다.

> 구청은 자치조직인데, 교육지원청은 자치조직이 아니란 말이에요. 교육청이 자치지, 교육지원청은 하부 조직이에요. 아무런 권한이 없어요. 예산집행 권한이나 예산편성 권한도 없어서 예산 변경도 못해요. 이런 상황에서 교육지원청이 적극적으로 나서는 변화는 이루어질 수 없어요. 혁신교육지구를 제대로 하기 위해서는 교육지원청에 자율권을 줘야 해요. (중략) 자율권이 없는 교육지원청하고 자율권이 있는 구청하고 서로 협력하라고 하면 잘되지 않아요.
>
> ● 강북 실행추진단 참여자 A(박상현 외, 2017)

> 지자체와의 만남이나 관계에서 사실은 교육지원청에서 풀어내기 어려운 부분이 있어요. 교육지원청은 결정권한이 없거든요. 일반자치는 기초까지 되어 있고 교육자치는 광역까지 되어 있잖아요. 우리는 결정권한이 없어요. 파트너가 안 돼요.

구는 결정할 수 있죠. 선출직이니까요. 우리는 안 돼요. 늘 도와 상의를 해야 해요. 밑에서 올라오되 예산이라든가 인사라든가 우리가 하기 어려운 것을 풀어 줘야 해요. 그 얘기를 해 주세요. 조례, 인사, 시설이나 공간을 도 단위에서 풀어 줘야 해요.

● 전북 장학사 C

교육청의 행정업무 감축

교육부의 권한 이양 관련해서는 핀란드의 교육 대개혁 사례를 참고할 필요가 있다고 생각한다. 현재 교육 선진국으로 알려진 핀란드는 1950년대까지만 하더라도 여러 가지 심각한 문제들로 인해 교육계에 대한 비판이 쇄도하고 있었다. 1970년도에 스웨덴 모델(자유지방자치도시)을 본떠 교육행정의 급진 개혁을 감행했고, 그 결과 현재의 성숙한 교육행정 시스템을 갖게 되었다. 핀란드는 이때 국가와 지역 단위의 교육청을 통폐합하면서 관료주의적 구조와 관행들을 함께 청산했다. 예를 들어 교육청 소속 행정공무원의 숫자를 반절로 줄였다. 가장 많은 인원 감축은 장학부서와 감사 제도의 폐지를 통해서 이루어졌다. 학교 자율평가 제도가 시행되면서 장학감사 제도가 필요 없게 된 것이다. 관료주의가 수직적인 구조, 특히 장학감사와 같은 지휘감시 체계를 통해 유지된다는 것을 생각할 때 시사점이 있는 개혁이다.

우리도 각 지역 교육청들이 이번 기회에 교육부로부터 권한을 넘겨받을 생각만 해서는 안 된다. 학교의 자치권 향상을 위해 무슨 업무와 부서들을 없앨지 진지하게 검토해야 한다. 교육부 개편도 중요하지만, 우리 안에 있는 관료주의를 철폐하기 위해 광역교육청과 지역지원청의 업무를 전반적으로 살펴봐야 할 때이기 때문이다.

승진제에서 역할보직제로의 인사제도 혁신

관료주의의 수직적 경직성은 근본적으로 인사제도에서 비롯된다. 즉 교육행정의 인사제도가 관리자(교장, 교감, 장학사)와 평교사의 상하위계를 나누는 신분제처럼 작동하기 때문이다. 승진 여부가 승자독점형 권한 부여로 이어져 평교사의 열패감과 관리자의 독단적 리더십 구조를 강화시키는 악순환의 고리를 끊어야 한다. 학교를 권력 수평적인 공간으로 변화시켜야 한다. 특히 교장과 교감은 관리자로서의 업무가 중첩되어 교감의 업무가 지나치게 과중되고 교장의 업무는 과소화되는 경향이 있다. 업무가 중첩되는 교감직 자체를 폐지하고, 교장의 경우에도 행정복지전담팀을 관리하며 학교 교사들의 교육과정 운영을 지원하도록 고유의 역할과 책임을 분명히 할 필요가 있다. 궁극적으로는 교장임용도 주요 교육 선진국과 같이 승진보다는 보직이나 전직의 개념으로 전환해서 운영해야 할 것이다. 이를 위해서는 교장 자격 미소지자가 공모하는 내부형 교장공모제를 매년 대폭 확대하여 현재의 평점제 승진 방식을 완전히 대체하도록 해야 한다.

즉 관료주의의 궁극적인 해결책은 승진제 개념의 인사제도를 역할보직제로 전환하는 것이다. 교장직을 선출보직제나 내부공모제를 통해서만 입직할 수 있도록 제도를 개정한다면 학교 민주주의를 확고히 할 수 있을 것이다. 이를 통해 미래 학교는 관리자가 권력과 책임을 독점하고 운영하는 학교가 아니라 마을과 교직원, 학생들이 공동 운영하는 학교 권력 시스템으로 전환해야 할 것이다. 인사승진 제도의 전면적 개편이 어렵다면 교육청과 그 산하기관에서 근무를 시작한 장학사와 연구사가 학교에 교감으로 이직하지 않고, 교육청에서만 근무하도록 하는 투트랙제 인사제도를 먼저 시행해 볼 수 있다. 전문직을 학교 관리자로 승진하기 위한 지름길 정도로 이용하는 일부의 관료주의적 관습을 타파하기 위함이다. 이를 통해 북유럽의 교육 선진국과 같이 교장직, 전문직 이직이 승진이 아니라 보직이나 전직의 개념으로 인식될 것이다.

9장 포스트 코로나와 교육
우리는 어떻게 서로를 돌볼 수 있을까

'포스트 코로나'라는 신조어는 우리에게 피로감을 준다. 기존의 미래 예측과 다를 것 없는 대안들을 제시하며, '포스트 코로나'라는 근사한 이름표를 붙이는 화자들이 많기 때문이다. 그러나 나는 '코로나 이후의 교육'이라는 주제가 교육계에 시의적절한 화두를 던져 주고 있다고 생각한다. 이는 내가 '코로나 이후'에 대하여 미래를 점지하고 예언할 수 있는 특별한 혜안을 갖고 있어서가 아니다. 오히려 '오늘날의 교육'이 코로나라는 지형학적 단절에 의해 미래와 분절되고 단층화되어 표면에 노출되었기 때문이다. 이 절호의 기회를 놓쳐서는 안 될 것이다. 따라서 '포스트 코로나'라는 현상을 살피기 전에 우리가 가장 먼저 해야 할 일은, 코로나라는 사건이 우리의 과거와 현재 사이에 어떤 균열을 만들었는지를 검토하는 것이다. 즉 '포스트 코로나' 이전에 'Pre-Corona'는 무엇이었는지, 코로나 이후에 이전의 것(Pre-Corona) 중 어떤 것은 계속 이어질 부분이며, 어떤 것은 사라질 부분인지를 추려내는 것이다.

물론 내가 하려는 작업은 사료를 통한 고고학적 분석, 과학적 증명은 아니다. 오히려 그것은 객관적 데이터로 보이지 않는, 언어의 뒷면이나 요구의 여집합으로서의 욕망이다. 정신분석학자 라캉에 의하면 요구와 욕구, 욕망은 표현의 여부에 따라 구분된다. 요구(demand)가 언어로 표현된 욕구(need)라면, 욕망(desire)은 말로 표현되지 않은, 근본적으로 채울 수 없는, 그러기에 무의식적으로 계속 집착하게 되는 결핍이다. 배고픔으로 인해 생긴 욕구(need)가 아이의 울음을 통해 요구(demand)로서 표현된다면, 그래서 먹는 것을 통해 해결될 수 있다면, 우리는 표현할 수 없는 그래서 만족되지 않는 욕망(desire)을 죽을 때까지 안고 산다.

우리는 흔히 객관적 조사 결과로 나온 요구만 파악하고, 비전을 세우고, 사업을 계획한다. 그러나 이런 방식으로는 표현되지 않은 욕구, 더 나아가서 무의식적 욕망은 놓치고 만다. 욕망은 요구보다 훨씬 다채롭고 광범위한 데다 심지어 반대되는 운동성을 갖는 경우도 많다. 그럼에도 인간의 삶에서 요구보다 욕망이 어떤 선택을 이끌어 내는 더 강력한 동인이다. 요구나 욕구가 '생물학적 필요성'에서 나온다면, 욕망은 사회적 관계로 인해 발생한다. 라캉의 말대로 우리는 "타자의 욕망을 욕망한다". 따라서 사회를 변화시키기 위해 분석해야 할 것은 요구가 아니라 욕망이다. 그리고 때로는 단순히 분석에 머물 것이 아니라 사회적 욕망을 새롭게 주조하고 인위적으로 강화시켜야 한다. 미래를 예측하고 대비하는 것(유망한 일자리 등)이 아니라 미래를 주조하는 것, 그것이 바로 미래교육이다.

1. Pre-Corona(코로나 이전)부터 시작되었고, 앞으로도 이어질 욕망들

『인간의 조건』을 통해 한나 아렌트는 자본주의 사회에서 인간의 모든 활동(Vita activa)[145]이 노동(labor)으로 축소되어 버렸다고 개탄한

145 Vita activa(활동적 삶)는 인간이 지상에서 살아가기 위해서는 묶일 수밖에 없는 세 가지 기본조건에 부합하는 노동, 작업, 행위를 포괄하는 '실천적 삶'을 의미한다. 노동은 탄생과 죽음의 생물학적 조건에 상응하고, 작업은 인공세계의 의존성에 부합하고, 행위는 다른 사람들과 함께 살 수밖에 없는 다원성에 부합한다. 여기서 중요한 것은 아렌트가 활동적 삶으로 표현되는 인간사를 정치적 관점에서 해석한다는 점이다. 고대 그리스에서 활동적 삶은 자유를 실천하는 '정치적 삶'만을 의미했다. 아리스토텔레스에 의하면 정치적 행위만이 정치적 실천이다. 그러나 고대 도시국가 폴리스의 몰락과 더불어 활동적 삶이란 용어는 본래의 고유한 정치적 의미를 상실하게 되었다. 이는 한편으로 활동적 삶의 위계를 변화시켜 행위를 노동과 작업 같은 필연적 활동으로 축소시켰으며, 다른 한편으로 관조적 삶(Vita contemplativa)만이 유일하게 자유로운 삶의 방식으로 이해되는 결과를 초래했다(한나 아렌트(2019), 『인간의 조건』, 이진우 옮김, 한길사, 441쪽).

다. 인간에게는 다른 사람과 함께 세상을 바꾸고자 하는 '정치적 욕망(**행위**, action)'과 자신의 작품을 통해 세상에 기여하고자 하는 '제작자로서의 욕망(**작업**, work)'이 있는데, 자본주의하에서는 의식주를 영위하기 위한 노고이자 생존을 위한 욕구(**노동**, labor)만 발휘할 수 있게 되었다는 것이다. 우리는 소비를 통해 자신의 욕망(취향 존중)을 충분히 펼치고 있다고 착각하지만, 소비와 노동은 자본의 자기증식과정을 위한 동전의 양면일 뿐이다. 소비를 위해 어쩔 수 없이 견뎌야 하는 시간으로서 노동은 우리를 끊임없이 착취한다. 소비의 양이 아무리 커져도 우리의 만족감은 커지지 않는다. 우리가 진짜로 원하는 것은 그러한 의식주에 대한 욕구가 아니라 행위(action)와 작업(work)에 대한 욕망이기 때문이다.

1) '자기표현'에 대한 욕망

한나 아렌트가 이야기한 이 두 가지 '공적 욕망' 중 '작업(work)'에 관한 대중의 열망이 엿보이는 현상들이 있다. 바로 <알쓸신잡>이나 <지대넓얕> 같은 교양예능의 유행이다. 물론 EBS나 KBS 같은 공영방송에서도 교양 프로그램을 꾸준히 시도해 왔다. 그때와 다른 현상은, 한 명의 강사를 통해서 교양이 일방향적으로 전수되는 것이 과거의 방식이었다면, 현재의 교양 프로그램에서 교양은 하나의 즐길 거리로서 향유되고 있다는 점이다. 비유하자면, 도올 김용옥의 강의는 교재를 사서 정자세로 메모하며 들어야 한다면, <알쓸신잡>이나 <지대넓얕>은 친구와 같이 밥 먹고 술 마시며 수다 떠는 기분으로 들을 수 있다. 내가 교양 프로그램의 유행을 '자기표현'에 대한 욕망의 분출로 짐작하는 이유이다. 시중의 다양한 평생학습 프로그램 중에서 '글쓰기 강좌'의 비중이 늘어난 것도 같은 맥락이다. 이제 대중은 남의 이야기를 일방적으로 들어야 하는 입장에서 벗어나 나의 이야기를 동등한 입장에서 펼치고 싶어 한다.

경제학자들이 각 국가의 개별성을 포착하기 어려운 GDP 등의 개량적 지표 대신에 콜라지수, 빅맥지수를 사용하듯이 문화학자들은 공방지수를 이야기한다. 한 지역사회의 경제적 수준이 어느 정도 이상의 반열에 들어서기 시작하면, 마을에 공방이 생기고 목공이나 도공 같은 취미를 시도

하는 사람들의 숫자가 늘어난다는 것이다. 목공 동호회의 유행은 우리 사회가 단순히 '잘 먹고 잘 사는 수준'을 넘어섰고 다음 단계로, 이를테면 문화선진국으로 이행 중이라는 지표로 볼 수 있다는 것이다. 글쓰기 강좌나 글쓰기 관련 책이 쏟아져 나오는 현상은 '나도 저자가 되고 싶다', 즉 더 이상 강좌를 듣기만 하는 소비자가 아니라 생산자가 되고 싶다는 욕망이 인문학 시장에 분출되고 있다는 것을 의미한다.

문제는 아무리 글쓰기 강좌를 많이 듣고, 글쓰기 테크닉을 연마한다고 해서 평범한 시민이 지역사회에서 등단할 수 있는, 아니 글 한 편 기고할 수 있는 판(scene)이 구축되어 있지 않다는 것이다. 이 문제에 대해서는 대안 도출을 다루는 뒷부분에서 더 살피자. 내가 여기서 말하고자 하는 요점은 우리 사회가 '기본적 삶의 조건(노동)'을 욕구하는 사회에서 자기표현(작업=나의 작품)을 욕망하는 사회로 이행하고 있다는 것이다.

2) '공적 인정'에 대한 욕망

위안부 피해자 이용수 할머니가 정의기억연대(이하 '정의연') 전 이사장 윤미향 씨를 공개 비판한 사건은 활동가와 대중이라는 관계 구도에서 거대한 분열음을 들려주었다. 윤미향 씨의 경우 1992년 한국정신대문제대책협의회(정대협) 간사로 시작해서 2020년 정의연 이사장까지 30년 가까이 이 문제를 붙들어 온 활동가였다. 회계 비리 등 법적 판단은 아직 결론이 나지 않았고 내 관심사도 아니다. 이 사건에서 나의 흥미를 끌었던 부분은 "정대협이 위안부 피해자를 이용했다"라는 이용수 할머니의 외침이었다. 하부에서 진행되어 온 활동가(혹은 이론가)와 대중 간의 신뢰 붕괴 그리고 '언어의 불화'라는 보편적 현상이 표면화된 사례처럼 보였기 때문이다.

<표 8> 세 가지 세계와 주체의 세 가지 역할[146]

	공간	삶	역할	언어	자아의 이름
1세계	제도권의 세계	일상적 삶	대중	제도권의 언어	신상명세서 상의 본명
2세계	운동현장	활동적 삶	활동가	저항공동체의 언어	별명
3세계	담론의 영역	사색적 삶	이론가	미래의 언어	필명

위 표는 사회적 자아의 세 가지 층위를 언어와 공간, 역할이라는 측면에서 분류한 것이다. 대중이 사용하는 언어가 일상적 삶에서 사용되는 표준어라면, 활동가는 현재의 세상을 진보시키기 위한 운동의 언어를 사용한다. 그리고 이론가는 담론의 영역에서 미래를 예지하고 변화시킬 의도로 조율된 사상의 언어를 사용한다. 대중의 언어가 제도권에서 통용되고 누구에게나 이해될 수 있는 언어라면, 활동가와 이론가의 언어는 각각의 영역에서 전문용어 내지 방언처럼 쓰인다. 그러나 오히려 이 세 가지 언어는 그 쓰임의 범위에 반비례한 사회적 위계를 가지고 있다. 이론가의 언어는 뉴스와 기사 말미에 언급되어 어떤 의견에 대한 전문가의 권위를 부여하며, 활동가의 언어는 들리지 않는 피해자의 목소리를 대변하는 대리자의 권위를 갖고 있다. 그러한 사회적 역할 나눔에 대한 분열이 발생하기 시작한 것은 대중이 SNS라는 매체를 통해 자신의 목소리를 퍼뜨릴 창구를 갖기 시작하면서이다. SNS 안에서는 이론가와 활동가의 언어가 대중의 언어와 위계적으로 구분되지 않는다. 다만 좀 더 '좋아요'를 많이 받는 인플루언서[147]와 그렇지 않은 사용자로 나뉘게 된 것이다. SNS에서 유명해지고 명성을 얻기 위해서는 나의 말을 잘 가다듬어야 한다. 수많은 계정과 비슷한 콘

146 「신자유주의 시대의 공공성 위기와 '새로운 운동주체'의 도래」(성공회대 사회학과 석사논문, 165쪽).

147 특정한 SNS 플랫폼 안에서 명성을 얻고, 이를 이용하여 수익을 얻는 SNS 이용자들.

텐츠상에서 군계일학이 되기 위해서는 콘텐츠가 독창적이어야 할 뿐만 아니라 편집 이미지나 사진발, 발음이나 외모 등 내용을 담고 있는 형식도 중요하다.

그들이 보기에 활동가와 이론가는 재미도 없고 감동도 없는 콘텐츠를 알아듣지 못할 방언으로 지껄이는 사람에 불과하다. 더 나아가 실력도 없이 명성자본을 독점하고 있는데, 그 과정은 다른 사람들의 사례와 목소리를 강탈하는 것처럼 보인다. 요컨대 대중들은 수평적 발언 창구인 SNS을 통해 셀럽들의 명성자본 습득 과정을 지켜보고 그들의 명성에 대한 시기심을 갖게 된다. 이는 수평적 경쟁조차 겪지 않고 발언권을 독점하는 활동가와 이론가를 저격하는 스캔들로 이어질 수밖에 없다. 사적 대화를 소설에 무단 인용했다는 지인들로부터의 비판으로 젊은작가상까지 반납하게 된 소설가 김봉곤[148] 씨의 사례와 삼성 반도체 피해자를 대변하여 오랫동안 이론적 작업을 해 온 K교수[149]가 개인정보 침해로 고소된 사례는 모두 같은 선상에 있는 사건들인 것이다. 이론가와 활동가는 그저 피해자들의 이야기를 팔아먹고 유명해지는 셀럽들인 것이다. 겉으로 보이는 대의나 이론은 더 이상 중요하지 않다. 어떤 활동가나 이론가의 언행이 아무리 자기희생적인 헌신처럼 보일지라도 대중들은 그들의 언어를 그대로 믿지 않는다. 저 헌신적인 외양의 속내에는 유명해지고 싶다는 본심이 있을 것이라고 의심한다. 이른바 386세대의 진정성 주체[150]를 끝장내는 냉소주의적 믿음이다.

여기서 내가 더욱 주목하는 지점은 타인의 명성자본을 시기하거나 그것을 빼앗는 방편으로 타인을 저격하는 인터넷 문화이다. 사회적으로 떠들썩한 이슈가 되는 미투가 아니더라도 저격은 하나의 일반적 문화이

148 「사적 대화 인용 소설가 김봉곤 젊은작가상 반납」, 『미디어 오늘』, 2020년 7월 21일.

149 「9년간 쓴 가명 책에 인용했는데… 法 "그것도 개인정보 침해"」, 『중앙일보』, 2020년 7월 25일.

150 김홍중 교수의 『마음의 사회학』은 이런 주체를 설명하고 있으며, 저자 본인도 진정성 주체로서 노스탤지어적 과거를 그리워하고 있는 것 같다.

다.[151] 특히 청소년들은 누군가 자신을 저격할지 모른다는 공포 때문에 온라인뿐만 아니라 오프라인상에서도 자신을 완전히 드러내지 못한다. 중고등학교의 담임교사들이 학급을 맡고 반 학생들에게 가장 많이 듣는 부탁은 사소한 가정사나 개인정보가 친구들에게 절대 공개되지 않게 해 달라고 하는 신신당부이다. 아무리 친한 사이일지라도 조금이라도 틀어지면 자기 약점을 이용해 공개 저격당할 수 있기 때문이다.

나는 이런 증상 이면에 대중들의 '공적 인정'에 대한 강렬한 욕망이 놓여 있다고 생각한다. 이런 시각에서 볼 때, 가짜 뉴스나 '우리 편 전문가' 현상[152]에 대한 분석을 확증 편향이나 반지성주의로 간단히 취하해 버릴 것이 아니라 발언권을 둘러싸고 대중들에게 타는 목마름이 있다는 것을 간파해야 한다. 그들은 '공적 담론장'에서의 발화(행위, action)를 통해 '공적 인정'을 받고 싶은 것이다. 따라서 우리는 코로나 이후의 교육을 상상하면서 학생(더 나아가 시민)들의 자기표현에 대한 욕망(작업, work)과 공적 인정에 대한 욕망(행위, action)을 어떻게 하면 충족시키는 수단으로서 공적 플랫폼의 새로운 구축을 고민해 봐야 한다. 이 질문이 코로나 이전과 이후가 크게 달라지지 않는 욕망에 근거한다면, 앞으로 다룰 욕망은 코로나 이후에 새롭게 부상하는 욕망들이다.

151 「[내 아이의 유튜브] "저격합니다", "해명하세요"… 10대는 총성 없는 전쟁 중」, 『서울경제』, 2019년 8월 28일.

152 전문가의 견해를 청취함으로써 객관적 실체에 대해서 지식을 얻고, 자신의 의견을 교정하는 것이 아니라, 자신이 갖고 있는 주관적 느낌과 경험에 근거한 판단을 뒷받침해 주는 전문가들의 견해만을 편파적으로 수집하고 인정하는 세태를 뜻한다.

2. Post-Corona(코로나 이후)의 욕망들

1) 돌봄에 대한 욕망

코로나로 인해 각 학교의 교육은 전일제 혹은 격일제 방식의 비대면 수업으로 전환되었다. 이는 단순히 온라인 수업의 질에 관한 논쟁뿐만 아니라 '학교가 왜 필요한가?'에 대한 근본적 질문을 낳게 되었다. 교사들 사이에선 준비 안 된 온라인 수업이 가능할 것인가라는 회의감이 시작부터 있었지만, 어쨌든 6개월이 지난 현재 상황을 보면, 출석률이나 수업진도율 같은 기본적 지표는 꽤나 준수한 결과가 나오고 있다. 물론 학생들이 수업에 집중하고, 이를 통해 진정한 배움이 일어나는지 여부는 또 다른 문제이다. 다만 학생들이 통학하지 않으면 교육이 불가능할 것이라는 전제가 깨졌다. 지식전달의 독점 창구로서의 학교가 온라인 수업이나 다른 온라인 콘텐츠, 사교육 등으로 완전히 대체 될 수 있음이 증명된 것이다. 그러면 물리적 공간으로서의 학교는 이제 더 이상 쓸모없는 것인가? 학부모들은 학교의 필요성을 지식 습득과는 다른 분야에서 절실히 느끼게 되었다.[153] 24시간을 자식들과 부대껴야 하거나 집에 방치해 둬야 하는 학부모들의 피로감과 불안감이 극에 달했던 것이다. 학생들이 우스갯소리로 하던 "공부하러 학교 가니? 밥 먹으러 학교 간다"라는 말이 더 이상 농담처럼 들리지 않게 되었다. 급식을 포함해서 학교가 제공하는 돌봄의 양이 상당했던 것이다.

나는 지식전달 및 취업 준비 기관으로서의 학교의 역할이 끝났다고 생각하며, 코로나 이후 학교는 '돌봄의 시대'에 대응하는 예비기관이 되어야 한다고 생각한다. 이는 교사나 학교 교직원들이 학생들을 향한 교육 서비스 활동을 포기하고 돌봄 서비스를 더욱 알차게 제공해야 한다는 주장이 아니다. 오히려 학교에서 학생들이 돌봄의 역량을 연마함으로써 지역 공동체에 기여할 수 있는 돌봄의 주체가 되어야 한다고 생각한다. 돌봄이라는 개념을 일방향적 서비스가 아니라 모두가 기본적으로 갖추어야 할 역능, 즉 '자기배려와 타자배려'의 기술로 이해해야 한다.

153 「속 타는 맞벌이 가정… 코로나 재확산 '2차 보육대란' 촉발」, 『중부일보』, 2020년 8월 31일.

우리는 지금까지 돌봄을 지원이라고 생각해 왔다. 비서들의 수발노동처럼, 주체가 있고 이를 뒷받침하는 지원 서비스가 있는 것이다.[154] 자식이 어릴 때는 반찬을 떠먹여 주고 커서는 대학교 성적이 낮게 나온 것까지 대신 항의하는 헬리콥터 맘[155]을 연상해 보면 좋을 것이다. 자기 방을 갖게 된 1980년대 이후의 청(소)년들은 스스로 밥해 먹는 역능은커녕 자기 속옷 하나 갤 줄 모른다.[156] 일상의 너무 많은 부분을 타인의 지원에 의탁하고 있기 때문에 공기처럼 당연한 그 돌봄 서비스에 감사할 필요성을 느끼지 못한다. 오히려 나를 지원하고 보조하지 않는 타자를 견디는 역치가 매우 낮아지게 되었다. 노파심에 강조하자면, 여기서 내가 이야기하는 청(소)년은 세대론으로서의 청년이 아니라 시대정신에 민감하기에 코로나 이후의 주체를 노골적으로 잘 구현하고 있는 동시대인의 대표자일 뿐이다.

이제 우리는 타인을 너무나 쉽게 절삭할 수 있다. 요즘 청(소)년들이 '손절'했다는 표현을 많이 사용하는데, SNS에서 친구 삭제 버튼을 누르듯이 (마치 처음부터 없었던 존재인 것처럼) 친구를 삶에서 제거하는 것이다. 우리가 동네 슈퍼 대신에 대형 마트를 이용하는 이유는 무엇보다 안부를 묻는 사적 관계가 절삭되어 있다는 심리적 편안함에 있듯이 코로나로 인한 비대면 배달의 발달은 그 편리성을 증대시킨다. 계산대의 사람이나 다른 쇼핑객들조차 마주치지 않고(타인과의 마주침을 완벽하게 도려낸 채) 물건만 받아 볼 수 있는 것이다.

따라서 공동체로서의 사회를 유지하기 위해서, 우리는 환대와 축복으로서의 새로운 의례를 발명해야 한다. 환대의 뜻이 존재 자체가 선물로서 환영받는 기쁨이라면, 축복은 더 큰 사회로 나아가고 사회를 변혁시키

154 『저렴한 것들의 세계사』에서 저자가 말하고 있듯이, 돌봄 노동은 그 사회적 가치에 비해서 그 중요성이 제대로 인정받지 못하고 있으며, 돌봄 노동자들에 대한 경제적 보상도 제대로 이루어지지 않고 있다. 교사들이 돌봄 전담자가 아니라 교육 전문가로 인정받고 싶어 하는 이유이다.

155 공공의료 확대에 반대하며 의사 국가시험 거부를 선언하고 의협의 협상안을 거부하는 등 강력한 반동의 뒤편에 헬리콥터맘이 있었다는 사실은 개탄스러우면서도 흥미로운 시대적 증상이다(「"의협에 의대생 학부모 항의 전화 잇따라", 정부여당 국시 추가접수 불가 방침에 해법 찾기 나선 醫」, 『청년의사』, 2020년 9월 7일).

156 미나미노 다다하루(2014), 『팬티 바르게 개는 법』, 안윤선 옮김, 공명.

고자 하는 목소리에 대한 응원이라고 할 수 있다.[157] 앞서서 이야기한 용어로 바꿔서 표현하자면, 우리는 학생들이 자기표현(**작업**, work)을 할 수 있도록 장을 마련하고, 정치적 참여를 통해 사회 변화에 기여할 수 있는 공적 기회(**행위**, action)를 제공해야 한다. 글이나 예술작품 등 자신의 작품을 통해서 환대받고, 지역사회를 변화시키는 주권자로서 축복받아야 하는 것이다. 사실 이는 학교라는 공간을 넘어 평생학습 클러스터[158]를 통해 이루어져야 한다고 생각하는데, 지역이라는 좀 더 넓은 단위에서 우리는 정치적 참여와 공적인정의 기회를 부여받을 수 있기 때문이다. 이런 점에서 공립학교의 돌봄(보육)교실, 방과후학교 등의 지자체 이양이 자기배려와 타자배려 기술을 증폭시키는 차원에서 논의되어야 할 것이다.[159]

2) 생태적 위기

우리가 익히 알고 있듯이 코로나19는 기후위기의 연결사슬 중 하나로서 발생했다. 인간의 자본주의적 욕심이 낳은 산림 파괴 및 사막화 등으로 인해 야생동물들은 보금자리를 잃고 말았다. 그들이 집을 잃고 인간의 거주지에 가까이 오면서 인수공통 감염병이 증가한 것이다. 극지방의 빙하가 녹아내리면서, 빙하 안에 빙결되어 있었던 여러 가지 바이러스가 대기 중으로 퍼져 나오고 있는 것도 하나의 요인으로 꼽히고 있다. 무엇이 직접적 원인이든 분명한 것은, 코로나19는 일회성으로 끝날 사건이 아니라 앞으로 계속될 기후재난의 일부일 뿐이라는 것이다. 장마는 매년 역대 최장의 기록을 갈아치우고, 태풍은 올 때마다 역대 최강이라는 타이틀을 갈아치우며 연이어 오고 있다. 코로나21, 코로나22 등으로 계속될 바이러스들과 일련의 기후위기가 가리키는 것은 최후의 파국까지 얼마 안 남았다는

157 엄기호, personal communication.

158 내가 지칭하는 이 클러스터는 동사무소 문화센터, 작은 도서관, 문화의 집, 평생학습센터 등 주민들의 평생학습을 전담하고 있는 지자체 및 사단법인뿐만 아니라 미술관, 국립무형유산원, 출판문화산업진흥원, 한국전통문화전당 등 지역의 문화적 공간으로 역할을 하는 모든 공공 공간을 포함한다.

159 「교총, 전교조 "방과후학교, 돌봄교실 업무, 지자체 담당해야"」, 『연합뉴스』, 2020년 5월 21일.

경고장이다. 생태학자들은 지금과 같은 속도라면, 기후파국[160]까지 10년이 채 안 남았다고 말한다. 남은 시간 동안 우리가 할 수 있는 일은 크게 두 가지이다.

첫째, 테라포밍(Terraforming).

화성 등 지구가 아닌 다른 행성을 지구의 생태계와 비슷하게 만들어 인간이 살 수 있게 만드는 것이다. 일론 머스크가 스페이스X와 테슬라 등의 첨단 기술 회사를 차린 이유로도 잘 알려져 있다.

둘째, 생태적 전환.

자연 생태계 전체를 노예화시키고, 필요 없는 것은 파괴시키며 달려온 폭주를 멈추고 인류 문명의 새로운 방향을 설정하는 것이다.[161]

아이언 맨의 실제 모델이기도 한 머스크의 방식(또 다른 식민지를 건설하는)이 멋져 보일 수도 있지만, 10년 안에 실제로 가능한 방법은 '생태적 전환'밖에 없다고 생각한다. 테라포밍을 위한 1단계 작업(산소 공급)조차 도달해 있지 못하기 때문이다. 그러나 대량생산하고 대량소비하며, 대량으로 쓰레기를 만들어 내는 시스템이 제공하는 타락한 안락함과 몽매한 편리함에 우리 모두가 길들여져 있기 때문에 생태적 전환도 쉬운 방법은 아니다. 우리의 교육적 역량을 모두 이 방향에 투자한다고 해도 10년 안에 전 국민의 세계관을 바꿀 수 있을지 미지수이기 때문이다.

혹자는 재난 시대에 어울리는 재난학교를 제안하기도 한다. 이는 세월호 이후 초등학교에 증설된 안전교과처럼 단순히 안전이나 생존기술을 가르치자는 의미는 아니다. 발전주의 시대에나 어울리는 기존의 교육 시스템을 버리고, 생태적 전환이라는 시대적 긴급성 아래 교육 시스템 자체를

160 지구 생태계가 붕괴해 인간의 개입과 상관없이 기온이 걷잡을 수 없이 올라가는 지점을 뜻한다.

161 인류의 이 파괴적 역사는, 짧지만 인상적인 애니메이션 <MAN>이 잘 묘사하고 있다. 유튜브에서 검색하면 시청할 수 있다.

새롭게 구축하자는 요청이다. 공교육에 대한 새로운 지칭으로 재난학교라는 명칭을 사용하는 것에 거부감을 느끼는 사람이 있을 수도 있다. 재난이라는 것이 너무나 특수하고 한시적인 현상을 다루는 것처럼 보이기 때문이다. 그러나 포스트코로나 시대는 재난과 일상이 역전된 시대이다. 긴급재난문자 수신음이 하루에도 수십 건씩 요란하게 울려 댄다. “동네에서 확진자가 발생했다”, “산사태가 예상된다”, “강력한 태풍이 몰려오고 있다”, “홍수로 인해 하천 범람이 예상된다” 등등. 비상사태가 일상화되고, 조용하고 평범한 하루는 비일상이 된 것이다. 재난이 일상이 된 세상 속에서 우리는 무엇을 가르치고 배워야 하는가?

불안감이 높은 사람 중에는 생존이나 안전을 도모하는 기술을 배우기를 원하는 사람도 있다. 지구의 몰락을 예측하고 화성에 신도시를 건축하려고 하는 일론 머스크만큼이나 뛰어난 예지력과 빛나는 통찰력으로 미리 지하벙커를 구축하고 비상식량을 쌓아 두는 갑부들도 있다. 그러나 지하벙커에 홀로 살아남는다 한들 그게 삶으로서 어떤 의미가 있는가? 재난학교는 재난이 일상이 된 세상, 즉 지속되는 격리와 지속되는 재난을 어떻게 버틸 수 있을지 그 힘을 길러 줘야 한다. 경제라는 절대언어로 무한한 성장만을 도모해 온 우리들이 다른 언어로 갈아타야 될 때인 것이다.

돌봄과 생태라는 언어는 경제성장이라는 명령어를 대신할 수 있을까? 코로나19 팬데믹 하나만 하더라도 과학자(네이처)들은 2025년까지 지속될 것이라 예측한다. 사회경제적으로 보자면 코로나 불황과 마이너스 성장이 단기적인 현상이 아니라 영속화된다는 의미이다. 패스트 패션과 같이 식민지 노동력과 자연을 착취해 물건을 과도하게 생산하고 빠르게 소비시키는 삶의 사이클을 바꿔야 한다. 지역나눔장터와 리폼클래스(해킹스페이스)에서 재생산의 기법을 익히며 소비가 주는 향락을 다른 향락으로 대체해야 한다. 보여 주기 위한 사치, 타인과의 물질적인 격차를 과시하려는 욕망에서, 과거의 자신과의 정신적 격차, 즉 인문학적 교양에서 오는 기쁨으로 욕망의 단계가 넘어가야 한다. 따라서 그린 뉴딜은 거대한 공공건축 사업에 공적 예산을 투자하는 새로운 사업이 아니라 인문학적 정신세계를 지역사회에 건축하는 일이 되어야 할 것이다. 물질이 아니라 정신을 건축해야 한다. 이것이 코로나 이후 (평생)교육의 과제이다.

3. 대안 도출: 작업-노동-행위 연결망이 선순환하는 마을학습공동체

1) 작업: 글쓰기 판(scene)의 창출

나는 앞에서 우리 사회의 구성원들에게 '자기표현'에 대한 욕망이 넘쳐나는 데 반해 그것을 풀어낼 판이 준비되어 있지 않다고 지적했다. 자신의 작품을 통해서 자아를 표현하고 발견할 수 있다는 아렌트의 작업(work) 범주 중 내가 특히 주목하는 것은 글쓰기이다. 생태적 전환 사회에서 더욱 가열차게 생산해야 할 것은 물질적 작품이 아니라 정신적 작품이기 때문이다. 따라서 불황과 재난에 대응하기 위한 공공예산이 투입되어야 할 분야 중 하나가 지역의 글쓰기 판(scene)이다. 각 시군 단위마다 정기적으로 간행되는 인문학 저널과 이에 연계된 온라인 웹진을 만들되, 스포츠 리그처럼 2부나 3부제로 운영할 것을 제안해 본다. 최하부 리그인 3부 리그는 온라인 게시판에 기고하는 것이고, 누구의 글이든 가리지 않고 실어 준다. 여기서 엄선된 글은 원고료를 지급하고 2부 리그인 온라인 웹진에 게재한다. 그리고 웹진의 글 중에서도 우수작을 선발해 지역 곳곳에 배포될 인쇄물로 출판한다. 기획연재물의 경우 지역 서점과 연계해 단행본으로 만드는 것을 장려한다. 인문학 저널이 지역 작가의 등용문이자 지역 독자를 넓히는 선순환으로 이어지는 것이다.

2) 행위: 아고라의 개설

자기 지역의 도의원, 시의원에게 소요되는 예산을 아까워하는 지역 주민들이 많다. 지역민들의 삶 가까이서 피부로 느껴질 정도로 열심히 일할 것이라는 기대감이 없기 때문이다. 오히려 국회의원들이 지역 정치인들보다 더 가깝게 느껴지는 이유는 뭘까? 국회의원들은 TV나 라디오, 신문 등을 통해서 자주 노출되는 데 반해, 지역에는 아고라(정치적 논쟁의 장)가 없기 때문이다. 물론 지역사회에도 지역 신문을 포함하여 정치인의 활동을 소개하는 면은 존재하지만, 평범한 시민들의 정치적 목소리를 담을 수 있는 공간이 부족하다. 앞선 말한 지역 저널에 오피니언 코너를 개설하면 어떨까? 다만 오피니언 코너는 편집자의 주관에 의한 선택보다는 조회 수가 높은 글들 그리고 찬반의 의견을 대표할 만한 글들을 균형 있게 지면에 실어 주는 게 중요할 것 같다.

문제는 대부분의 에너지를 회사생활에 빼앗기는 직장인들이 정치에 참여하기 어렵다는 점이다. 먹고살기도 바쁜 사람들에게 지역 정치에 참여하라고 하면 지나치게 한가한 이야기처럼 들릴 것이다. 이것에 대한 대안이 '전 국민 학습연구년제'다. 지금 미국에서는 코로나로 인한 실업률이 30% 이상이 될 것이라 예측한다. 대규모 실업으로 인해 발생할 사회 혼란을 막기 위해 떠오른 대안 중 하나가 '전 국민 고용제'이다. 노동자들의 근무 형태 및 근무시간에 상관없이, 코로나 이전 수준의 임금을 국가가 보존해 주는 것이다. 여기서 더 나아가 이러한 공적 예산을 더욱 혁신적으로 사용해 보면 어떨까? 즉 일자리를 잃어버린 노동자나 일자리 감축을 고민 중인 기업·기관을 대상으로 1년 이상의 유급 학습연구년제를 시행하는 것이다. 청년 고용 문제 및 실업자 문제를 해결할 수 있을 뿐만 아니라 평생학습을 활성화할 수 있는 계기가 될 것이다. 기업과 같은 사용자 입장에서도 소속 기관의 재직자에게 비교적 장기(1-2년)의 재교육 기회를 부여하기 때문에 매력적인 정책[162]이 될 수 있다. 코로나 불황의 재앙적 실직난도 막고 지역사회를 전환시키는 인재들도 늘리는 일거양득의 정책이 될 것이라 생각한다.

3) 노동: 공동체 매개자 양성

연구년제로 지역에서 자유로운 삶을 영위할 수 있게 된 사람들이 대

162 채창균·조희경·백원영·송선혜·강일규(2019), 「일-학습 선순환체제의 도입을 위한 정책방안 연구」, 한국직업능력개발원.

량으로 늘어나게 된다면, 이들이 지역사회에서 활동할 수 있도록 훈련시키거나 학습의 네트워크로 연결될 수 있도록 돕는 사람들도 필요하다. 앞서 7장에서 내가 '마을학습 코디네이터'를 제안했는데, 이번에는 '전환 코디네이터'에 대해서 이야기해 보고 싶다. '전환 코디네이터'는 지역사회에서 다양한 분야에 걸쳐 생태적 전환을 돕는 전문가이다. 좁게는 지역 텃밭을 통해서 교육농을 가르치고, 로컬마켓을 개설해 중고품이나 리사이클링 물건이 교환되게끔 하는 매개자 역할을 하는 것이다. 전환 플랫폼의 구축을 위한 안내자로서 각 부문에서 세부적으로 전문화될 수도 있다. 예를 들어 냉난방에 많은 비용이 소모되는 전면유리식의 건물을 탄소제로(Net-Zero) 건물로 리모델링하는 것은 우리 사회의 전환 과제 중 하나이다. 그러나 그 필요성에 대하여 대중들의 인식도 낮고, 전환에 대한 구체적 노하우(Know-How) 자체에 접근하기가 어렵다. '전환 코디네이터'가 주민들에게 생태적 전환 교육뿐만 아니라 지역의 그린스마트 건축가(청년 스타트업)와 국가보조금에 연결될 수 있도록 다리 역할을 하는 것이다.

'전환 코디네이터'와 함께 앞에서 이야기한 지역 인문학 저널을 편집할 인문매개자들도 양성해야 한다. 예컨대 대학 바깥의 인문학 연구자, 인문학 공동체 활동가, 독서모임 활동가, 인문학 프로그램 기획가 등이 지역 저널의 편집자 및 실무자로 일할 수 있도록 하는 것이다. 인문매개자의 양성과 역량 강화는 곧 지역 인문학 생태계의 기반을 두텁게 조성하는 것이며, 자생적 시민 학습 모임의 활성화로 연결될 씨앗을 기르는 것과 같다.[163] '전환 코디네이터'나 '인문매개자'를 위해서 많은 공간이 신축될 필요는 없다[164]고 생각한다. 문화관광부가 전국 각지에 '작은 도서관'을 설립해 이미 7,000개가 넘는 인문 공간이 네트워킹되어 있다. 걸어서 10분 안에 도달할 수 있는 마을의 작은 공간들에서 '전환 코디네이터', '인문매개자'들이 작지만 큰 변화를 일으키는 날을 꿈꿔 본다.

163 성기석(2107), 「시민인문 세미나 발전 방향」, 2017 전주평생학습포럼, 전라북도 전주시.

164 코로나 불황으로 공실이 발생할 많은 상업용지 중 마을 주민들의 접근도가 높은 곳들을 지자체가 선별적으로 낮은 가격으로 매입해서, 공공 공간으로 리모델링하는 것도 좋은 방법이다.

3부를 닫으며: 점에서 면으로

(국공립)학교 밖에는 비인가형 대안학교 등 의미 있고 재미있는 실천이 많이 존재하며, 여러 가지 인상적인 외국 사례도 있었다. 그러나 이런 사례들을 소개하면 비현실적이고 이상적인 이야기라는 비판을 많이 받는다. 우리의 마을교육공동체 운동은 지나치게 학교 중심적이기 때문이다. 따라서 본서에서는 기존의 학교 체계와 접목할 수 있게 교육청과 지자체가 마을 단위에서 협력할 수 있는 대안들 위주로 추려 보았다.

오늘날 대부분의 도시 주민들, 특히 서울 시민의 경우 점점 지역성이 부재한 삶을 살고 있다. 즉 물리적 이동이 웹서핑을 하는 것과 다를 바 없어졌다. 우리 집이라는 점에서 출발해서 목적지라는 점에 도착한다. 지하철이나 버스를 타는 순간 스마트폰 속의 사이버 공간이 열리며, 지역성이라는 물리적 공간은 닫혀 버린다. 정류장에서 내려서 집까지 걸어가는 그 공간조차 풍경으로 존재할 뿐 나와 내밀한 관계를 맺지 못하고 있다. 오로지 9동 1008호라는 점으로 빠르게 이동하기 위해 (때로는 스마트폰으로 지하철 몇 번 칸에서 내려야 하는지 계산해 가며) 최단 거리를 찾을 뿐이다. 동네에서 눈길이 닿는 대부분의 공간이 나와 내밀한 관계를 맺을 수 있는, 그런 마을교육이 대한민국 곳곳에서 이루어지길 꿈꿔 본다. 고독한 점과 점들을 연결하고 선과 면으로 직조하는 그런 시도 속에 희망이 있다.

부록. 북유럽 탐방기

북유럽 학교 너머 우리의 미래를 설계하다

나는 2017년 9월 전북교육정책연구소 소속으로 북유럽 3개국(덴마크, 스웨덴, 핀란드)의 학교 및 교육기관을 다녀왔다. 7박 9일의 짧은 경험이었지만 인상적인 기억을 중심으로, 여러 가지 참고 문헌을 덧붙여 소회와 우리 교육에 주는 시사점을 밝히고자 한다.

1. 덴마크 Freinetskole(초등학교)

북유럽 탐방의 시작은 덴마크였다. 우리는 9월 18일 월요일 아침 10시쯤에 Freinetskole에 도착했다. 이 학교는 공립형 프레네 학교[165]로 유명한 학교였다. 학교는 코펜하겐 중심가에 있었으며, 알록달록하게 학생들이 만든 벽화가 멋지게 담벼락을 장식하고 있었다. 그 벽화에는 평등한 교육, 동등한 발언권, 성평등과 같은 학교의 교육 이념이 담겨 있었기 때문에, 더욱 의미 있게 다가왔다. 담벼락을 지나 학교 건물 안쪽으로 들어가자 교장과 학생들 10여 명이 마중 나와 있었다. 그 학생들은 같은 수업을 듣는

[165] 프레네학교는 현대 프랑스의 혁신 교육학자인 셀레스텡 프레네(1896년~1966년)의 사상을 따르는 학교이다. 보통 사립학교로 운영되는데, 우리가 방문한 학교는 공립형으로 운영되어서 더 흥미롭게 살펴볼 수 있었다.

또래끼리 3팀으로 나뉘어 우리 방문팀을 따라다니며 안내해 주는 역할을 했다. 그렇게 학교 곳곳을 돌아다니며 학생들에게 장소에 대한 설명을 들었다.

학생들이 직접 그린 벽화는 문화·성별·인종 다양성을 포용하는 내용을 담고 있었다.

학교는 작은 규모의 건물임에도 불구하고 목공실, 미술실, 요리실습실, 음악협주실, 실내체육관 등의 특별실을 갖추고 그 안에는 우리와 다르게 꼭 필요한 도구들로 꽉 차 있어서 'Learning by doing'을 교육의 최우선 방법론으로 사용한다는 것을 느낄 수 있었다. 특히 야외 운동장과 야외의 숲이 학교 건물을 둘러싸고 넓은 면적을 차지하고 있었다. 운동장에는 나무와 바위로 만든 다양한 놀거리들이 있었는데, 우리나라처럼 규격화되어 있는 놀이기구라기보다 재료의 특성을 그대로 살린 투박한 형태가 많았다. 나무에 집을 지어 놓고 줄과 사다리를 매달아 놓고 자유롭게 오르내릴 수 있게 해 놓는 식이다. 특히 이와 같은 나무집이라든지 돌로 만든 거대한 모자이크 악어와 같은 작품들은 학생들이 직접 만든 것이었다. 학교 시설에 대한 학생들의 높은 기여도를 느낄 수 있었다.

나무와 어우러진 놀이터

가우디가 떠오르는 학생 작품

이 학교의 수업은 학생들을 연령에 따라 한 학급으로 구분한 채 진행되지 않는다. 홈룸(Homeroom)으로 불리는 학급이 배정되어 있기는 하지만, 이 학급에는 연령 차가 1~3살 정도 나는 학생들이 함께 편성되어 있다. 그것보다 중요한 것은 학생들이 자신들이 듣고 싶은 과목을 직접 선택한다는 것이다. 한국에서 미래교육과 관련해 자주 사용하는 용어로 표현하자면, 무학년제와 선택과목, 학점제 운영 방식이 이와 비슷하다. 학생들은 매주 월요일 첫째 시간에 시간표를 설계하는 시간을 갖는다. 먼저 교사들이 자신들이 하고 싶은 수업을 시간표에 시간별로 적고, 학생들은 그것을 보며 두 시간 동안 자신의 시간표를 직접 짠다. 그런데 자유 시간을 갖기 위해서 시간표 중간에 2~3시간씩을 비워 두기도 하고 자기 선호에 따라 특정 교과목에 편중되게 짜기도 한다. 그야말로 학생들의 자유도가 매우 높다.

프레네 학교의 학생들은 세 가지 영역에서 완벽한 자율성이 보장된다. 첫째는 시간 운영의 자율성이다. 이를테면 학교종이 울려도 학생들은 전혀 서두르지 않는다. 프레네 학교에서 등교할 시간을 결정하는 것은 바로 학생 자신이기 때문이다. 두 번째는 학습에 대한 학생의 주도권이다. 배움의 분량과 내용에 대해서 학생 자신이 결정하는 것이 프레네 학급의 특징이다. 어떤 시간에 어떤 일을 해야 하는지는 교사가 아닌 학생 본인이 가장 잘 알고 있다. 개별 학습도 있지만 그룹으로 함께 하는 경우도 많다. 마지막으로 공간 운영 방식의 자율성이다. 작업장이나 수업, 휴식을 위한 공간을 모두 학생들이 정한다. 글을 쓰기 위해서 조용한 곳이 필요하면 글쓰기 수업을 정원에서 할 수도 있고 녹음실을 이용해서 토론을 할 수도 있다. 이 모든 것을 결정하는 것은 바로 그 활동을 하는 학생들이다.[166] 교직원들은 학생들의 요구를 뒷받침하는 역할만 할 뿐이다.

교사들의
개설 희망 시간표

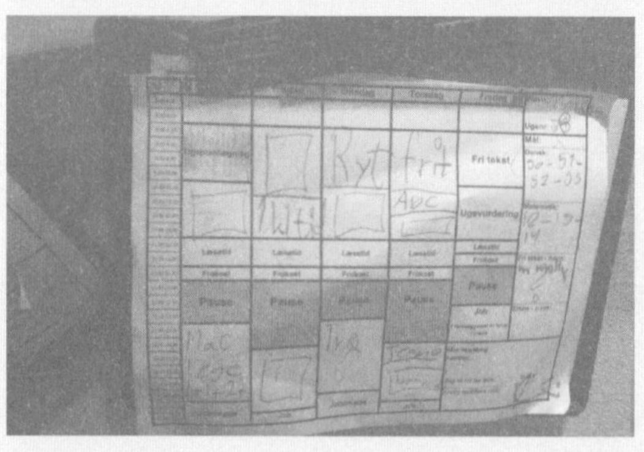

학생들의
자기 설계 시간표

166 올리비에 프랑콤·장 노엘 에반(2008), 『프레네 학교 이야기 첫 번째』, 성장학교 별 엮음, 도서출판 별, 109쪽.

Freinetskole의 수업을 가까이서 참관해 보니 학생들이 같은 교사의 지도 아래 각기 다른 교재와 진도로 공부하고 있었다. 두세 명씩 짝을 이루어 토의를 하는 경우도 있었으나 대부분 자기 자신의 선택에 맞추어 공부할 내용과 속도를 조절하고 있었다. 프로젝트 수업 또한 꾸준히 진행되고 있음을 확인할 수 있었는데, 학생들은 각자의 주제에 맞게 연구한 결과를 한 권의 책으로 만들어서 학급문고함에 전시해 두고 있었다. 프레네 교육에서 중요한 것 중 하나가 '학습인쇄기술'인데, 학생들의 글을 인쇄 및 출판하는 것을 목표로 자유글쓰기, 개별 학습과 공동 학습 계획, 탐사와 프로젝트법들을 활용해 수업을 구성한다. 인쇄활동은 수작업으로 하므로, 몸으로 일하는 교육, 즉 노작교육의 성격도 띤다. 이때 공동 작업과 공동적 협의 과정 역시 활발히 이루어진다. 학급 뒤편에는 컴퓨터가 5~6대 놓여 있어 공부를 하다가 자료 검색이 필요하면 자유롭게 사용할 수 있도록 했다.

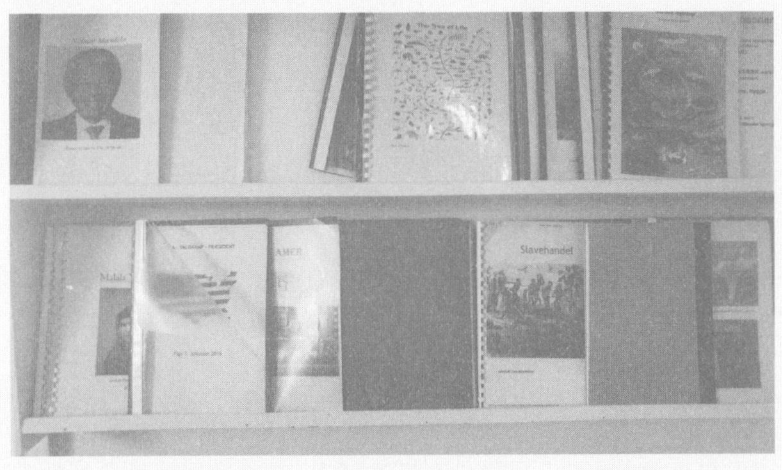

학생들이 '학습인쇄기술'을 적용해 직접 제작한 교과서

그 외에 프레네 학교의 전형적인 수업 방식 중 인상적인 것을 뽑아보면, 카드를 이용한 아틀리에가 있다. '자가수정카드학습법'이라고 부를 수 있는 이 방법은 교사들이 직접 제작하고 학생들이 자신의 실력을 스스로 점검할 수 있도록 카드를 사용하는 것이다. 카드는 하얀색, 초록색, 오렌

지색 세 가지로 나뉜다. 하얀 카드는 문제지이고 초록 카드는 하얀 카드의 답지이다. 개별 학습을 하는 학생은 하얀 카드를 가져다가 문제를 푼 후 초록 카드를 가지고 스스로 답을 맞춰 본다. 마지막으로 오렌지 카드는 이 단계를 모두 파악했는지, 다음 단계로 넘어가도 괜찮은지 알아보기 위한 테스트용 카드이다. 오렌지 카드의 답은 교사 앞에서 머리로 푼 후 제시한다. 아이들은 하얀 카드와 초록 카드를 가져다가 혼자서 공부를 한다. 하루에 몇 장을 풀든지 그것은 학생의 마음이다. 한 장을 끝내고 나면 스스로 수정한다고 해서 자가 수정이다. 이 카드 목록은 개인적으로 가지고 있는 것이 아니라 교실에 비치해 놓고 사용하는 공동 자료로, 아이들은 개별 학습 시간에 비치함으로 가서 자기 수준에 맞는 카드를 선택한다. 카드 학습을 하는 학생들이 "잘 모르겠어요, 어려워요"라고 도움을 청하는 순간이 있다. 그럴 때 교사는 바로 개입하기 전에 "누가 이 친구 좀 도와주겠니?" 하고 학생들에게 먼저 물어본다. 학생들은 보통 친구를 도와주겠다고 나서는데 만약 아무도 손을 들지 않으면 그때 교사가 개입한다. 이를 통해 협동심을 기르도록 하는 것이다. 만약 한 학생이 오렌지 테스트 1도 실패하고 테스트 2도 실패했다면 교사는 더 이상 그 학생에게 그 시리즈의 카드를 권하지 않는다. 대신 그 학생에게 직접 카드를 만들어 보라고 권한다. 그 학생이 자신의 수준에 맞는 테스트를 만들게 되면 새로운 수준의 카드를 창조하게 되는 것이다. 학생들은 이와 같은 방식으로 수학 교과 등을 자발적으로 공부한다.[167]

덴마크, 스웨덴, 핀란드의 기초 교육에서 공통적으로 목격한 풍경이 있다. 그건 바로 노작교육의 중시였다. 미술실에는 회화, 조소, 공예 등 다양한 활동 공간이 즐비하며, 재봉틀, 옷감을 짜는 베틀, 요리할 수 있는 첨단 조리대가 갖추어진 실습실이며, 기계톱, 선반, 밀링머신 등 마치 목공소를 방불케 하는 고급 공구들과 합판, 각목 등 재료들이 산더미처럼 쌓여 있는 공작실을 보며 입이 다물어지지 않았다.[168] 각종 밴드와 악기가 가득한

167 올리비에 프랑콤·쟝 노엘 에반(2008), 앞의 책, 50~66쪽.

168 오산시 스웨덴·핀란드탐방단(2011), 『발트해를 건너며 혁신교육을 꿈꾸다』, 독서시대, 165쪽.

음악실 문을 열고 나가면 발표나 공연을 할 수 있는 종합 무대로 이어져 있곤 했다. 이 학교의 음악 수업 시간도 개별 수업이 아닌 공통 수업으로 진행되는데, 협연이나 합창을 하기 위해서다. 참관을 한 당일에도 기타와 드럼 등 다양한 악기를 든 학생들이 메탈리카의 <Enter Sandman>을 재즈풍으로 편곡한 노래를 연주하고 있었다.

실내 체육관에는 연극 시설도 함께 갖추어져 있어서 연극 수업이 상례적으로 이루어지고 있음을 알 수 있었다. 특히 실내 체육관의 경우 한쪽 벽에 나무로 된 림(가로막대)이 설치되어 있었는데 이 시설 같은 경우 북유럽 학교 어느 곳을 가도 볼 수 있는 특별한 설비였다. 심지어 핀란드에서 묵었던 호텔의 헬스장에도 설치되어 있었는데, 이는 덴마크 체육계 자유학교(발레킬레 폴케호이스콜레)에서 가르쳤던 체조 수업과 관련이 있다. 덴마크 체조라고 불리는 이 체조 수업은 원래 스웨덴의 페르 헨리크 링에 의해 1970년대에 고안된 것이다.[169] 그때까지는 군사교련을 위한 운동이나 소총 사격 등이 신체운동의 중심이었는데, 자유학교는 북구의 신체론에 기초해서 만든 이 체조를 그 자체로 즐기며 심신의 건강을 증진시키기 위해서 도입했다. 덴마크 체조는 군사교련이나 경쟁이라는 요소를 배제했기에 개인이 아닌 단체만을 표창의 대상으로 삼았다고 한다.[170] 이에 남녀노소, 건강한 자와 병약한 자 모두가 할 수 있는 체조로서 전 세계 교육계에 널리 퍼져 나갔다.

한국에서는 체육이라고 하면 곧 공교육에서 시행하고 있는 경쟁적 스포츠, 육상경기, 구기, 수영, 체조 등의 이미지를 떠올리게 된다. 속도와 기술로 서로 겨루기 때문에 운동에 소질이 없는 아이들은 늘 스트레스를 받는다. 특히 체육 능력은 남성다움과 동일한 것으로 간주되어서 어떤 교사들은 남자아이들에게 "그러고도 남자냐"라고 질타하기도 하고, 여학생들은 체육 활동에서 쉽게 소외되고 만다. 학교 과외 활동이나 체육 서클 같은 데서는 군대 저리 가라 할 정도의 근성주의, 연공서열, 선배에 대한 절

169 시미즈 미츠루(2014), 『삶을 위한 학교』, 김경인·김형수 옮김, 녹색평론사, 120쪽.

170 위의 책, 135쪽.

대적 복종 등이 강요되는 것이 한국 체육(교육)계의 현실이다.

반면 북유럽 체육교육에서는 '내 몸을 어떻게 하면 편안하고 활기찬 건강체로 만들어서 자유롭게 할 것인가', 또 '어떻게 아름답게 몸을 움직일 것인가' 같은 것이 중시된다. 그리고 그런 사상이 체화된 것 중 하나가 덴마크 체조이다. 실제로 덴마크는 올림픽에서의 성적이 저조하고 국민들의 이에 대한 열망도 낮은 편이라고 한다. 소수의 선수들이 메달을 따기 위한 엘리트 체육이 아닌 남녀노소 모두의 마음과 몸의 건강과 활력을 목적으로 한 체육교육이 상시적으로 이루어지고 있기 때문일 것이다.[171] 우리의 체육교육도 구기 종목 중심주의에서 벗어나 바르게 걷고, 바르게 서고, 멋지게 춤추고, 다치지 않게 물건을 움직이는 방법 등 모든 사람의 일상생활과 밀접한 체육교육으로의 변화를 탐색해 볼 때이다.

어디서든 발견할 수 있는 림

작지만 필요한 걸 갖춘 목공실

171 위의 책, 29~30쪽.

학교 시설을 둘러보고 나서 Sune Van 교장 선생님과 우리는 조용한 교실에 모여서 대화를 이어 갔다. 사실 프레네 학교에는 교장이 없고 교사들끼리 돌아가면서 외부에 안내자 역할을 맡는다고 했다. 교사들뿐만 아니라 학생들도 돌아가면서 실무역을 맡는다. 전체 정원의 5분의 1 정도 되는 학생대표들이 교사대표와 함께 학교 실무실행팀의 역할을 하는 것이다. 프레네 학교에서는 교사의 발언권이나 학생들의 발언권이 동등하다. "회의를 주재하고 결정하는 것도 학생이 합니다. 이것이 시민의식이라는 것입니다." 중요한 것은 모두가 함께 운영해 가야 하기 때문에 학교 규모가 소규모라는 점이다.

이 학교는 덴마크에 두 개밖에 없는 프레네 학교 중 한 곳이라고 한다. 프레네 학교는 프랑스의 교사 프레네에 의해 처음 시작된 학교개혁운동으로, 대부분의 프레네 교사들은 공립 초등학교에 재직하고 있다. 프랑스 내의 프레네 학교 수는 약 100여 개로 대부분 초등학교이다. 학교 전체가 프레네의 교육 원칙과 철학, 기술에 따라 운영되는 곳이 100여 곳이고, 독자적으로 자신의 학급에서 프레네 교육을 실천하고 있는 교사는 약 5,000~6,000명(프랑스 전체 교사의 약 10%) 정도에 이른다고 한다. 프레네 교육이 지닌 독특성이 있다면 그 실천가들이 그들만의 대안학교를 독자적 형태로 설립, 운영하려 하지 않고, 오히려 기존의 공교육 체제에 참여하여 이를 그 내부로부터 개혁하는 데 노력을 기울였다는 점이다. 그러나 프레네 교실에서는 학생들이 교실 공간과 시간을 직접 운영하기 때문에 기존의 것을 엎어 버리기 일쑤이다. 이러한 파격성 때문에 프레네 학교가 아닌 곳에서 교사가 단독으로 프레네 교실을 운영할 때 어려움을 겪는 것도 사실이다.

프랑스 학교가 아님에도 불구하고 프레네식 학교 운영을 하는 외국 학교도 많다고 한다. 우리가 방문한 덴마크의 Freinetskole도 프레네 교육의 이상을 적극적으로 받아들인 학교이다. 이는 프레네가 생존 시부터 외국 교사들과 만나는 시간을 자주 가지며, 프레네 교육운동이 초반기부터 국제적 성격을 띠고 있었기 때문에 가능했다. 프레네 교육운동의 국제단체는 FIMEM(현대학교운동국제연맹)으로 현재 많은 나라들이 가입되어 있는데, 아시아에서는 일본이 유일하게 참여하고 있다.[172] 우리나라도

FIMEM에 회원단체로 가입하고, 공교육혁신의 모델로서 프레네 교육을 롤모델로 삼아 미래교육을 펼쳐 갔으면 좋겠다.

한편 프레네 수업은 학생 주도의 프로젝트 학습이 기본 방법이기에 교사의 역할이 전통적인 것과는 차이가 있다. 단적으로 학생들이 무엇을 원하는지, 어떤 방향으로 결정할지 교사가 이미 알고 있다고 자신하지 않는 것이 중요하다. 즉 교사의 가르침은 '모른다'에서 출발해야 한다. 하나의 프로젝트가 시작되면 교사 자신도 그 프로젝트를 잘 모른다는 입장에서 학생과 함께 출발한다. 배움은 모르는 것으로부터 출발해서 아는 것을 향해 나아갈 때 의미가 있는 것이고, 그 배움의 길을 갈 수 있도록 인도하는 것이 바로 프레네 학급에서 교사의 역할이기 때문이다.[173]

미술공작실

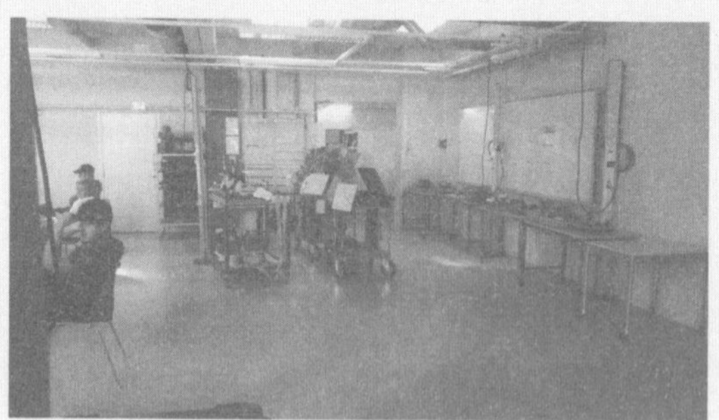

산업설비실

172 디틀린데 바이예(2002), 『프레네 교육학에 기초한 학교 만들기』, 송순재 외 옮김, 내일을여는책.

173 올리비에 프랑콤·쟝 노엘 에반, 앞의 책.

2. 덴마크 에프터스콜레 협회

9월 19일 오전 10시 우리는 에프터스콜레 협회를 방문했다. 에프터스콜레 협회는 그룬트비 기념관과 그룬트비 동상을 중심으로 마주 보고 있는 건물에 위치하고 있었다. 우리 방문단은 Sune Koobero 홍보 책임자와 조용한 사무실에서 대담을 진행했다. 그는 그룬트비 이야기로 말문을 열었는데, 덴마크 국부인 그룬트비에 대한 자부심이 대단해 보였다. 그룬트비는 500여 개의 찬송가를 만든 목회자이면서 농민교육을 통한 사회개혁을 추구한 사회운동가이기도 하다. 그룬트비가 덴마크의 국부로 추앙받는 것은 덴마크가 독일과 스웨덴에게 3분의 2 이상의 영토를 빼앗기고 어려운 시기에 그가 "밖에서 잃은 것을 안에서 찾자"는 정신운동을 주창했기 때문이다. 그룬트비가 주도하거나 간접적으로 영향을 줬던 농민학교(자유학교) 운동, 협동조합 운동, 국토개간 운동을 통해 '깨어 있는 농민'들이 탄생했고 하나의 운동은 다른 운동을 더 발전시키는 시너지를 냈다. 학교에서 눈을 뜬 농민들은 협동조합과 국토개간 사업에도 열심히 참여했다.[174] 국가가 주도한 사업이 아니라 다중의 주도로 개혁을 시작했다는 점에서 실질적인 변화를 만들어 낸 것이다.

한편 덴마크의 프리스콜레는 국가의 의무취학에 반대한 부모들의 운동에서 시작되었다는 점이 흥미롭다. 그 시작부터 국공립학교의 대척점에 서 있었던 것이다. "아이들은 부모의 것이지 국가의 것이 아니다. 국가로부터 아이들을 되찾자"라고 주장하며 1852년에 폴케호이스콜레 부속 초급학교로 최초의 프리스콜레를 만든 사람은, 그룬트비의 제자 크리스텐 콜이었다. 아이들이 시험과 규칙에 얽매이지 않고 자유롭게 자라고 국가로부터도 자유롭다는 의미에서 그 이름을 '자유학교(프리스콜레)'라고 부르게 되었다[175]고 한다.

174 오연호(2014), 『우리도 행복할 수 있을까』, 오마이북, 259쪽.

175 시미즈 미츠루, 앞의 책, 64쪽.

음악실습실

미술실습실

이들 자유학교에서 시험을 보지 않는 것은 학교생활 전반에 광범위한 영향을 미친다. 우선 시험을 보지 않음으로써 개별 교과목 공부 자체에 대한 즐거움을 추구할 수 있게 된다. 학생들은 자신의 관심사와 소질을 발견할 기회를 더 많이 갖게 되고, 친구들과의 관계를 원만하게 유지할 가능성이 높아진다. 가령 정규 수업 이외에 학교 전체 구성원들이 함께하는 시간을 상시적으로 마련하는데, 수업 전후나 식사 시간 전후에 짬을 내서 수업 시간에 배웠던 것을 모두와 공유한다고 한다. 마임이나 짤막한 연극 공연, 그리고 합창을 하면서 학교생활이 나 개인만의 것이 아니라는 점을 느낄 수 있는 것이다.[176]

프리스콜레와 공립학교의 가장 큰 차이는 학급당 학생 수에 있다. 프리스콜레에서는 한 반에 평균 11명이 있다. 학생 수가 적은 만큼 교사와 학

176 송순재·카롤 K. 에기디우스·고병헌 편저(2010), 『위대한 평민을 기르는 덴마크 자유교육』, 민들레, 198쪽.

생들 간의 소통이 밀도 있게 이뤄진다. 모든 수업을 1:1로 대화하면서 진행하기에 삶과 밀접한 살아 있는 배움을 실천할 수 있는 것이다. 수업 과목과 커리큘럼은 자유도가 높아서 각 학교마다 제각각이지만, 공통적으로 창조적인 과목(음악, 미술, 도예, 목공, 염색, 댄스, 신체표현, 연극, 덴마크 체조, 금속공예 등)들을 중시하여 어느 학교에서나 워크숍 활동에 상당한 시간을 할애하고 있다. 교과서는 각 교사가 적절한 것을 골라서 결정하고 책은 학교가 소유하고 학생들에게 대여하는 방식이 많다.

교사는 처음 10분 정도만 설명을 한다. 나머지 시간에는 조별 활동을 시키거나 개인 복습 시간을 제공하고, 그사이에 학생 한 명 한 명을 돌아가며 개인 지도를 하는 식의 수업이 많다. 줄곧 설명만 하는 형태의 수업은 거의 없다. 또 이과는 실험이 중심이고, 수학과 영어 수업에서도 모형이나 인형을 만들게 하는 등 창조적인 수작업을 시켜 집중도를 높이고 흥미를 유발시킨다. 한 사람의 교사가 세 과목 정도를 담당하며, 한국의 초등학교처럼 담임교사가 모든 교과목을 수업하는 경우는 없지만, 모든 교과를 가르칠 수 있는 준비는 되어 있어야 한다.

자유학교 중 우리가 학회를 통해 견학한 에프터스콜레는 14~17살 아이들이 다니는 기숙사 1년제 학교를 뜻한다. 1851년에 시작되어서 현재 100년이 넘었고, 250개의 에프터스콜레가 덴마크에 있다. 에프터스콜레는 덴마크에 유일했었는데 강화도에 송순재 씨의 주도하에 꿈틀리학교가 개교하며 최초의 국외 에프터스콜레가 생겨났다. 덴마크의 초등학교는 9학년까지이고 고등학교는 10학년이 아니라 11학년부터 시작한다. 중간에 1년이 비는 셈인데 이 10학년을 보내는 곳이 바로 에프터스콜레다. 이른바 인생설계 학교다. 덴마크에서는 약 60퍼센트의 학생들이 고등학교에 들어가기 전에 갭이어(Gap year)를 통해 앞으로 어떤 인생을 살지 설계한다. 갭이어 교육을 실행하는 곳은 사립학교가 대부분인데 정부가 운영비의 50퍼센트를 지원하니 사실상 반(半)공립이다.[177] 의무교육 기간은 9학년

177 오연호, 앞의 책, 182쪽.

까지이고 10학년을 갭이어로 사용하는 셈인데, 돈과 시간을 들여 가면서 갭이어를 시행하는 이유는 갭이어를 하고 나서 덴마크 학생들의 학업 성적도 향상되고 행복감도 크게 높아지기 때문이다.

지표상으로도 대학 진학률이 높아지고, 정학하는 비율도 낮아지는 등의 효과가 입증되었다. 한국은 학창 시절에 많은 시험이 있어 압박감이 심한 데 비해 전통적인 에프터스콜레는 시험이 없으나, 1967년에 공립학교에서 18살부터 시험이 시작되면서 에프터스콜레에서는 공립학교와 전통적인 에프터스콜레(시험을 싫어한 그룬트비)의 방식이 혼합적으로 운영되고 있다.

덴마크의 의무교육 [178]

❶ 취학의무가 없고, 학교에 가지 않고 배울 권리가 있다.
❷ 공립학교의 교육에 불만이 있거나 폐쇄되었을 경우, 스스로 사립학교를 신설할 수 있다.
❸ 행정당국은 이러한 사립학교 경비의 75퍼센트를 보조해야 한다.
❹ 사립학교 교원은 교사자격이 없어도 되어 아무나 교원이 될 수 있다.

그룬트비는 시험만 보며 암기 위주의 수업을 하는 학교에 문제의식을 갖고 삶을 위한 배움을 추구하여 폴케스콜레를 창설했는데, 이 학교는 성인을 위한 평생교육기관이었다. 그룬트비의 제자 콜은 어린 학생들은 연애에 관심이 적어 수업에 좀 더 집중할 수 있다고 생각했기에 성인반과 청소년반을 나눠야 한다고 결심했다. 이와 같이 14~17살 학생의 교육에 특화된 에프터스콜레는 '다 같이 노래 부르기'(학부모가 일부 참여하기도 한다)로 하루를 시작한다. 여기서 부르는 노래 중 대부분은 그룬트비가 만든 노래이며, 찬송가라기보다는 배움에 대한 열망과 민족적인 자긍심을 고취시키는 노래들이라고 한다.

178 시미즈 미츠루, 앞의 책, 238쪽.

함께 노래 부르기만큼 강조되는 것이 '살아 있는 말'을 통해서 배우기이다. 교사들과 초빙 강사들이 자신의 체험을 바탕으로 학생들에게 다양한 이야기를 들려준다. 저학년 때는 동화나 신화를, 고학년이 되면 덴마크 역사와 종교적 이야기 등을 들려준 후 학생들과 토론으로 수업을 이어 간다.[179] 영어, 수학, 생물은 의무 교과이지만 음악, 예술 등의 나머지 교과는 에프터스콜레에서 택한다. 학생들이 의무 교과를 들을 때도 다양한 수준과 세부 주제를 선택할 수 있는 자유교육과정이 많다. 자유교육과정은 모두가 다른 과목을 택하며, 각자 다른 프로파일을 만들 수 있다는 점에서 흥미롭다. 만약 어떤 학생이 춤을 배우고 싶다면 춤으로 유명한 에프터스콜레를 찾는다. 집에서 2시간이나 떨어진 곳이라도, 춤을 위해서 그곳까지 가기도 한다. 기숙사를 이용해 숙식을 해결할 수 있기 때문에 거리가 멀어도 상관없다.

각 에프터스콜레마다 장기를 가지고 있는 분야가 다르기에 학생들은 자신의 적성과 취향에 맞는 학교를 택할 수 있다. 예를 들어 축구로 유명한 에프터스콜레라면 학생뿐 아니라 교사도 축구를 다 좋아한다. 학교 구성원 전체가 특정한 분야에 대한 열정을 갖고 있다. 그 열정들이 모여서 시너지 효과를 발휘하는 환경이 조성된다. 이곳의 학생들에게 왜 행복하냐고 물어보면 그들은 서로 다른 경험을 이야기한다. 인생을 설계하는 데 있어 자유 선택을 할 수 있기 때문에 강제적 선택으로 인한 스트레스가 없다. 자기가 원해서 자진해서 선택하고 경로를 이어 간다는 것이 행복의 비결이다. 또한 학습 기간이 단지 1년이고, (다른 학교는 무료인 데 비하여) 비용이 많이 들기 때문에 1년 동안 행복한 경험을 잔뜩 갖기 위해서 학생들은 최선을 다해 커리큘럼에 집중한다. 우리나라에서 자유학기제나 자유학년제가 성공적으로 운영되기 위해서는 자유롭게 커리큘럼을 운영할 수 있는 전문화된 학교가 많이 신설되어야 함을 알 수 있다.

자유중등학교에는 약 85%의 교사가 교사자격증을 갖고 있고 나머지 15%는 비상근 교사로서 예술가나 기술자, 장인이 많다고 한다. 자유학

179 오연호, 앞의 책, 182쪽.

교 교사노조와 공립학교 교사노조는 전국교사노조라는 한 울타리 안에 있다. 학교 예산 중 인건비는 대부분 정부 지원이기 때문에 자유학교 교사의 월급도 공립학교와 똑같다. 운영비는 공립학교의 70% 정도가 지원되지만 원칙적으로 토지나 건물은 설립자가 준비해야만 한다. 이런 부분까지 정부 지원이나 특별 임대를 주선해 주지는 않는다. 공립학교에서 자유학교로 전환하는 경우도 많은데, 이 경우 이미 학교 건물이나 토지가 있어서 손쉬운 편이다. 그렇지 않은 경우 부모들이 시간과 돈을 내서 직접 교실을 짓는 자유학교도 드물지 않다.[180]

학생회에서는 학교 행정의 최고 결정기관인 이사회에 학생 대표 2명을 파견한다. 예를 들어 이사회가 11명이라면, 학부모 7명, 교직원 2명, 학생 2명으로 구성된다. 또한 모든 자유학교에는 부모회가 있는데, 이 부모회에서 감사 역할을 할 사람을 뽑는다. 그렇게 뽑힌 사람들이 일 년에 한 번 몇 쪽짜리 보고서를 쓴다. 감사는 부모들이 뽑은 사람이면 누구나 가능한데 실제로 매우 다양한 직업을 가진 사람들이 뽑히고 있다. 주변에서 적당한 인물을 찾지 못할 경우 시에 감사 대행을 의뢰할 수도 있다. 실제로 이런 학교가 20%에 가깝다. 감사로 뽑힌 사람들은 한 해 10일 정도 학교를 방문해 최소한의 과목은 배우고 있는지, 경영은 안정적인지, 1년에 200일로 규정된 수업일수는 지켜지고 있는지 등을 평가한다. 방문 뒤 보고서를 작성해서 교육부나 시가 아니라 해마다 열리는 부모총회나 이사회에 보고한다. 보고서라고 해도 몇 쪽짜리로 그렇게 전문적이지는 않다.[181]

Sune Koobero 씨는 에프터스콜레가 공립학교와 다른 점으로 학생들의 배움에 대한 열망을 꼽았다. 이곳의 학생들은 교사를 볼 때마다 "제발 가르쳐 주세요. 저는 더 배우고 싶어요"라는 열정적인 배움의 태도를 보인다고 한다. 에프터스콜레에서 가장 중요한 것은 교사의 헌신이며, 아이들과 특별한 관계를 유지하는 것이 중요하다. 모든 에프터스콜레 교사들에게는 두 가지 역할이 있다. 수업에서는 교사이며 일상생활에서는 관리자이

180 송순재·카를 K. 에기디우스·고병헌 편저, 앞의 책, 198쪽.

181 송순재·카를 K. 에기디우스·고병헌 편저, 앞의 책, 170쪽.

다. 학교를 나와서는 기숙사 생활을 통해 보드게임과 놀이를 같이 하는 등 아빠 역할도 하고 생활지도를 하면서 늘 함께한다. 밤 11시까지 학생들과 요리하고, 먹고, 숙제하고, 잠자기 전까지 함께하니 낮 수업만 함께하는 학교와는 사제관계의 경험과 우정의 깊이가 다르다. 그렇게 학생들과 일상을 함께 보내고 나서 교실에서 만나니 개인별 장단점과 고민을 이해하게 되어 수업의 깊이도 훨씬 깊다. 기숙사 생활을 모든 교원이 함께 하는 것은 아니다. 각 교실마다 1명의 교사가 기숙사 생활을 하고 나머지는 근처에서 자취한다.

가까운 관계가 에프스콜레의 핵심이지만 교사의 사생활이 없다는 난점은 있다. 이에 반해 대부분의 한국 학교에서 학생과 교사는 일정한 거리를 유지한다. 특히 한국은 수직적인 관계가 많은 반면, 에프터스콜레는 사제 간에 완전히 수평적인 우정관계가 대부분이다. 에프터스콜레가 끝날 때 모든 학생들이 운다고 한다. 행복하고 매우 강력하고 독특한 학창 시절을 보낸 것에 대한 감회에서 모든 학생이 울게 되는 것이다.

에프터스콜레의 인생 계획 설계는 '스스로'와 '더불어'라는 두 개의 바퀴로 굴러간다. "여기서는 한 집에 12명이 살고, 세 명씩 한방을 씁니다. 방 청소부터 시작해 매일매일 집 안에서 생기는 일들을 자기들끼리 토론하며 풀어 나가죠. 이런 집이 12채가 있어요. 집마다 대표 학생 한 명이 선발되고 이 대표들이 일주일에 한 번씩 회의를 열어 마을을 이끌어 갑니다." 에프터스콜레에서 학생들은 청소와 요리 등의 실기나 집안일 등에 적극적으로 참여하며, 이는 매우 가치 있는 일이다. 시민의식을 갖기 위해 비판적인 민주적 의식을 갖는 것만큼이나 같이 요리하고 청소하는 것이 중요하다. 집안일을 하며 책임의식과 공동체의 타인에 대한 존경심을 배우고, 성인 시민이 되어 공동체에 어떤 기여를 할 것인지에 대해서 몸으로 익히는 계기가 되는 것이다.

어떤 학생들은 다른 사람보다 한 시간 반 더 일찍 일어나서 아침을 준비한다. 그 학생은 굉장히 툴툴거리면서 아침을 준비하지만, 학우들이 와서 맛있게 아침을 먹는 모습을 보면서, 한 공동체의 일원으로서 제 역할을 했다는 보람과 자부심을 충만하게 갖게 되는 것이다. 이 학생들이 집에 돌아가면 부모들은 깜짝 놀란다. 갑자기 이 아이들이 부엌에 들어가서 도와준다고 하고 집안일을 하기 시작하기 때문이다. 그전에는 집안일을 돕겠다고 먼저 나선 적이 없었는데 에프터스콜레를 졸업하고 오면 아이들이 바뀌는 것이다. 에프터스콜레는 좋은 관계를 맺는 것이 배움의 환경을 설계하는 데 가장 중요한 요소라는 것을 알려 준다. 에프터스콜레에는 25퍼센트의 덴마크 학생들이 다니는데, 매년 이 숫자가 커지고 있다. 왜냐하면 에프터스콜레가 전국 곳곳으로 퍼져 가고 있기 때문이다. 에프터스콜레 가는 것이 쉬운 선택은 아니다. 돈이 많이 들고, 집에서 멀리 떨어져서 생활하기 때문이다. 그럼에도 이 경험이 유익하기에 애프터 스콜레는 점점 성장하고 있다. Sune Koobero 씨는 이 이야기를 하며 한국의 자유학년제와 에프터스콜레가 덴마크처럼 성공적으로 성장해 나가길 기원했다. 그렇게 에프터스콜레 소개를 마치고 우리는 그와 문답을 이어 갔다.

덴마크의 국부로 추앙받는 그룬트비, 에프터스콜레 협회 건물 앞 작은 광장 중앙에 그룬트비 동상이 서 있었다.

질문 1 에프터 스콜레 협회의 역할은 무엇인가?

답 협회는 20명의 인력으로 되어 있고, 재정적 조언, 법적 조언, 홍보 마케팅, 교육연구 일을 하고 있다. 각 학교가 회비를 내면, 작은 학교는 규모가 작아서 회비를 적게 내고 학생 수가 많은 학교는 더 많은 회비를 낸다. 협회는 노조가 아니고 학교 운영을 위한 사설 협의회도 아니다. 1년에 학생들이 8,000유로를 학비로 낸다. 그런데 정부에서 경제적으로 어려운 집에는 무료나 적은 돈을 내게 하고, 부자들은 더 많은 학비를 내게끔 한다. 부모가 35퍼센트 비용만 내고 정부에서 65퍼센트의 비용을 댄다. 우리가 성공해 더 많은 학생들을 영입할수록 정부가 더 큰 비용을 대게 되고, 그럴수록 우리의 목소리가 작아질 수밖에 없다. 많은 정치인들이 에프터스콜레 출신이어서 우리 학교를 존중하고 특별한 기여를 하고 있다. 시청 옆에 DI(Danish Industrie)라고 기업협회(한국의 전경련과 유사한 위상)가 있는데, 그곳에서는 에프터스콜레를 싫어한다. 그곳은 한국처럼 경쟁 교육을 하기를 원한다.

질문 2 지식 위주의 교육을 선호하는 일부 그룹이 있다고 들었다. 그래서 평가를 자꾸 도입하려고 한다는데, 거기에 대해 에프터스콜레는 어떻게 대응하고 있나?

답 현대 사회에서는 시험을 보고 평가하는 것을 통해 원하는 결과가 나왔는지 보는 게 중요해졌다. 그것을 통해 기업의 요구사항에 맞추는 것이다. 그러나 학습 자체만을 봤을 때는 시험과 학습은 같지 않다. 배움에는 시험이 거의 필요 없다. 그것은 아주 작은 중요도를 차지할 뿐이다. 따라서 균형을 잡을 필요가 있다. 물론 시험이 없다면 무엇을 잘못 알고 있는지 모를 수도 있다. 덴마크와 한국의 시험은 매우 다르다. 덴마크 학생들은 시험을 중시하지 않기 때문에 스트레스가 없고, 시험의 횟수도 굉장히 적다.

<u>질문 3</u> 농업 위주의 에프터스콜레가 많다고 들었다. 최근에는 이슬람 등 종교 기반의 에프터스콜레가 많아지고 있다고 들었다.

답 먼저 이슬람으로 시작하자. 우리는 에프터스콜레를 만드는 데 법적으로 자유롭다. 모든 학부모가 자신이 원하는 학교를 만들 수 있다. 사회주의자나 공산주의자, 무슬림이나 터키 민족성 기반 등 모든 것이 허용되기에, 다양한 학교가 존재한다. 터키 학교라고 하더라도 다른 덴마크 학생들이 입학하길 원한다면 누구든 받아 줘야 한다. 덴마크에는 많은 이민자들이 있고 무슬림 이민자들도 있다. 무슬림 이민자들은 종교 없는 학교를 가는 것보다 오히려 크리스천 학교 가기를 선호한다. 왜냐하면 종교적 정체성이 있는 학교를 가야 자신의 정체성에 대해서도 더 잘 이해받을 수 있기 때문이다. 학교에는 기도하는 시간이 있지만, 누구나 다 기도해야 하는 것은 아니다. 이민자 학생들이 이 사회에 적응할 수 있도록 돕는 것이 우리의 의무이기 때문에 이 문제는 우리에게 도전이다. 많은 이민자들이 에프터스콜레를 여전히 모른다.

현재 2퍼센트의 이민자 학생들이 우리 학교에 다닌다. 좀 더 많은 숫자가 올 수 있도록 노력하고 있다. **(이민자들에게 생활비라든지 학비를 지원하면 입학생들이 더 늘지 않을까? 한국 학생들이 유학이나 교환학생으로 온다면 지원이 가능한가?)** 미래에는 그렇게 되길 바란다. 우리가 한국에 대해서 많이 배울 수 있기 때문이다. 국적 구성이 다양할수록 더욱 좋은 학습 환경이 될 것이라고 믿는다. 현재는 한국 학생 3명이 재학 중이고 수업료는 학부모가 66퍼센트, 정부가 34퍼센트를 부담하고 있다.

우리는 에프터스콜레의 모든 교육과정을 영어로 가르치길 원한다. 정부가 그걸 원하진 않으나 17개의 학교에서 영어로 수업하고, 이것은 외국 학생들에게 좀 더 열린 기회가 될 것이다. 스위스에서 비슷한 수업을 영어로 받으려면 훨씬 비싸다(약 10만 유로).

한국의 공립학교에서 자유학기제를 시행 중이다고 알고 있다.

자유학기제를 덴마크에서 보낸다면 좋은 경험이 될 것이다.

한국의 학부모는 자녀들이 행복하길 바라기에 시험을 잘 보기를 바랄 것이다. 그런데 우리는 시험점수와 학생의 행복도를 같이 만족시킬 수 있는 특별한 과정을 만들어 냈다.

질문 4 다른 학교들과는 어떻게 연결되는지 궁금하다.

답 우리는 모두 그룬트비에 대해서 말한다. 그룬트비는 덴마크 사회에 큰 영향을 준 사람이다. 공립학교에도 큰 기여를 했다. 덴마크의 공립학교는 공공성에 큰 비중을 두고 있다. 에프터스콜레는 공립학교보다 더 많은 실천을 한다. 에프터스콜레는 저녁 시간까지 온종일 하는 것(24h/7d)이고, 공립학교는 낮 생활만 같이 한다는 점이 다를 뿐이다. 국가가 지정하는 국가교육과정에 의해 공립과 우리는 같은 의무교육과정을 공유한다. 그러나 우리는 선택과목을 자유롭게 선택할 수 있다는 점이 다르며, 공교육과 우리가 이러한 밀접한 관계를 유지하는 것이 중요하다. 자유학교는 프레네, 몬테소리 등의 사상가들의 영향을 받은 대안학교적 성격을 갖고 있으나, 한국에서 공립학교와 대안학교의 차이만큼 여기의 공립학교와 자유학교의 차이가 크지는 않다. 여기서는 어느 공립학교를 가도 자유학교 같다고 느낄 수 있을 것이다.

질문 5 졸업 후 인문계고, 직업고 진학 비율이 어떻게 되는지 궁금하다.

답 에프터스콜레를 거쳐 간 학생들의 고등학교(김나지움) 졸업률이 일반 학교만 다니다 온 학생에 비해 11퍼센트가 높다. 특히 과거에 유급했던 학생들이 고등학교 3학년까지 문제없이 진학한다. 덴마크에서는 교육비와 병원비가 무료다 보니 좀 더 자유롭게 직업을 택할 수 있다. 택시기사나 미용사가 돼도 경제적 문제가 없다. 그러니 좀 더 높은 성적, 좀 더 좋은 커리어를 쌓기 위해 경쟁해야 된다는 압박이 없다. 배관공, 청소부, 목수, 정원사 등 노동직이 더 필요하기 때문에 사회적으로도 젊은 사람들이 이런 일을 택하길 원한다. 이런 사회적 분위기 속에 있기 때문에 에프터스콜레의 다양한 경험은 삶에 대한 자부심을 갖게 되는 계기가 된다. 부모가 자기 자녀는 법률가가 되길 바란다 하더라도, 학생들이 여기서 공부하며 자존감과 독립심이 커져 가며 자신의 진로를 좀 더 명확히 밝히고 학생들의 뜻에 따라 진로를 결정하게 된다. 나에게는 두 딸이 있다. 그 딸이 월급이 매우 낮으나 춤선생을 하고 싶다고 한다면 나는 그렇게 하라고 한다. 왜냐하면 내가 은퇴해도 정부가 나를 지원해 주기 때문이다. 또 내 손녀딸의 교육 역시 나라에서 지원하기 때문에 내가 걱정을 안 해도 된다.[182] 덴마크 학생들은 61퍼센트가 대학(혹은 고등학교 이후의 교육과정)을 졸업하고 27퍼센트가 석사를 졸업한다.

질문 6 복지 시스템을 만들기 위해서는 더 많은 세금이 필요한데 어떻게 재원을 확보하나?

답 고용 안정성 때문에 많은 대기업들이 덴마크를 선호한다. 촘촘한 사회 안전망에 따른 높은 교육적 성과는 기업이 덴마크의 복지 시스템에 투자하게 하는 요인으로 작동한다. 부자들 역시 이 복지 시스템에서 이득을 얻는다. 자기네들이 낸 돈으로 복지가 이루어지기 때문에 이런 데서 만족을 느낀다. 아시아 국가는 교육열이 매우 높다. 그리고 엄청나게 열심히 일한다고 알고 있다. 반대로 우리는 아이들을 너무 게으르게 만들어서 미래를 망칠 수 있다. 그러니 한국에도 배울 점이 있다고 생각한다. 덴마크 사람들이 한국으로 가고 한국 사람들이 덴마크로 와서 서로 섞이고 좋은 점을 공유해서 최고의 균형점을 찾았으면 좋겠다. 삶의 균형과 사회의 균형을 잡아 가는 데 교육이 열쇠를 쥐고 있다. 덴마크는 교육과 사회가 밀접하게 연결되는 것을 중시한다. 에프터스콜레가 덴마크

182 이 말을 들으며, 한국의 높은 교육열 이면에는 부모의 노후를 자녀가 책임지고, 자녀에 대한 교육비 부담을 부모가 책임지는 상황, 즉 사회적 부조의 부재가 놓여 있다는 생각이 들었다.

사회와 한국 사회를 변혁시키는 데 좋은 기회가 될 수 있다는 것에 대해 매우 감사하게 생각한다.

우리는 이틀간의 일정을 통해 프레네 학교와 에프터스콜레를 살펴볼 수 있었지만, 덴마크의 일반 공립학교를 견학할 기회는 없었다. 이에 자료 조사를 통해 덴마크의 공립학교와 그들의 미래교육 비전에 대해서 아래 덧붙인다.

덴마크의 공립학교

덴마크에서는 공립학교와 자유학교가 서로 자극을 주고받는 관계를 만들어 왔다. 대부분의 경우 자유학교에서 실험적인 실천이 탄생하고 그것이 공립학교로 파급되는 형태였다. 실제로 지금 덴마크의 공립학교에도 보급된 팀티칭이나 Project based work, 또 유치원 교사와 초등학교 교사가 서로 도우면서 일하는 방식(교과가 아니라 생활을 중시하는 유치원 교사가 초등학교 실내 환경 등을 개선하는 효과)들은 모두 자유학교에서 생겨난 아이디어다. 덴마크에서 자유교육을 받고 있는 아이들은 10% 정도이지만 그 10%가 공립학교 전체의 변화를 이끌고 있는 것이다. 더 많은 놀이와 모험, 때로는 바람처럼 지나가기도 하고 좋아하는 것만 하려고 하는 것까지 용서되는 시스템의 구축, 달리 말하면 사회 시스템 가운데 10% 정도의 틈새를 열어 놓는 문화를 만드는 것이 중요하다.[183]

모든 공립기초학교에 있는 학교위원회는 학부모들이 선출한 5~7명의 학부모대표, 교사들이 선출한 교사대표 2명, 학생회대표 2명으로 구성된다. 개별 교사나 학생 관련 문제를 논의할 경우, 학생대표는 참가할 수 없다. 9명에서 1명 사이로 이루어진 학교위원회 구성원은 안건에 투표할 권리를 가진다. 지역의회 구성원 중 한 명은 투표권 없이 학교위원회에 참여할 수 있다. 교장과 교감은 학교위원회의 간사로 봉사하는데, 이들은 발

183 송순재·카를 K. 에기디우스·고병헌 편저, 앞의 책, 180쪽.

언권은 있지만 안건에 대한 투표권은 없다. 위원회 의장은 학부모 중에서 선출한다. 만약 학부모와 학생 사이의 갈등 상황이 발생할 경우 최종 결정은 투표로 하지만 대부분 대화를 통해 합의를 이룬다.

"저는 16년 동안 학교에 있었는데 합의에 이르지 못해 투표를 한 적은 딱 한 번 있었습니다. 토론과 대화는 덴마크의 문화적 전통입니다. 그때 우리가 투표를 하긴 했지만 그 과정은 대단히 훌륭했습니다. 최종적인 결정 사항에 대해 모든 사람이 책임을 공유한다는 점이 중요합니다. 그리고 갈등 상황일수록 교장은 의견을 말할 수 없게 되어 있습니다."[184]

덴마크 공립학교의 특징 중 하나는 한 반의 담임을 같은 교사가 계속해서 연임한다는 것이다. 예를 들자면 코펜하겐의 공립학교인 발뷔 스콜레의 경우 한 반이 23명인데 0학년(1학년 준비반)부터 5학년까지, 그리고 6학년부터 9학년까지 계속 같은 반이 유지된다. 담임교사도 마찬가지다. "아이들과 선생님 사이에 강한 친밀감이 생겨서 정말 서로를 자식과 부모처럼 느낍니다."[185]

두 번째 특징은 교사의 연구자로서의 전문성에 대한 자부심이 높고 스스로 그 전문성을 지키기 위해 적극적으로 싸운다는 점이다. 2013년 4월 공립학교 교사들로 구성된 교원노조는 고용주 격인 정부와의 갈등으로 한 달 이상 수업을 중단한 상태였다. 쟁점은 교사들의 수업 준비 시간 단축 여부였다. 정부에서는 그동안 한 과목을 한 시간 가르치기 위해 준비하는 시간이 두 시간이었다면 앞으로는 한 시간으로 줄이자고 제안했다. 같은 과목을 매해 반복적으로 가르치니까 수업 준비 시간을 기존보다 단축할 수 있다는 것이다. 그러나 교사들은 반대했고, 이에 항의하기 위해 수업까지 거부했다. "교사가 즐거워야 학생들도 즐겁습니다. 우리가 충분히 공부를 해야 학생들을 쉽게 가르칠 수 있고요. 매년 똑같이 가르친다면 우선 교사

184 송순재·카를 K. 에기디우스·고병헌 편저, 앞의 책, 207쪽.

185 오연호, 앞의 책, 162쪽.

가 먼저 지루하고 즐겁지 않을 겁니다. 그러면 학생들도 즐겁지 않겠죠. 세상의 변화를 따라잡아야 학생들에게 새로운 것을 가르칠 수 있지 않겠어요? 따라서 충분한 수업 준비 시간이 보장돼야 합니다."[186]

덴마크의 미래교육

덴마크에는 여유를 두고 인생을 설계하는 기간이 에프터스콜레에서 보듯이 고등학교 입학 전에만 있는 것이 아니라 인생의 중요 시점마다 있다. "인생설계 학교는 대학에 가기 전에도 다닐 수 있습니다. 나도 대학 들어가기 전에 20~25세 청년들이 인생을 설계하는 기숙학교에 1년간 다녔죠. 그뿐 아니라 직장을 그만두고 인생의 2모작, 3모작을 준비하는 사람들을 위한 성인 공립학교도 잘 운영되고 있습니다."[187]

덴마크인들은 그야말로 평생교육을 통해 인생을 설계하는 셈이다. 고등학교를 졸업하고 바로 대학에 진학하는 비율이 20퍼센트 정도로 낮은 것도 여유롭게 인생을 설계하기 때문이다. 직장을 다니다가 실직해도 바로 다른 직장을 찾아 나서지 않고 성인 학교에서 어떤 인생을 살 것인가를 공부한다. 정부에서 기존 월급과 비슷한 수준의 실업보조금을 2년 동안 주고, 다음 인생을 위해 선택하고 싶은 직업이 무엇인지 상담해 주고, 나아가 직장을 알선해 주기 때문이다. 미래의 유동적 일자리 전망에서 평생교육의 중요성이 부각되고 있다. 한국의 평생학습 모델을 설계할 때 덴마크의 교육 시스템 중 참고할 부분이라 할 수 있다.

공립학교에서의 진로적성교육 관련해서 덴마크 학생들은 7학년부터 진로 담당 교사와 면담을 할 수 있다. 진로 담당 교사는 전문적인 교육을 받은 사람으로 일주일에 이틀씩 학교에 상주하면서 진로를 고민하는 학생들과 상담한다. 이때 학생은 자신의 장단점을 충분히 파악하면서 어떤 직업을 선택할지 조언을 듣게 된다. 9학년을 졸업하고 직업학교로 갈지 일

186 오연호, 앞의 책, 166쪽.

187 오연호, 앞의 책, 200쪽.

반 고등학교로 갈지 스스로 정한다. 진로 결정은 전적으로 학생들이 원하는 방향으로 한다. 학교나 교사는 이래라저래라 할 수 없고 하지도 않는다. 단지 그 학생의 선택이 실패가 되지 않게 도와줄 뿐이다.[188] 초등학교 1학년 때부터 학부모와 학생에게 장래 희망 조사를 하고, 진로적성에 대해 강박적으로 집착하는 우리의 진로교육은 덴마크의 느슨한 진로적성교육을 반성적으로 검토해야 한다. 지금의 방식은 일자리에 대한 불안감이 배움에 대한 호기심을 삼키게 만들기 때문이다. 진로에 대한 도움은 학생들이 요구할 때 선별적으로 제공될 필요가 있다. 이를 위해 유용한 정보를 구체적으로 제공할 수 있는 전문가들과의 네트워크가 필수적이다.

한편 덴마크의 SW교육은 고등학교 과정에만 정규 교육과정으로 반영이 되어 있고, 초등학교와 중학교의 경우 정규 교육과정 없이 방과 후 클럽으로 진행된다. Coding Pirates라고 불리는 명칭으로 운영되며 프로그래밍 기반의 창의성을 계발하는 데 목적이 있다. Coding Pirates는 프로그래머를 길러 내거나 훈련하는 데 목표를 두고 있지 않으며 창의적인 생산자를 만들어 내고자 한다. Coding Pirates의 구성원은 프로그래머, 개발자, 교사, 연구원, 기업가 등으로 구성되어 있으며 IT회사, 학교 및 도서관 등과 협력하여 워크숍을 개최하고 있다. 워크숍에서는 '메이키 메이키, 마인드스톰, 위두, 스크레치, 파이썬, 3D 프린팅'의 프로그램들이 활용되고 있다.[189] 우리 학교도 지역 단위의 도서관과 협력하여 피지컬 컴퓨팅[190]을 상시적으로 접할 수 있는 공공 공간을 마련해 두는 것이 급선무다.

188 오연호, 앞의 책, 160쪽.

189 배영권·신승기, 『북유럽 국가의 교육체제 분석을 통한 소프트웨어 교육 발전 방향 고찰』, 한국교육개발원, 20쪽.

190 [Physical computing, 물리 컴퓨팅] 현실 세계의 아날로그 정보를 인지하여 그에 맞게 대응할 수 있도록 센서와 마이크로컨트롤러 등의 하드웨어 장치와 소프트웨어로 컴퓨팅 시스템을 만드는 것. 넓게는 사람이 디지털 세계를 이해하고 창의적으로 활용하기 위한 프레임워크라고 볼 수 있으며, 좁게는 소프트웨어와 하드웨어 부품 등으로 기기를 직접 제작하는 것을 의미한다. 즉, 현실을 감지하고 제어하는 컴퓨터를 만드는 것으로, 컴퓨팅 사고 교육, 미디어 아트, 로봇 등 다양한 분야에서 응용된다(『IT용어사전』, 한국정보통신기술협회).

3. 핀란드 투슬라 교육청

9월 22일(금) 오후 2시 반쯤 투슬라(tuusula) 교육청에 도착했다. 담당자는 마르쿠스(Markus) 씨로 현재 교육청 과장이며, 30대 후반의 젊은 나이였지만 과거에 교사와 교장 근무 경력이 있는 사람이었다. 투슬라는 인구 3만 8,000명의 도시로 헬싱키에서 40킬로미터 떨어진 지역에 있어 수도권 근교 도시라고 볼 수 있다. 그는 핀란드 개정교육과정에 대한 설명으로 안내를 시작했다.

핀란드의 국가교육 목표는 2020년까지 가장 경쟁력 있는 인재를 가진 국가가 되는 것이다. 이를 위해 모두에게 평등한 교육을 무료로 제공하고 있다. 국가가 국가지침(national guidance)을 제시하면 지역에서는 지역교육위원회에서 지역지침(local guidance)을 만든다. 만 6살부터 사전학교가 시작되고, 7살부터 초등학교에 다닌다. 이 지역에서 학급당 정원은 1~6학년은 22명, 7~9학년은 23명 정도가 대부분이라고 한다. 요리실습 등 실습을 하는 시간에는 22명을 두 집단으로 나누어 할 수 있게 하는 학교도 있다. 기초학교 저학년(1~4학년) 학급의 경우에는 학급의 학생 수에 관계없이 대부분 한 학급에 두 명의 교사가 함께 교육활동을 하는 것을 볼 수 있다.

한 사람은 해당 수업 담당 교사이고, 다른 한 사람은 특수교사이거나 보조교사다. 어쨌든 중요한 것은 핀란드 학교의 경우 교사 혼자서 가르치는 것이 아니라는 사실이다. 늘 두세 사람이 함께 팀을 구성하여 가르치며, 학생들의 요구에 따라 보조교사, 주교사가 그룹을 나누어 지도한다. 이 과정에서 뒤에 처져 있는 아이는 없으며, 어느 그룹엔가 소속되어 공부한다.[191] 학년 표시를 겉으로 하는 장치가 없고, 학습 속도에 따라 1학년, 2학년 등의 분류를 할 뿐이다. 예를 들어 초등학교의 수업 방식은 수업과 국어, 외국어(영어와 스웨덴어) 과목은 적은 인원으로 학급을 편성하고 계통적인 학습을 진행한다. 다른 교과목은 이질적 집단의 통합수업 형태가 많다.

191 오산시 스웨덴·핀란드탐방단(2011), 앞의 책, 137쪽.

통합학급이라고 해서 모든 학생에게 같은 내용의 수업을 진행하는 것은 아니다. 통합교실로 운영하지만, 수업은 1:1로 지도하는 방식으로 문제를 해결한다.[192] 무학년제는 1학년에서 9학년을 학년 집단으로 편성하지 않고, 개별 학습 집단으로 반을 나눠 학습한다. 개별 학생은 교과목 별로 자기수준에 맞는 홈룸에서 수업을 한다.[193] 이 과정에서 각자 배움의 속도가 다르기 때문에 일률적인 진도가 아닌 개인별 속도에 맞추도록 하고 있다. 수업 선택 및 학습 스케줄 짜기 등의 활동을 강조해 자기주도 학습이 이루어지도록 한다. 예를 들어 4학년 수학 수업의 경우 수업 과업을 빨리 끝낸 학생은 못하는 학생을 기다려 주는 것이 아니라 자기 진도에 맞추어 계속 진행해 나간다.

그는 핀란드 교육이 세계적으로 뛰어난 모델로 꼽히는 이유에 대해서 한마디로 "가르치는 것이 아니라 학습에 초점을 둔다"라고 설명했다. 국가교육과정(national curriculum)이 있지만, 어떻게 운영할지에 대해서는 교사에게 전적인 자율권을 부여한다는 것이다. 학생들이 졸업한 후의 세상인 10~20년 뒤에는 어떤 직업을 학생들이 가져야 할지 어른들이 전망할 수 없다. 그래서 학생들의 통합적 삶을 스스로 준비할 수 있는 도구를 제공하기 위해 노력한다.

한편 2014년 개정된 국가교육과정은 '시민으로서 한 인간으로 성장시키는 것'을 핵심 목표로 삼는다. 이를 위해 다중 리터러시, ICT 능력, 기업가정신, 자기 자신과 타인 돌보기, 지속가능한 설계와 참여, learning to learn 등의 영역을 가르쳐야 할 하위 항목으로 두고 있다.

핀란드는 1970년대 교육개혁을 통해서 커다란 변혁을 이루어 냈다. 이를 통해 9년제 종합학교(페르스코울루)제가 탄생한 것이다.[194] 이 개혁의 가장 중요한 원칙은 기회균등의 원칙에 따라 모든 학생이 즐겁게 배울 수 있는 완전히 새로운 교수법과 학습법이다. 이른바 "한 명도 뒤에 두고

192 오산시 스웨덴·핀란드탐방단, 앞의 책, 158쪽.

193 오산시 스웨덴·핀란드탐방단, 앞의 책, 136쪽.

194 파시 살베리(2016), 『핀란드의 끝없는 도전』, 푸른숲, 43쪽.

가지 않는다"라는 평등교육의 철학을 수월성 교육 대신에 채택했다. 또 교육과정, 학생 평가, 학교 개선, 지역사회 연계 활동 관련해 교사의 전문성과 주도권을 인정함으로써 교육개혁의 효과를 아래로부터 지속가능하게 가져갈 수 있었다.

평등교육 실천에서는 모두가 똑같은 교육을 받는다는 것 대신에 도움이 더 필요한 사람에게 더 많은 지원을 해 준다는 원칙을 세웠다. 대부분의 학교에는 학교장, 간호사, 상담사, 심리학자, 사회복지사 등으로 구성된 학생복지팀이 있고, 이들의 역할은 전체 학생들에게 좀 더 질 높은 복지와 학생생활을 보장하는 것이다. 특히 특수교육이 필요한 학생의 경우, 교사가 학습장애 혹은 개인적인 장애 여부를 초기에 알아보고 즉시 치료를 지원해야 성공할 수 있다고 보았다. 따라서 특수교육은 학교교육과정에서 빠뜨릴 수 없는 부분이 되었고, 모든 지방자치단체와 학교는 특수교육이 필요한 학생을 위해 전문가를 채용한다. 또한 핀란드 교사들은 특수교육 대상 학생들이 대부분 영구적인 장애가 아니라 임시적으로 학습하는 데 어려움이 있다고 간주한다.

핀란드의 특수교육 대상자 비율이 전 세계 최고 수준을 보이는 현상도 바로 이런 사고방식에 원인이 있는 듯하다. 그들에게 붙은 라벨은 경멸스러운 것이 아니라 일시적인 것이라는 시각이 들어 있기 때문이다. 핀란드인들은 모든 아이들이 향상할 수 있다고 추정한다. 사실 17살이 되기 전 어느 시점에서 특수교육의 도움을 받아 본 경험이 있는 핀란드 아이들의 비율은 절반을 넘는다. 대부분 더 도태되지 않도록 초등학교 시절에 도움을 받는다. 이 도움은 거의 대부분 정상 일과의 일부를 활용해 통합학교 안에서 이루어진다.[195] 이와 대조적으로 특수교육을 비정상의 범주처럼 생각하는 한국의 경우는 특수교육에 대한 인식 전환이 시급하다.

1980년대부터는 정부가 관료가 가졌던 상당한 관리 권한들을 축소시키는 의미심장한 조치를 취했다. 지방의 교육 당국들은 거버넌스 시스템의 개정과 더 많은 정책결정권의 지방 위임을 추구했다. 그래서 스웨덴 모

195 아만다 리플리(2014), 『무엇이 이 나라 학생들을 똑똑하게 만드는가』, 김희정 옮김, 부키, 259쪽.

델을 추구한 이른바 자유지방자치도시 실험을 1980년대 중반에 도입했다.[196] 국가보조금은 운영경비의 51~86%에 이르렀고, 10단계로 분류된 지방자치단체의 재정 상태에 따라 차등 적용되었다. 지방자치단체들은 아무리 비용이 많이 들거나 비효율적이라고 하더라도 소규모 학교들을 폐쇄할 이유가 없었다. 넉넉한 국가보조금이 추가 비용을 감당할 수 있게 도와주었기 때문이다.

1880년대 중반 즈음 거버넌스 개혁을 둘러싸고 사회적 논의가 시작되었다. 이 위원회의 주된 권고안은 중앙통제를 완화하라는 것이었다. 그 노력의 결과 중 하나가 관료주의의 급격한 축소였다. 과거 두 개의 교육청에는 국가로부터 급여를 받는 직원이 560명이었다면 오늘날의 교육청에는 260명뿐이다. 1990년대 내내 주정부 사무소의 업무도 차차 줄였다. 주정부사무소는 세부적인 행정적 권한을 상실했을 뿐만 아니라 감사업무까지 그만두었다. 학교 자율평가 제도가 시행되면서 장학 제도도 폐지되었다. 대신에 학교와 교사의 전문성에 근거한 자율과 지적 책무가 강조된 학교운영의 기틀이 확고히 세워지게 되었다. 파시 살베리의 표현대로 강요된 책무성이 아니라 지적 책무성이 효과를 발휘하게 된 것이다.[197]

기초학교를 두 가지 수준(초등, 중등)으로 나누는 관리상의 구분은 1999년의 교육법안과 함께 사라졌다. 이는 교육 제공에 대한 새로운 전망과 시설활용에 대한 폭넓은 해결책을 만들어 주었다. 교사와 학생들을 폭넓게 연결하는 연합학교를 발달시켜 규모의 경제를 통한 더 융통성 있는 교육 프로그램들을 제공할 수 있었다. 소규모 지역들에서도 고학년의 다양한 선택교과 교육을 제공할 능력을 갖게 된 것이다. 새로운 학교구조는 특히 아동 및 가구 수의 급격한 하락을 겪은 지역들에서 학교교육을 지속하는 데 도움을 줄 수 있었다.[198]

1990년대 중반부터는 연령별 반 편성 체계가 반이 없는 체계로 대체

196 에르끼 아호 외(2010), 『에르끼 아호의 핀란드 교육개혁 보고서』, 김선희 옮김, 한울림, 188쪽.

197 파시 살베리, 앞의 책.

198 에르끼 아호 외, 앞의 책, 202쪽.

되었다. 따라서 현재 일반계 중등학교는 학급이나 학년 구분이 없다. 새로운 교육과정은 학생들의 인지 발달을 이해하는 것을 더욱 강조하고, 각 학교와 해당 지역의 강점을 최대한 활용하도록 장려했다. 이로써 학생들은 수업 내용과 순서를 고려해 예전보다 자유롭게 계획을 세우고 수업을 선택할 수 있게 되었다. 하지만 필수과목 18개는 모든 학생이 배워야 한다. 또한 38개의 수업 중 최소 75개 과정을 성공적으로 마쳐야 한다. 이중 약 3분의 2가 필수과목이고 나머지는 학생들이 자유롭게 선택한다. 대개는 80개에서 90개의 과정을 수강한다.[199]

학교생활에서 시험이 필수인 다른 나라 학생들과 달리 핀란드 학생들은 후기 중등학교에 입학할 때까지 고부담 표준화 시험을 치르지 않는다. 시험이 시행되는 학년에 속한 중학교 교사들 대부분이 학생 지도의 목적을 시험 합격이 아니라 학습을 돕는 데 둔다는 사실도 중요하다. 핀란드에서는 시험을 자주 치르거나 학생들에게 공부를 열심히 하라고 강요하지 않는다. 오히려 '덜 가르칠수록 효과적이다'라는 신념을 바탕으로 정반대 정책을 펼치고 있다. 그런데도 어떻게 우수한 교육 성취도를 보이고 있을까? 핀란드 학생들은 개인 특성에 따라 자기 나름의 속도로 공부할 권리를 인정받는다. 시험문제를 풀거나 글을 쓸 때에도 빨리 해내는 학생이든 더 많은 시간이 필요한 학생이든 일정 수준 이상으로 해내기만 하면 동일한 능력으로 인정해 준다. 점수를 매기는 시험은 학생이 준비가 됐을 때 원하는 시기에 시행하며, 대입자격시험도 3학기에 걸쳐 여러 번 치를 수 있다.[200]

연구에 기반을 둔 사범교육 또한 우리가 배울 점이다. 교사를 연구에 기반을 둔 전문직 종사자로 양성하는 것이 1970년대 중반 이후 핀란드 사범교육 개혁의 핵심 목표이다. 교사는 가르치는 자이기 이전에 연구하는 자이다. 즉 수업 전문가로서 교실 상황에 대한 비판적이고 전문적인 관찰을 수행할 뿐 아니라 연구자로서 최신 연구에서 나온 다양한 증거 자료를 토대로 프로그램을 개발하는 분석적이고 개방적인 태도를 가져야 한다. 핀

199 파시 살베리, 앞의 책, 69쪽.

200 파시 살베리, 앞의 책, 72쪽.

란드의 사범교육은 연구에 기반을 둔 체계적인 훈련 시스템으로 인해 다른 분야의 학계에서도 인정받는다. 교사가 되려는 모든 예비 교사들은 졸업 요건으로서 석사 논문을 제출해야 한다. 이 논문은 이론, 방법론, 비판적 성찰이라는 엄격한 학문적 요건을 기준으로 철저하게 분석되고 평가받는다.[201] 연구 지향적인 사범교육은 모든 교사들이 복잡하고 변화하는 환경에서 일할 수 있도록 준비시킨다. 또 학문 훈련을 통해 습관화된 연구자로서의 태도는 더 급진적인 교육정책을 실행할 수 있게 한다. 학교 외부의 엘리트와 관료들이 주도하는, 하명하듯 내려오는 교육정책은 교사들이 학교를 개선하려는 열망이 아니라 당혹감과 변화에 대한 저항감을 갖게 만든다. 따라서 핀란드는 새로운 개혁을 계획하는 일을 외부의 연구자들에게 일임하는 대신 교사들에게 연구자로서 교육정책에 기여할 충분한 자격과 기회를 배분한다.

우리도 교사들에게 연구활동이 가능한 근무 조건을 제공하고 높은 수준의 전문가로서의 재량권을 부여해야 한다. 교사들은 자신들의 업무에 대해 분석적이고 개방적인 접근 방식을 취해야 하며, 자신들의 관찰 및 경험을 토대로 결론을 끌어내고, 체계적으로 교수-학습 환경을 개발할 수 있어야 한다. 지역대학이 예비교원의 연구자 정체성을 만드는 데 핵심적 매개자 역할을 할 수 있다. 교사들을 연구자로 키워 내는 것이 교육부나 교육청에서 엘리트 관료들을 통해 좋은 정책을 제시하는 것보다 효과적이다. 핀란드의 교육행정가로 유명한 에르끼 아호도 가능하면 교육과 관련된 모든 분야의 개혁과정에 초기 단계부터 교사들을 동참시켜야 한다고 강조한다. 그래야 교사들이 개혁 추진과정의 일부가 될 의지를 갖게 되고, 정치인들 역시 교사들을 신뢰하게 된다는 것이다.[202]

핀란드는 교사들의 높은 수준으로 유명하다. 교사가 되기 위해서는 모두가 석사 자격을 따야 하기 때문이다. 그러나 석사학위 자체가 교사로서의 높은 전문성을 담보하는 것은 아니다. 많은 한국 교사들 역시 석사 학위를 소지하고 있다. 그러나 교육학과들이 대개 기준이 낮고 엄격한 수업

201 파시 살베리, 앞의 책, 196~288쪽.

202 에르끼 아호 외, 앞의 책, 269쪽.

이나 학위 수여가 이루어지지 않기 때문에 석·박사 학위는 그다지 큰 의미가 없다. 수업료만 납부하면 졸업 학위를 준다는 말이 나올 정도로 교육대학원의 연구 시스템은 느슨하다. 핀란드의 사범교육 시스템도 처음부터 높은 수준이었던 것은 아니다. 핀란드는 교육개혁의 일환으로 교원 양성 프로그램 자체를 재부팅했다. 정부는 소소한 교원 양성 프로그램을 운영하는 작은 대학들을 폐쇄하고 명문 대학들로 학과를 옮기며, 5분의 1 수준으로 교육학과의 정원을 축소했다. 지나치게 많은 청년들이 임용고시에 매달려 청춘을 낭비하고 있는 우리가 유심히 살펴볼 만한 대목이다. 의대처럼 임용고시를 볼 수 있는 정원을 크게 줄이되, 교원교육을 강화시키면 어떨까?

현상 기반 학습: Phenomenal BL(Phenomenal Based Learning)

미래교육과 관련된 새로운 담론으로서 핀란드의 현상 기반 학습(Phenomenal BL)[203]을 주의 깊게 살펴볼 필요가 있다. 핀란드는 최근 'Phenomenal BL'을 모토로 대대적인 교육개혁을 이루고 있는데, 국내에는 이와 관련된 논의가 전해지지 않고 있어서 매우 아쉽다. 'Phenomenal BL'은 전통적 학습 방법인 '개념에 대한 이해'가 아닌 '현상에 대한 적용'으로부터 시작하는 것이 핵심이다. 특히 기존 지식의 해체(deconstruct)와 재구성(construct) 과정 자체를 학생들이 주도함으로써 교과목의 구분이 없는 교실을 구현하고 있다. 'Phenomenal BL'로의 전환에서 핀란드 교육 당국이 가장 심혈을 기울이고 있는 3대 요소 중 하나가 '디지털과 함께하는 변화(change with digital)'이다. 핀란드는 교육 환경, 교육 내용, 평가 도구의 디지털화(digitalization)를 통해 교과서 없는 수업, 과정중심 평가, 개별 맞춤형 피드백 시스템 등 전무후무한 미래형 공교육을 선도하고 있어 우리도 참고할 만하다.

203 'Phenomenal Based Learning'의 약자이다. 흔히 핀란드의 PBL을 'Problem Based Learning'의 약자나 'Project Based Learning'의 약자로 이해하는데, 명백히 다른 용어이다. 오해를 막기 위해 이하 본문에서는 'Phenomenal Based Learning'의 약자를 'Phenomenal BL'로 표기한다.

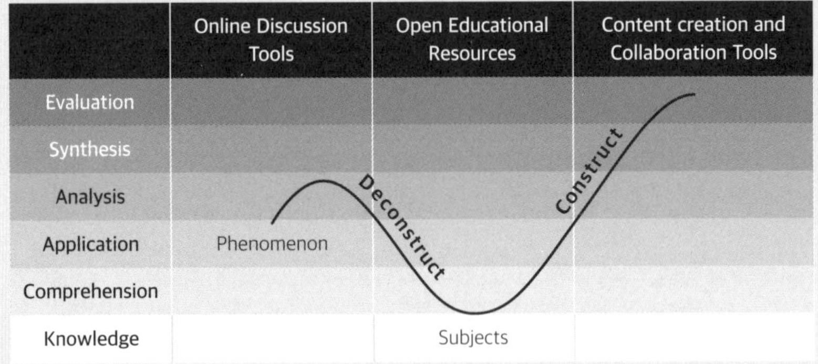

<그림 6> Phenomenal BL의 학습단계[204]:
개념을 먼저 배우고, 그 개념을 증명하는 실험을 진행하는 우리와의 차이를 유심히 보라. 현상(Phenomenon)에의 적용(application)이 학습의 맨 앞에 존재한다. 학생은 어떤 개념도 손에 들지 않은 채로 현상을 경험한다. 그리고 나름의 분석(analysis)을 통해 자신이 가지고 있던 생득적 개념(고정관념, 선입견)이 무너지는(deconstruct) 과정을 거친다. 그 순간이 학생의 개념 학습에 대한 흥미와 호기심이 가장 극에 달한 상태이다. 그때 교사는 학생의 경험과 관련된 여러 교과(subjects)의 관련 지식(knowledge)을 소개함으로써 학생이 자신의 개념을 스스로 구조화(construct)할 수 있도록 돕는다. 이와 같이 탈구조화가 먼저 이루어지고, 구조화가 이루어지는 것이 Phenomenal BL의 핵심이다. 개념화 이전에 경험이 있어야 하는 것이다.

Phenomenal BL은 학제 간 접근법으로, 수업 내용을 수학, 과학 등과 같은 교과로 분리하는 대신 학교가 일 년에 몇 단위의 프로젝트 학습을 진행하도록 한다. 가장 멋진 점은 학생들이 교사들로부터 수동적으로 지식을 얻는 대신 프로젝트를 개발하는 것으로부터 스스로 배운다는 사실이다. 교사는 학생들에게 중요하고 관련 있다고 생각되는 주제를 선택하게 되며, 이는 교실과 학교에 따라 다를 수 있다. 학교는 일정에 Phenomenal BL 수업을 포함하는 빈도와 분량을 결정할 권한이 있다. 2014년에 핀란

204 The change with digital, Pasi Silander(2015-2019) FINLAND (http://www.phenomenaleducation.info/change-with-digital.html)

드는 Phenomenal BL을 핵심과정으로 설계한 NCF(국가교육과정 체제, National Curriculum Framework)의 개정판을 개발했다.[205] 모든 교사들이 Phenomenal BL을 환영하는 것은 아니다. 오히려 오랫동안 교직에 종사 한 사람들이 Phenomenal BL을 가장 힘들어한다. 특정 교과에만 정통했던 교사들이 이제 다른 교사와 협력하여 학제 간 프로젝트를 설계해야 하기 때문이다.

Phenomenal BL 수업으로의 개편에서 핀란드 교육 당국에서 가장 중시하는 변화가 digitalization(디지털화)이다. 그러나 이는 우리 교육 당국의 ICT 활용 방안과 다른 지점들이 있다. 예를 들어 E-러닝을 시험 성적을 올리기 위한 용도, 복습을 위한 용도로 쓰지 않겠다는 원칙을 갖고 있다. 우리가 문제은행을 통해 특정 교과의 성취도를 높이기 위해서 반복 연습과 복습용으로 ICT를 활용하는 것과 정반대의 방향이다. 두 번째는 배움 후에 있는 피드백이 아니라 배움 중에 피드백을 주기 위해 IT기술을 활용하는 것이다. 평가와 수업을 연계하기 때문에 수업의 효과성을 높일 뿐만 아니라 줄세우기식 변별을 위한 평가는 사라지게 된다. 평가가 배움을 보조하기 위함이라는 본연의 목적에 충실한 것이다.

Phenomenal BL은 실생활을 중심으로 배우는 것이 중요하다. 어찌 보면 우리의 '실학 정신'과도 닿는 부분이 있다. '현상학'이라는 복잡한 철학적 기반을 대중에게 알기 쉽게 전달하자면 '실제 기반 학습' 정도로 번역해 불러도 좋을 것 같다. 학습자는 먼저 현상을 경험한 후 기존에 알고 있던 지식이나 선입견을 해체하고, 새로운 이론을 재구성하며, 다른 현상들과의 유사점을 비교하며 종합한다. 지식으로부터 시작하지 않고 현상으로부터 시작하는 것이 Phenomenal BL의 핵심이다. 지식의 해체와 재구성 과정 자체를 학생들이 주도한다는 것이 기존의 학습법과의 차이다. 이 과정에서 학생들은 스스로 현상을 파악하기 위해 어떤 내용이나 주제를 배울 필요가 있음을 알게 되므로 배움에 대한 관심과 동기는 현재의 교과 중심 접근 방식보다 훨씬 높다.

205 Phenomenon-Based Learning: What is PBL?-Tatyana Zhukov.

이것은 교과서 진도나가기식 수업을 끝내야 한다는 것을 뜻한다. 교사와 학습자는 현상을 연구하기 위해 학습 내용을 동적으로 편찬하게 된다. 현상의 이면을 계속해서 해체함으로써, 그들은 배울 필요가 있는 것들을 식별하고 배우기 위한 가장 좋은 방법을 선택하게 된다. 학생들은 새로운 지식을 얻기 위해 동영상, 애니메이션, 메모, 문서 등의 형태로 오픈형 교육 플랫폼(OER's)을 사용한다. 교사는 필요에 따라 이와 같은 OER(Open Educational Resources, 오픈 교육자료) 목록을 다른 학교와 공유할 수 있으며, 이러한 일련의 자료가 새로운 교과서가 되는 것이다.[206]

북유럽 3국 방문 중 흥미로웠던 것 중 하나는 대부분의 학생들이 개인용 노트북을 소지하고 있다는 점이다. 국가에서 50%의 비용을 지원한다든지, 경제적 형편을 고려하여 무료로 배포한다든지 보조금 지원 규모는 다르지만, 모든 학생이 각자의 디지털 디바이스를 소지한 채 수업에 들어오는 것은 모든 학교에서 발견할 수 있는 공통된 풍경이었다. 투슬라(tuusula) 교육청의 Markus 씨는 관내의 초·중·고 학교에 재학 중인 학생 약 5,000명 중 절반에게 아이패드와 크롬북을 배포했다고 우리에게 이야기했다. 물론 한국도 전자칠판 보급 및 디지털 교과서, E북의 교실 배포를 위해 막대한 예산을 사용하고 있다. 그러나 우리의 경우는 그저 종이 교과서 내용을 그대로 E북으로 옮겨 놓는 경우가 많다. 따라서 E북을 활용해도 교사가 일방적으로 강의하는 기존 수업 방식이 유지되는 경우가 많다. 반면 북유럽 학교들에게 디지털 디바이스는 학생들이 자유롭게 정보를 찾는 프로젝트 수업을 위한 접속 도구의 쓰임에 충실하다는 점에서 큰 차이가 있다. 우리는 디지털사회라는 압박 속에서 교육철학의 근본적 변화 없이 흉내내기식으로 껍데기만 바꾸고 있다. 교육부와 교육청은 미래교육이라는 미명하에 막대한 예산을 들여 IT장비를 학교에 들여오고 있는데, 그 비싼 장비들로 기존 수업을 반복하고 있는 것을 보면 답답하기 그지없다.

한편 핀란드는 2016개정 교육과정에서부터 코딩교육을 초등학교

206 The change with digital, Pasi Silander(2015-2019) FINLAND (http://www.phenomenaleducation.info/change-with-digital.html)

개인별 디지털 디바이스를 소지한 북유럽 학생들

1학년부터 적용할 수 있도록 내용을 구성하고 관련 내용을 개정했다. 특히 핀란드 소프트웨어 교육은 별도의 교과로 존재하는 것이 아니라 수학 교과의 시수를 할애하여 문제해결력 중심의 융합교육의 기반을 마련했다는 것에 눈길이 끌렸다.[207] 코딩을 통해서 문제해결력을 기른다는 본연의 목적에 비추어 본다면, 우리나라와 같이 실과 교과나 정보 교과에 독립된 소프트웨어 교육을 편성한 것보다 더 나은 선택인 것 같다.

클럽활동

오후 4시 이후 이루어지는 방과 후 클럽활동은 예체능 등을 위주로 구성되어 있다. 보통 인근의 학교 2~3곳의 모여 지역 클럽을 형성하며, 개인적으로 비용을 내고 참여할 수 있다. 북유럽 아이들은 학창 시절 동안 두 그룹 이상의 친구들을 사귀려고 노력한다. 한 그룹은 학교에서 공부하면서 사귀는 친구들이고, 다른 한 그룹은 클럽에서 사귀는 친구들이다. 클럽을 통해 같은 학교 출신이 아닌 지역 친구들과 교제하는 기회를 갖게 되는

207 배영권·신승기, 앞의 책, 28쪽.

것이다. 지자체에서 만든 청소년복합문화공간도 곳곳에 존재한다. 이를테면 헬싱키의 Youth Activity Centre Happi(헬싱키청소년센터)에는 함께 대화할 친구가 있고, 각자의 소질을 개발하기 위해 전문적으로 조성된 교실, 교재와 기구, 분야별 교사가 있다. 그리고 그 뒤에 이 모든 것을 지원하는 지자체와 봉사자들이 있다. 스웨덴의 어느 축구클럽 규칙 제1조에는 "이 스포츠클럽의 주인공은 학생이지 학부모가 아니다"라고 적혀 있다.[208] 학부모의 입김을 배제하고 철저히 어린이 중심으로 클럽을 운영하겠다는 각오가 느껴진다. 우리도 학교를 건축할 때 학교 테두리 밖의 또래와 친구가 되고 예체능을 전문적으로 배울 수 있는 공간들, 특히 청소년들만을 위해 특화된 공간을 디자인할 수 있도록 섬세한 배려가 필요하다.

미래·공생교육을 위한 교육과정 및 교육제도 제안

우리가 침략자라고만 알고 있는 바이킹은 사실 뛰어난 커뮤니케이터이자 무역사[209]였다고 한다. 그들이 가장 탁월했던 점은 여기저기 다른 나라들에서 본 장점들을 자신의 것으로 조합해 내는 능력이었다. 지금도 북유럽 국가들은 이웃국의 좋은 정책이 언론을 통해 실시간으로 소개되고 국정에 반영된다. 덴마크의 아버지라 불리는 그룬트비가 18세기 중엽에 성인용 자유학교를 만들어 농민교육 운동을 할 때 그것을 가장 먼저 받아들인 나라도 스웨덴과 노르웨이였다. 우리는 선진 교육 사례를 두고서도 우리나라와 실정이 달라 도입하기 어렵다는 변명을 자주 한다. 뛰어난 아이디어도 마치 별나라 이야기처럼 그냥 듣고 넘기는 것이다. 앞에서 덴마크, 핀란드와 관련해서 내가 정리한 내용 중 우리나라에서 검토할 만한 몇 가지 아이디어를 모아 나열해 본다.

208 오산시 스웨덴·핀란드탐방단, 앞의 책, 176쪽.

209 오연호, 앞의 책, 249쪽.

1) 세 가지 영역에서의 학생들의 자율권 보장

프레네 학교의 학생들은 시간 운영의 자율성, 공간 운영의 자율성, 학습에 대한 학생의 주도권을 보장받고 있다는 점에서 우리에게 시사하는 바가 있다. 미래 학교에서는 '언제 학교에 등교할지', '무슨 내용을 언제 배울지'에 대한 배움의 권한이 학생에 있음을 분명히 해야 한다. 강제적으로 학교에 출석하는 학생들에게는 배움의 열정이 있을 수 없기 때문이다. 특히 학교에서의 교육과정 편성이나 학교운영, 학급운영에 관한 여러 가지 크고 작은 일의 결정에 학생들이 참여하는 것이 중요하다. 학생의 발언권을 교사, 교장의 발언권만큼이나 존중할 때 진정한 민주시민 교육이 가능하다.

2) FIMEM 가입을 통한 학습인쇄기술, 자기수정카드 학습법 활용

프레네 교육에 관심을 가진 학교들이 FIMEM에 회원단체로 가입하고, 혁신의 모델로 참고하면 어떨까? 이를 통해 프로젝트 학습, 특히 학습인쇄기술, 자기수정카드 학습법 등 공립학교에서 자기주도적 학습을 가능케 하는 방법론에 대해서 연구하며 국제교류를 하도록 한다.

3) 자유학기제 운영이나 수업 중 워크숍(공연, 발표) 활동을 위한 시설 마련

덴마크의 학교들은 수업 전후나 식사 시간 전후에 짬을 내서 수업 시간에 배웠던 것을 보여 주고 모두가 공유한다. 마임이나 짤막한 연극 공연, 그리고 합창을 하면서 학교생활이 나 개인만의 것이 아니라는 점을 느낄 수 있는 것이다. 우리나라에서도 1인 1악기 등 예체능 교육이 강조되고 있지만, 실제 음악 수업은 반 학생 전원이 리코더 연주를 하는 등 일률적으로 이루어지고 있다. 재즈, 록, 클래식 등의 현대적인 음악회처럼 협주를 통해 발표나 공연이 가능한 음악 수업을 시도해 보면 어떨까? 이를 위해서는 다채로운 악기와 방음시설이 완비된 교실과 밴드 수업에 대한 지도가 가능한 예술가들의 채용이 요구된다. 더불어 학교 체육관에 연극시설을 완비해 공연이 가능하도록 기자재를 보완할 필요가 있다.

자유학기제를 운영하기 위해서는 그 원형인 '에프터스콜레'를 참조해 보자. 에프터스콜레는 각 학교마다 개성이 분명하지만 공동적으로 몸을 사용하는(Learning by Doing) 워크숍 수업을 강조한다. 다만 우리의 경우 워크숍 활동을 위한 전문장비와 시설을 갖추고 있는 학교가 많지 않다. 특히 초등학교의 경우 실습시설이 미흡한 편이다. 따라서 워크숍 활동수업과 자유학기제의 성공적 운영을 위해 별도의 전문화된 지역거점 공간들을 신설할 필요가 있다. 자유학년제, 자유학기제와 관련해서는 강화도에 설립된 에프터스콜레인 꿈틀리학교가 우리에게 좋은 롤모델이 되어 줄 것이라 생각한다.

4) 경쟁 위주의 구기 종목에서 모두를 위한 체육 수업으로

덴마크 체조는 군사교련이나 경쟁이라는 요소를 배제하고, 장애가 있는 사람을 포함해 모두가 즐길 수 있게 만든 신체 단련법이다. 우리의 체육교육도 군사교련과 엘리트 체육에 근거한 구기 종목 중심주의에서 벗어나야 한다. 주변을 살펴보면 만성적인 허리통증에 시달리는 사람들이 많다. 심지어 척추측만증 등의 다양한 근골격 질환에 시달리는 초등학생들도 늘고 있다. 오랜 시간 모바일이나 컴퓨터를 붙들고 있어 발생하는 현대인의 질병이라고 볼 수도 있을 것 같다. 그렇다면 오늘날 학교에서 가장 먼저 배워야 할 것은 지식이 아니라 자기 몸을 건강하게 사용하는 기술들이 아닐까? 문고리 하나를 붙잡을 때도 멋진 자세가 있고, 바닥에 떨어진 물건을 주워 올릴 때조차 허리에 무리를 주지 않는 자세가 있다.

5) 사립학교법 개정 및 학운위 및 이사회에 학생대표 포함

북유럽의 경우 학교 행정의 최고 결정기관인 이사회에 학생 대표 2명을 선출한다. 예를 들어 이사회가 11명이라면, 학부모 7명, 교직원 2명, 학생 2명으로 구성된다. 또한 모든 자유학교에는 부모회가 있는데, 이 부모회에서 감사 역할을 할 사람을 뽑는다. 사학재단의 비리와 전횡에 시달리는 우리나라의 경우에도 사립학교법을 개정해서 이사회에 학부모와 학생들이 과반수 이상을 차지하도록 하면 어떨까? 공립학교의 경우에도 학운위에 학생대표를 2명 이상 학생회에서 파견토록 해야 할 것이다. 반면에 교육부와 교육청의 감사팀은 없애고 그 역할을 학부모에게 넘겨줌으로써 각 학교의 자율성과 전문성을 살리는 방향으로 개편할 필요가 있다. 또한 의견이 나뉘는 상황에서 너무나 쉽게 다수결로 결정하거나, 교장과 담임이 독단적으로 결정하는 우리 교육계의 회의 풍경을 바꾸어야 한다. 다수결 투표는 소수자들의 선택을 무시하고 힘의 논리로 짓밟게 되기 때문이다. 따라서 덴마크의 학교들처럼 투표는 최후의 경우로 미뤄두고, 합의와 토론에 의한 결정을 장려해야 한다.

6) 연구자로서의 교사 정체성 강화

덴마크 교사들은 수업 준비 시간이 하루에 두 시간에서 한 시간으로 줄어든다는 사실에 분노해 파업투쟁을 벌였다. 우리의 교사들은 하루에 몇 시간을 수업 준비를 위한 연구에 할애하고 있을까? 수업혁신을 바란다면, 교사들이 수업 준비 시간을 충분히 가질 수 있도록 보장하고 수업연구를 장려하기 위해 갖은 노력을 기울여야 할 것이다. 그 시작점은 교사 스스로 연구자로서의 정체성을 직업 정체성 중 가장 중요한 요소로 여기는 것이다.

7) 지역 도서관과 연계 프로그램 구축

북유럽 도시는 공공도서관이 매우 활발하게 운영되고 있다. 특히 도서관 1층에는 메이커스페이스가 설치되어 있어 지역의 아동들이 자유롭게 3D프린터, 재봉틀, 플로터 등을 사용할 수 있다. 우리도 학교 및 지역 단위의 도서관이 협력하여 청소년들의 디지털 리터러시를 증진시킬 수 있는 프로그램을 디자인해 보자.

도서관에 위치한
메이커스페이스

3D프린터 외
여러 장비가 있다.

8) 교과선택제, 무학년제, 학점제를 위한 준비-1학급 2교사제

최근 교육부에서 1학급 2교사제 아이디어가 나왔다가 현장에서의 혼란을 이유로 논의가 쏙 들어갔다. 핀란드 학교에서는 교사 혼자서 가르치는 경우가 없다. 늘 두세 사람이 함께 팀을 구성하여 가르친다. 핀란드는 "한 명도 뒤에 남겨 두고 가지 않는다"라는 모토를 교육의 원칙으로 삼고 있다. 천재 한 명이 만 명을 먹여 살린다며 제2의 빌 게이츠를 만들자고 외치는 우리의 모습과 대조적이다.

한국은 나이주의가 강한 문화권이다. 심지어 어린이집에서도 6살 아이가 5살 아이를 처음 만난 자리에서 "너 몇 살이야? 왜 나한테 반말하니?"라고 따질 정도이다. 나이에 의한 위계서열이 우리 사회에서 공고한 이유 중 하나는 동일한 연령이 동일한 학년에 배치되는 학년제 때문이다. 북유럽은 벌써 1990년대에 연령별 반 편성을 폐기하고 무학년제를 시행하고 있다. 무학년제이기에 기초학력이 부족한 학생은 기본 과목 이수에 집중하고, 앞서 나가는 학생은 더 많은 수업을 신청해 수강할 수 있다. 이는 한국에서 최근 진행 중인 학점제와 유사하다. 우리의 경우 학점제를 운영하는 많은 학교에서 다양한 선택과목을 개설하는 데 어려움을 겪고 있다. 따라서 자유학기제의 취지를 살리려면 교사 양성 과정에서부터 복수전공이나 간교과, 간학문적 연구를 장려해야 할 것 같다.

요즘 갈수록 높아지는 임용시험 경쟁률과 줄어드는 교원임용정원 문제 때문에 교대생들의 반발이 심해지고 있다. 교직이수 과정 및 난립해 있는 사범대 교육학과를 통폐합하고, 교육대학교의 정원도 대폭 줄일 필요가 있다. 대신 실습과정을 1년으로 늘리고 졸업논문 심사를 엄격하게 하는 등 6년제 석사과정으로 교직 양성 과정을 강화해야 한다. 동시에 1학급 2교사제를 통해서 교원임용을 늘리고, 수업당 정원 수를 줄여 효과적인 개별 학습이 가능하도록 해야 한다. 핀란드는 평등교육의 원칙하에 특수교육에 대한 예산을 엄청나게 사용하고 있다. 이 예산을 통해 각 학급마다 1명 이상의 보조교사를 채용해 특별한 도움이 필요한 모든 학생에게 맞춤형 도움을 제공하는 것이다. 별도의 특수교육 관련 전문가 팀도 필요하지만, 1학급 2교사제는 학습지체 학생들이 더 도태되지 않도록 적시 도움을 받을 수 있는 최소한의 안전장치가 되어 줄 것이다.

9) 교육자치를 위한 감사, 장학 업무의 폐지

교육부의 권한 이양과 관련해서 핀란드에서 교육자치를 위해 택한 스웨덴 모델(자유지방자치도시)을 참고할 필요가 있다. 핀란드는 국가와 지역 단위의 교육청을 통폐합하면서 관료주의를 함께 청산했다. 교육청 소속 직원의 숫자를 반절로 줄이면서 가장 먼저 시행한 것은 장학과 감사 제도의 폐지이다. 학교 자율평가 제도가 시행되면서 장학감사 제도가 필요없게 된 것이다. 우리의 경우도 학교의 자치를 위해 교육부와 교육청의 어떤 업무와 부서들을 없앨지 고민해야 한다.

10) 초·중·고 클러스트 통합으로 복합문화공간 구축

북유럽의 학교들은 초·중학교를 통합하고 9학년제 종합학교를 운영함으로써 규모의 경제 효과를 보고 있다. 우리도 인구 감소를 겪고 있는 지역의 초등학교와 인근 중등학교를 통합함으로써 기자재 및 인력의 다양성과 규모를 키워 예산을 효율적으로 사용할 필요가 있다. 한 개의 학교로 통합하고 남는 시설의 경우에는 전문 공연장, 텃밭, 목공 및 요리 수업 등의 수공예실, 디지털 리터러시 교육을 위한 해킹스페이스 등을 갖춘 복합문화공간으로 개편해 예체능 교육, 방과후수업이나 클럽활동에 사용할 수 있고 상시적으로 공연을 벌여 지역 주민의 문화 거점지로 삼을 수 있을 것이다.

11) 변별력을 위한 시험에서 수업을 위한 시험으로 개편

핀란드 학교는 배움 후의 평가가 아니라 배움 중의 피드백을 강조한다. 요즘 우리도 "평가는 줄 세우기 위한 도구가 아니라 배움을 위한 도구일 뿐이다"라는 교육철학의 관점에서 과정중심평가가 시도되고 있다. 그러나 초·중·고의 평가를 개편하기 위한 다양한 시도들이 대학입시를 위한 변별력이 부족하다는 이유로 결정적 저항에 부딪히고 있다. 따라서 수능 절대평가제, IB[210] 등의 대안 평가를 도입함으로써 출구를 모색할 필요가 있다.

12) 미래 교실과 디지털화

북유럽에서 학교현장의 디지털화(digitalization)를 실천하고 있음을 피부로 느낄 수 있었다. 우리나라도 최근 4차 산업혁명 등의 논의로 교육 환경에 IT기술을 도입해야 한다는 요구가 높다. 그러나 학생들이 종이 교과서 대신 E북을 들여다보며 과거와 똑같이 일제식 수업, 지식전달식 수업을 할 것이라면 막대한 예산을 들여 IT장비를 학교에 들여올 필요가 없다. 새로운 장비의 도입은 학생들의 자율적 학습을 가능케 하는 방향과 일

210 국제 바칼로레아(영어: International Baccalaureate, IB)는 프랑스의 논술형 대입자격시험(바칼로레아)을 본떠 만든 초중등 교육과정이다.

치해야 할 것이다. 그런 관점에서 미래교육에 대한 굳건한 교육철학 정립이 우선이다. 주어진 교과서와 정해진 교육과정을 사용해야 한다는 경직성을 먼저 버려야 한다. 그 전제하에 1인 1디바이스의 학습 환경을 학교에 구축해 보자. 호주나 유럽의 학교를 가 보면 교실에 갖추어져 있는 IT장비는 고가의 화려한 품목들이 아니었다. 오히려 모든 학생이 동시에 접속할 수 있는 와이파이나 모든 기기의 동시 충전이 가능한 충전기 박스(디바이스 보관함 기능을 겸함) 등의 기본에 충실한 장비들이다. 몇천억 원씩 소요되는 교과서 E북 제작비용을 차라리 이런 기초설비 구축에 사용하면 어떨까? 무선인터넷 접속도 되지 않는 대한민국 교실을 디지털 강국의 교실이라 부를 수 있을까?

13) 교원 승진제도 개편

북유럽의 교원들을 만나며 인상적이었던 사실 중 하나는 교장 및 교육청 관계자가 젊은 교사 출신인 경우가 많았다는 것이다. 관리자(교장, 교감)와 평교사가 상하위계가 갈리는 신분제처럼 작동하는 것이 아니라 역할을 위한 보직이기 때문에 가능한 것이었다. 우리도 교장과 업무가 겹치는 교감직은 없애고, 교장은 선출보직제나 내부공모제로만 선발(교장 자격증제 폐지)해 보면 어떨까? 장학사 임용 시에는 혁신교육, 마을교육공동체 등 특정 분야에서 장기를 가진 인재를 고르고, 임용 후에도 계속 그 분야에서 일할 수 있게 해야 한다. 지역교육지원청의 경우에는 그 지역의 주민이 되어서 10년 이상 복무토록 해야 지역의 일꾼들과 협업하며 성과를 낼 수 있는 충분한 시간을 확보할 수 있을 것이다. 또한 학교 교장을 필두로 행정지원팀을 꾸려 교사에 대한 전문적인 도움을 꾀하는 북유럽처럼 학교장에게 특수교육, 행정지원에 대한 고유의 역할과 업무를 부여할 필요가 있다.

에필로그

이 책에 수록된 대부분의 글들은 이런저런 자리에서 발표했던 원고들을 기반으로 하고 있습니다. 지면을 빌려 주시거나, 논의의 자리를 마련해 주신 분들께 이 자리를 빌려 감사드립니다. 특히 인간무늬연마소 식구들은 이 책의 초고를 장별로 맡아 논평해 주었습니다.[211]

마지막 닫는 글로 마크 피셔의 『자본주의 리얼리즘』을 읽은 소감을 옮기고자 합니다. 이 책의 본문에 빠져 있는 급진적 분석과 프로이트·마르크스주의적 대안이 암시되어 있기 때문입니다. 마크 피셔는 저에게 독자로서 충만한 기쁨을 주었습니다. 책을 읽는 기쁨-그 기쁨의 릴레이로서, 이

[211] 각 장별로 기반이 되었던 원고들의 출처는 다음과 같다.
프롤로그 관련: 「4차 산업혁명과 코딩교육」-<우리 아이들>, 2017년 11-12월호.
1장 관련: 「공정하게 줄을 세우자고?」-<오늘의 교육>, 2017년 1-2월.
2장 관련: 「반려동물과 타자배려」-전주인문포럼, 2017년 10월.
3장 관련: 「망할 망 잊을 망 그물 망」-<오늘의 교육>, 2016년 1-2월.
4장 관련: 「'4차 산업혁명'과 디지털 리터러시 교육」-『사회연구』 32호, 2017년 12월.
5장 관련: 「인지자본주의 시대의 교육격차 해소와 교육 패러다임 전환」-2016서울국제교육포럼, 2016년 10월.
6장 관련: 「전환기술과 전환교육」-<오늘의 교육>, 2015년 1-2월.
7, 8장 관련: 「마을교육공동체 사례 연구를 통한 협력적 거버넌스 구축 방안 연구」-전북교육정책연구소, 2017년 12월.
9장 관련: 「학습·노동·관계망의 선순환을 위한 마을학습공동체 구축」-제47차 한국평생교육총연합회 연차대회, 2020년 9월 11일.
부록 관련: 「북유럽 탐방 보고서」-전북교육정책연구소, 2017년 11월.

책을 마무리 짓습니다.

1

나에겐 책 제목인 『자본주의 리얼리즘』이 입에 잘 붙지 않는다. 책 모임에 공지한답시고 『자본주의 유토피아』라고 부르기 일쑤였다. 프로이트에 따르면 일상생활의 작은 실수들은 우리의 무의식을 반영한다. 내 무의식은 어떤 의도로 '리얼리즘'을 '유토피아'로 바꿔치기 했던 걸까? 아마도 자본주의에 대한 저항감 때문인 것 같다. 사회학을 공부한 내게, 자본주의를 현실이라고 순순히 인정하는 것은 뭔가 굴욕적이다. '자본주의는 결코 견고한 현실이 아니다. 그건 자본주의를 유토피아로 생각하는 치들이나 갖는 착각 아닌가? 오히려 자본주의는 없는 장소라는 의미에서 유/토피아이다. 그것이 있을 것이라고 믿는 우리의 환상을 통해 작동하는 체계인 것이다'라는 무의식적 사고를 했던 게 아닐까? 어쨌든 제목으로부터 반감을 품고, 나는 대결하는 마음으로 책장을 펼쳤다.

마침 첫 두어 페이지에서, 작가는 '자본주의 리얼리즘'이라는 제목을 사용한 의도를 설명하고 있었다. "자본주의가 유일하게 존립 가능한 정치경제 체계일 뿐만 아니라 이제는 그에 대한 일관된 대안을 상상하는 것조차 불가능하다는 널리 퍼져 있는 감각이 그것이다." 어쩌면 나의 무의식적 논리와 연결되어 있는 듯했다. 그제야 부제였던 "대안은 없는가"가 눈에 들어왔다.

저자는 우리가 의식적으로는 자본을 욕하고 허상이라 말하지만, 무의식적으로는 현실로서 숭앙하고 수락하기에 입과 몸이 따로 논다고 말한다. 자본주의적 저항을 소비하며 우리의 리비도는 세탁당하고 있다.

자본주의적 허상은 의식이 아니라 무의식에 위치하기에, 환영이 지식 속에 있는 것이라는 이데올로기에 대한 우리의 고전적 개념은 무용하다. 자본주의는 실상을 은폐하지 않는다. 자본주의는 폭력적인 실상을 느와르적으로 드러낸다. 우리는 이러한 현실을 냉소하고 거리 두며 부인하려 하지만, 결국 무의식의 수준에서 자본주의를 깊게 받아들이고 만다. 그렇다면 의식의 저항을 넘어서는 반동적 리비도의 생성, 무의식의 저항은 어떻게 가능할까? 다음 장이 궁금해졌다. 저자가 제시할 "(없는 듯 보이는 그 희미한) 대안"이.

2

자본주의는 비윤리적이다. 폭력적이고 퇴폐적인 약탈을 과시적으로 드러낸다. 마크 피셔는 여기서 한 발 더 나아간다. 신자유주의는 '윤리적 가치'라는 범주를 무력화시키기 위해 노력해 왔다는 것이다. 막말을 통해 정치에 대한 혐오를 불러일으키고, 종국에는 대중의 무관심을 도모하는 정치인들이 떠올랐다. 윤리적 가치의 제거는 사람의 생명이나 교육과 같은 신성한 영역의 비즈니스화를 통해서 가능하다. 이 과정에서 자본주의는 상이한 두 가지 아포리아를 작동시킨다. 첫째는 정신건강(광기)의 자연화(비정치화)이다. 스트레스와 고통을 겪는 사람이 광범위하게 늘고 있음에도 이를 오롯이 개인의 책임으로 돌리는 것이다. 둘째는 관료주의다. 겉으로 보이는 모습과 다르게 자본주의의 성장은 관료주의의 강화를 통해서 가능하다.

두 가지 모순된 현상이 잘 드러나는 곳이 교실이다. 많은 학생들이 반성적 무기력과 우울증, 무능한 쾌락상태 등 광범위한 학습 불능 태세를 보이고 있다. 이 과정에서 가장 곤혹스러운 사람이 바로 교사이다. 교사는 학생들을 인구로서 통제관리(주로 시험을 통해 작동하는)하라는 관료주의적 명령 앞에 놓여 있으며, 동시에 소비자로서 학생을 왕으로 대하라는 자본주의적 요구 사이에서 존재적 떨림을 겪고 있다. 한편 학생에게는 두 권력의 충돌이 엔터테인먼트-통제회로에 접속해 끊임없이 쾌락을 느끼라는 강제적 명령으로 작동한다. 난독증, ADHD, 헤드폰을 착용하지도 않은 채 음악을 재생시키는 **상호수동성**[212](자기계발적 주체는 이 현상의 음화로서, 듣지도 않는 영어 강의를 틀어 놓은 채로 집안일을 하거나 웹툰을 살핀다)으로 나타나는 것이다. 이와 같이 학생들이 정서적으로 붕괴되고 있기 때문에 교사들에게는 대리부모의 역할이 요구되고 있다. 정서적인 지지를 제공하며 돌보는 사목권력 내지 훈육자의 역할 말이다. 무엇보다 아이러니한 것은 훈육 구조들이 (자본주의적 자유주의에 의해) 붕괴하고 있는 바로 이 순간에 가장 절실하게 훈육자의 역할이 교사에게 요구되고 있는 것이다.

이러한 정신분열적 두 요청 사이에서 (이런 시스템을 포착할 만큼 충분히 계몽되어 있는) 교사는 도대체 어느 곳에 위치해야 될까? 분명한 것은 "새로운 것에 대한 저항"이 우리가 힘을 모을 수 있거나 모아야 하는 대의는 아니라는 것이다. 유연성과 탈중심화에 대한 반대는 자기 패배적인 것이 될 위험성이 높기 때문이다. 기술 혁신, 교수법 혁신, 스마트 교실 등 항상 새로운 것으로 무장해 오는 자본주의로 인해 '새로운 것' 자체에 대한 거부감과 저항감을 쌓고 반동적으로 대응하면 안 된다. 오히려 신자유주의 정치는 새로운 것이 아니라 계급권력 및 특권으로의 복귀, 과거로의 회귀라는 것을 부각시켜야 한다. 즉 동기부여/동기상실의 이분법에서 벗어날 수 있는 길, 자본주의 통제 프로그램과의 탈동일시가 낙담에 빠진 무관심으로 귀결되지 않는 길을 발견해야 한다. 그것은 다시 '정치의 장'으로 돌아가는 것을 뜻한다. 그러나 그것은 올드 마르크스주의로의 귀환은 아닐 것이다. 이른바 '포스트포드주의에 고유한 불만'의 형태로 개입하는 것이다.

두 번째는 자본주의가 우리에게 제시하는 리얼리즘의 기저에 있는 '실재'들을 환기시키는 것이다. 라캉적인 그 실재는 '현실의 장 내에 있는 균열과 비일관성' 속에서 발견된다. 즉 틈새를 통해서만 엿볼 수 있는 '외상적 공백'이다. 예를 들어 환경재앙은 너무나 트라우마적이어서 체계 내로 동화될 수 없다. 따라서 우리는 자본주의가 가지고 있는 변태적 페티시즘, 성장에 대한 물신주의가 생명의 지속가능성과 대립한다는 것을 끊임없이 드러내야 할 것이다.

세 번째는 '너무 자극받아 집중할 수 없는' 청소년과 현대인들에게 파란 약의 세계인 매트릭스로부터 탈출할 수 있는 빨간 약을 제공하는 것

212 상호수동성(inter-passivity): 물건이나 TV 같은 매체가 나 대신 수동성을 갖는 것, 내게서 수동성을 빼앗는 것, 내게서 대상 자체가 나 대신 쇼를 즐기고 자발적인 향락의 의무에서 해방시켜 주는 상황을 뜻한다. 아무도 없는 거실에서 TV를 틀어 놓아 소파가 우리 대신 TV를 시청하는 것도 대표적인 상호수동성의 사례라고 할 수 있을 것이다(슬라보예 지젝, 『HOW TO READ 라캉』 참고).

이다. 그것은 슈가 제로 콜라처럼 '햄버거 니체'를 출시해 소화하기 힘든 위험성을 귀엽게 다듬는 종류의 상품화를 거부하는 것을 뜻한다.

퇴조하는 훈육 체제와 학생들의 집중력 저하라는 난제를 많은 교사들이 화려한 교수법과 유튜브, VR, AR 등 좀 더 자극적인 매체로 돌파하고자 한다. 그러나 그러한 원초적인 자극을 활용하는 수업은 순수하게 쾌락에만 몰두하는 자본주의 엔터테인먼트를 돌파하기도 어려울뿐더러, 학생들의 **포스트렉시아**[213]적 증세 악화에 보탬이 됨으로써 교육 불가능성을 강화시킬 뿐이다. '우울증적 쾌락' 상태에서 학생들을 깨우기 위해 그들에게 자극의 역치를 넘어서는 충격이 필요하다면, 그건 오감의 자극으로부터가 아니라 '공생 감각'에 맞닥뜨린 외상적 충격으로부터 나올 것이다.

3

웬디 브라운은 동시대의 권력 형태를 '꿈 작업' 모델로 설명했다. 꿈 작업이 하는 일은 조작된 일관성을 생산함으로써 이상현상과 모순들을 감추는 것이다. 더군다나 우리는 꿈을 꿀 때 망각하기 때문에, 우리가 꿈을 꿨다는 사실마저 망각한다. 자본주의 리얼리즘은 이와 같이 우리에게 기억장애를 만들어 낸다. 그렇게 우리의 불만과 아이러니가 무마될 뿐 아니라 우리는 더 이상 새로운 기억들을 만들어 내지 못한다. 이러한 망각 구조는 미래에 더 이상의 혁명과 같은 극적 변화를 기대할 수 없음을 의미하며, 또한 왜 현재의 다중들이 정치적 과정에 혐오감을 갖거나 흥미를 잃고 상품에서만 해결책을 찾으려고 하는지를 설명해 준다.

신자유주의와 신보수주의는 상품에 대한 숭배와 함께 보모국가와 복지에 의지해 살아가는 사람들에 대한 혐오를 조장한다는 것에서 정치적 합의점을 찾았다. 사람들은 이제 소비자로 호명되고 정부 자체가 일종의 상

213 자극적 이미지의 범람에 중독되어, 문자를 기피하거나 난독증에 빠지는 상태를 일컫는 말. 마크 피셔는 태어날 때부터 스마트폰에 익숙한 10대들의 경우에, 이어폰과 스마트 영상기기에 항시적으로 접속해 있다고 말한다. 잠들기 직전까지, 끊임없이 엔터테이닝 콘텐츠를 소비해야 하는 상태에 중독되어 있다는 것이다.

품처럼 제시되고 있다. 소비자 주체화의 이와 같은 과정 속에서 생태위기에 대응하거나 책임질 수 있는 주체는 사라져 버리고 만다. 생태위기를 극복하기 위해서는 다시금 윤리적 주체를 구축해야 할 것이다. 그러나 마크 피셔는 이 시기에 개인들에게 윤리적 책임을 호소할 것이 아니라 전체적인 차원의 구조를 바꾸기 위해 노력해야 한다고 말한다. 슬라보예 지젝에 의하면, 신용위기가 대두하는 상황에서 자본주의 체계는 스스로를 보호하고자 개인의 윤리성을 강조한다. 비난의 포커스를 체계 자체가 아니라 이른바 병리적인 개인 및 이들의 남용 탓으로 돌린다는 것이다. 그러나 (잘못의 원인이 기업이나 체계 자체에 있음에도) 개인에게만 윤리적 책임을 묻는 이런 교착 상태는 단지 자본주의의 위장이나 속임수가 아니다. 오히려 자본주의 체제 자체의 특성이라 할 수 있다. 모든 것의 배후 깊숙이 존재하며 조종하는 행위자는 없다. 즉 "중앙 교환국은 없다".

그렇다면 이와 같은 악몽에서 깨어나기 위해 우리는 어떻게 해야 할까? 소비자 주체의 모순, 패스트 패션이 숨기고 있는 전 지구적 착취, 땅과 종자 등 유기체마저 기계적으로 대하는 몬산토 등 그 끔찍한 실상을 계속 언급해야 하지 않을까? 그리고 그 해결책으로서 정치의 복원을 노려야 하지 않을까? 학교에서 학생들이 소비자 주체에서 정치적 주체로 넘어올 수 있도록 의식적 계몽뿐만 아니라 무의식적 각성을 도모하는 수업을 기획해 봐야겠다.

삶의 행복을 꿈꾸는 교육은 어디에서 오는가?

교육혁명을 앞당기는 배움책 이야기 혁신교육의 철학과 잉걸진 미래를 만나다!

한국교육연구네트워크 총서

01 핀란드 교육혁명
한국교육연구네트워크 엮음 | 320쪽 | 값 15,000원

02 일제고사를 넘어서
한국교육연구네트워크 엮음 | 284쪽 | 값 13,000원

03 새로운 사회를 여는 교육혁명
한국교육연구네트워크 엮음 | 380쪽 | 값 17,000원

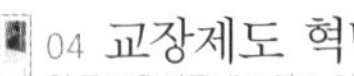
04 교장제도 혁명
한국교육연구네트워크 엮음 | 268쪽 | 값 14,000원

05 새로운 사회를 여는 교육자치 혁명
한국교육연구네트워크 엮음 | 312쪽 | 값 15,000원

06 혁신학교에 대한 교육학적 성찰
한국교육연구네트워크 엮음| 308쪽 | 값 15,000원

07 진보주의 교육의 세계적 동향
한국교육연구네트워크 엮음 | 324쪽 | 값 17,000원

2018 세종도서 학술부문

08 더 나은 세상을 위한 학교혁명
한국교육연구네트워크 엮음 | 404쪽 | 값 21,000원

2018 세종도서 교양부문

09 비판적 실천을 위한 교육학
이윤미 외 지음 | 448쪽 | 값 23,000원

2019 세종도서 학술부문

10 마을교육공동체운동:
세계적 동향과 전망
심성보 외 지음 | 376쪽 | 값 18,000원

11 학교 민주시민교육의
세계적 동향과 과제
심성보 외 지음 | 308쪽 | 값 16,000원

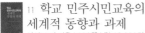

12 학교를 민주주의의 정원으로
가꿀 수 있을까?
성열관 외 지음 | 272쪽 | 값 16,000원

한국교육연구네트워크 번역 총서

01 프레이리와 교육
존 엘리아스 지음 | 한국교육연구네트워크 옮김
276쪽 | 값 14,000원

02 교육은 사회를 바꿀 수 있을까?
마이클 애플 지음 | 강희룡·김선우·박원순·이형빈 옮김
356쪽 | 값 16,000원

03 비판적 페다고지는
세상을 변화시킬 수 있는가?
Seewha Cho 지음 | 심성보·조시화 옮김
280쪽 | 값 14,000원

04 마이클 애플의 민주학교
마이클 애플·제임스 빈 엮음 | 강희룡 옮김
276쪽 | 값 14,000원

05 21세기 교육과 민주주의
넬 나딩스 지음 | 심성보 옮김 | 392쪽 | 값 18,000원

06 세계교육개혁:
민영화 우선인가 공적 투자 강화인가?
린다 달링-해먼드 외 지음 | 심성보 외 옮김 | 408쪽 | 값 21,000원

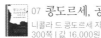

07 콩도르세, 공교육에 관한 다섯 논문
니콜라 드 콩도르세 지음 | 이주환 옮김
300쪽 | 값 16,000원

08 학교를 변론하다
얀 마스켈라인•마틴 시몬스 지음 | 윤선인 옮김
252쪽 | 값 15,000원

혁신학교
성열관·이순철 지음 | 224쪽 | 값 12,000원

행복한 혁신학교 만들기
초등교육과정연구모임 지음 | 264쪽 | 값 13,000원

서울형 혁신학교 이야기
이부영 지음 | 320쪽 | 값 15,000원

대한민국 교사, 어떻게 가르칠 것인가?
윤성관 지음 | 320쪽 | 값 15,000원

아이들을 어떻게 가르칠 것인가
사토 마나부 지음 | 박찬영 옮김 | 232쪽 | 값 13,000원

모두를 위한 국제이해교육
한국국제이해교육학회 지음 | 364쪽 | 값 16,000원

비고츠키 선집 시리즈 발달과 협력의 교육학 어떻게 읽을 것인가?

생각과 말
레프 세묘노비치 비고츠키 지음
배희철·김용호·D. 켈로그 옮김 | 690쪽 | 값 33,000원

도구와 기호
비고츠키·루리야 지음 | 비고츠키 연구회 옮김
336쪽 | 값 16,000원

어린이 자기행동숙달의 역사와 발달 I
L.S. 비고츠키 지음 | 비고츠키 연구회 옮김
564쪽 | 값 28,000원

어린이 자기행동숙달의 역사와 발달 II
L.S. 비고츠키 지음 | 비고츠키 연구회 옮김
552쪽 | 값 28,000원

어린이의 상상과 창조
L.S. 비고츠키 지음 | 비고츠키 연구회 옮김
280쪽 | 값 15,000원

비고츠키와 인지 발달의 비밀
A.R. 루리야 지음 | 배희철 옮김 | 280쪽 | 값 15,000원

수업과 수업 사이
비고츠키 연구회 지음 | 196쪽 | 값 12,000원

비고츠키의 발달교육이란 무엇인가?
비고츠키교육학실천연구모임 지음 | 412쪽 | 값 21,000원

비고츠키 철학으로 본 핀란드 교육과정
배희철 지음 | 456쪽 | 값 23,000원

성장과 분화
L.S. 비고츠키 지음 | 비고츠키 연구회 옮김
308쪽 | 값 15,000원

연령과 위기
L.S. 비고츠키 지음 | 비고츠키 연구회 옮김
336쪽 | 값 17,000원

의식과 숙달
L.S 비고츠키 | 비고츠키 연구회 옮김
348쪽 | 값 17,000원

분열과 사랑
L.S. 비고츠키 지음 | 비고츠키 연구회 옮김
260쪽 | 값 16,000원

성애와 갈등
L.S. 비고츠키 지음 | 비고츠키 연구회 옮김
268쪽 | 값 17,000원

흥미와 개념
L.S. 비고츠키 지음 | 비고츠키 연구회 옮김
408쪽 | 값 21,000원

관계의 교육학, 비고츠키
진보교육연구소 비고츠키교육학실천연구모임 지음
300쪽 | 값 15,000원

비고츠키 생각과 말 쉽게 읽기
진보교육연구소 비고츠키교육학실천연구모임 지음
316쪽 | 값 15,000원

교사와 부모를 위한 비고츠키 교육학
카르포프 지음 | 실천교사번역팀 옮김
308쪽 | 값 15,000원

혁신교육, 철학을 만나다
브렌트 데이비스·데니스 수마라 지음
현인철·서용선 옮김 | 304쪽 | 값 15,000원

혁신교육 존 듀이에게 묻다
서용선 지음 | 292쪽 | 값 14,000원

다시 읽는 조선 교육사
이만규 지음 | 750쪽 | 값 33,000원

대한민국 교육혁명
교육혁명공동행동 연구위원회 지음
224쪽 | 값 12,000원

경쟁을 넘어 발달 교육으로
현광일 지음 | 288쪽 | 값 14,000원

독일 교육, 왜 강한가?
박성희 지음 | 324쪽 | 값 15,000원

핀란드 교육의 기적
한넬레 니에미 외 엮음 | 장수명 외 옮김
456쪽 | 값 23,000원

한국 교육의 현실과 전망
심성보 지음 | 724쪽 | 값 35,000원

4·16, 질문이 있는 교실 마주이야기 통합수업으로 혁신교육과정을 재구성하다!

통하는 공부
김태호·김형우·이경석·심우근·허진만 지음
324쪽 | 값 15,000원

내일 수업 어떻게 하지?
아이함께 지음 | 300쪽 | 값 15,000원
2015 세종도서 교양부문

인간 회복의 교육
성래운 지음 | 260쪽 | 값 13,000원

교과서 너머 교육과정 마주하기
이윤미 외 지음 | 368쪽 | 값 17,000원

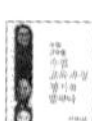
수업 고수들
수업·교육과정·평가를 말하다
박현숙 외 지음 | 368쪽 | 값 17,000원

도덕 수업, 책으로 묻고 윤리로 답하다
울산도덕교사모임 지음 | 320쪽 | 값 15,000원

체육 교사, 수업을 말하다
전용진 지음 | 304쪽 | 값 15,000원

교실을 위한 프레이리
아이러 쇼어 엮음 | 사람대사람 옮김
412쪽 | 값 18,000원

마을교육공동체란 무엇인가?
서용선 외 지음 | 360쪽 | 값 17,000원

교사, 학교를 바꾸다
정진화 지음 | 372쪽 | 값 17,000원

함께 배움
학생 주도 배움 중심 수업 이렇게 한다
니시카와 준 지음 | 백경석 옮김 | 280쪽 | 값 15,000원

공교육은 왜?
홍섭근 지음 | 352쪽 | 값 16,000원

자기혁신과 공동의 성장을 위한
교사들의 필리버스터
윤양수·원종희·장군·조경삼 지음 | 280쪽 | 값 14,000원

함께 배움 이렇게 시작한다
니시카와 준 지음 | 백경석 옮김 | 196쪽 | 값 12,000원

함께 배움 교사의 말하기
니시카와 준 지음 | 백경석 옮김 | 188쪽 | 값 12,000원

교육과정 통합, 어떻게 할 것인가?
성열관 외 지음 | 192쪽 | 값 13,000원

미래교육의 열쇠, 창의적 문화교육
심광현·노명우·강정석 지음 | 368쪽 | 값 16,000원

주제통합수업,
아이들을 수업의 주인공으로!
이윤미 외 지음 | 392쪽 | 값 17,000원

수업과 교육의 지평을 확장하는 수업 비평
윤양수 지음 | 316쪽 | 값 15,000원
2014 문화체육관광부 우수교양도서

교사, 선생이 되다
김태은 외 지음 | 260쪽 | 값 13,000원

교사의 전문성, 어떻게 만들어지나
국제교원노조연맹 보고서 | 김석규 옮김
392쪽 | 값 17,000원

수업의 정치
윤양수·원종희·장군 지음 | 280쪽 | 값 14,000원

학교협동조합,
현장체험학습과 마을교육공동체를 잇다
주수원 외 지음 | 296쪽 | 값 15,000원

거꾸로 교실,
잠자는 아이들을 깨우는 수업의 비밀
이민경 지음 | 280쪽 | 값 14,000원

교사는 무엇으로 사는가
정은균 지음 | 292쪽 | 값 15,000원

마음의 힘을 기르는 감성수업
조선미 외 지음 | 300쪽 | 값 15,000원

작은 학교 아이들
지경준 엮음 | 376쪽 | 값 17,000원

아이들의 배움은 어떻게 깊어지는가
이시이 쥰지 지음 | 방지현·이창희 옮김
200쪽 | 값 11,000원

대한민국 입시혁명
참교육연구소 입시연구팀 지음 | 220쪽 | 값 12,000원

교사를 세우는 교육과정
박승열 지음 | 312쪽 | 값 15,000원

전국 17명 교육감들과 나눈 교육 대담
최창의 대담·기록 | 272쪽 | 값 15,000원

들뢰즈와 가타리를 통해 유아교육 읽기
리세롯 마리엣 올슨 지음 | 이연선 외 옮김
328쪽 | 값 17,000원

학교 혁신의 길, 아이들에게 묻다
남궁상운 외 지음 | 272쪽 | 값 15,000원

프레이리의 사상과 실천
사람대사람 지음 | 352쪽 | 값 18,000원
2018 세종도서 학술부문

혁신학교, 한국 교육의 미래를 열다
송순재 외 지음 | 608쪽 | 값 30,000원

페다고지를 위하여
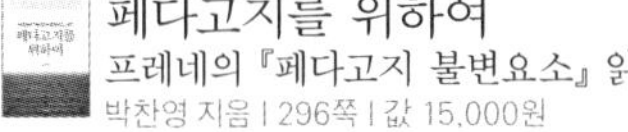
프레네의 『페다고지 불변요소』 읽기
박찬영 지음 | 296쪽 | 값 15,000원

노자와 탈현대 문명
홍승표 지음 | 284쪽 | 값 15,000원

선생님, 민주시민교육이 뭐예요?
염경미 지음 | 244쪽 | 값 15,000원

어쩌다 혁신학교
유우석 외 지음 | 380쪽 | 값 17,000원

미래, 교육을 묻다
정광필 지음 | 232쪽 | 값 15,000원

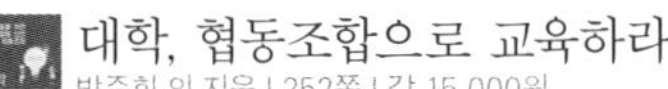
대학, 협동조합으로 교육하라
박주희 외 지음 | 252쪽 | 값 15,000원

입시, 어떻게 바꿀 것인가?
노기원 지음 | 306쪽 | 값 15,000원

촛불시대, 혁신교육을 말하다
이용관 지음 | 240쪽 | 값 15,000원

라운드 스터디
이시이 데루마사 외 엮음 | 224쪽 | 값 15,000원

미래교육을 디자인하는 학교교육과정
박승열 외 지음 | 348쪽 | 값 18,000원

흥미진진한 아일랜드 전환학년 이야기
제리 제퍼스 지음 | 최상덕·김호원 옮김 | 508쪽 | 값 27,000원

2019 대한민국학술원우수학술도서

폭력 교실에 맞서는 용기
따돌림사회연구모임 학급운영팀 지음
272쪽 | 값 15,000원

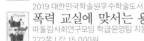

그래도 혁신학교
박은혜 외 지음 | 248쪽 | 값 15,000원

학교는 어떤 공동체인가?
성열관 외 지음 | 228쪽 | 값 15,000원

학교 민주주의의 불한당들
정은균 지음 | 276쪽 | 값 14,000원

교육과정, 수업, 평가의 일체화
리사 카터 지음 | 박승열 외 옮김 | 196쪽 | 값 13,000원

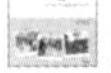
학교를 개선하는 교장
지속가능한 학교 혁신을 위한 실천 전략
마이클 풀란 지음 | 서동연·정효준 옮김 | 216쪽 | 값 13,000원

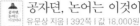

공자뎐, 논어는 이것이다
유문상 지음 | 392쪽 | 값 18,000원

교사와 부모를 위한
발달교육이란 무엇인가?
현광일 지음 | 380쪽 | 값 18,000원

교사, 이오덕에게 길을 묻다
이무완 지음 | 328쪽 | 값 15,000원

낙오자 없는 스웨덴 교육
레이프 스트란드베리 지음 | 변광수 옮김
208쪽 | 값 13,000원

끝나지 않은 마지막 수업
장석웅 지음 | 328쪽 | 값 20,000원

경기꿈의학교
진흥섭 외 지음 | 360쪽 | 값 17,000원

학교를 말한다
이성우 지음 | 292쪽 | 값 15,000원

행복도시 세종,
혁신교육으로 디자인하다
곽순일 외 지음 | 392쪽 | 값 18,000원

나는 거꾸로 교실 거꾸로 교사
류광모·임정훈 지음 | 212쪽 | 값 13,000원

교실 속으로 간 이해중심 교육과정
온정덕 외 지음 | 224쪽 | 값 13,000원

교실, 평화를 말하다
따돌림사회연구모임 초등우정팀 지음
268쪽 | 값 15,000원

학교자율운영 2.0
김용 지음 | 240쪽 | 값 15,000원

학교자치를 부탁해
유우석 외 지음 | 252쪽 | 값 15,000원

국제이해교육 페다고지
강순원 외 지음 | 256쪽 | 값 15,000원

교사 전쟁
다나 골드스타인 지음 | 유성상 외 옮김
468쪽 | 값 23,000원

시민, 학교에 가다
최형규 지음 | 260쪽 | 값 15,000원

학교를 살리는 회복적 생활교육
김민자·이순영·정선영 지음 | 256쪽 | 값 15,000원

교사를 위한 교육학 강의
이형빈 지음 | 336쪽 | 값 17,000원

새로운학교 학생을 날게 하다
새로운학교네트워크 총서 02 | 408쪽 | 값 20,000원

세월호가 묻고 교육이 답하다
경기도교육연구원 지음 | 214쪽 | 값 13,000원

미래교육, 어떻게 만들어갈 것인가?
송기상·김성천 지음 | 300쪽 | 값 16,000원
2019 세종도서 교양부문

교육에 대한 오해
우문영 지음 | 224쪽 | 값 15,000원

혁신교육지구 현장을 가다
이용운 외 4인 지음 | 344쪽 | 값 18,000원

배움의 독립선언, 평생학습
정민승 지음 | 240쪽 | 값 15,000원

선생님, 페미니즘이 뭐예요?
염경미 지음 | 280쪽 | 값 15,000원

평화의 교육과정 섬김의 리더십
이준원·이형빈 지음 | 292쪽 | 값 16,000원

수포자의 시대
김성수·이형빈 지음 | 252쪽 | 값 15,000원

혁신학교와 실천적 교육과정
신은희 지음 | 236쪽 | 값 15,000원

삶의 시간을 잇는 문화예술교육
고영직 지음 | 292쪽 | 값 16,000원

혐오, 교실에 들어오다
이혜정 외 지음 | 232쪽 | 값 15,000원

혁신교육지구와 마을교육공동체는 어떻게 만들어지는가?
김태정 지음 | 376쪽 | 값 18,000원

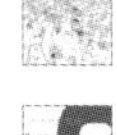

선생님, 특성화고 자기소개서 어떻게 써요?
이지영 지음 | 322쪽 | 값 17,000원

학생과 교사, 수업을 묻다
전용진 지음 | 344쪽 | 값 18,000원

혁신학교의 꽃, 교육과정 다시 그리기
안재일 지음 | 344쪽 | 값 18,000원

살림터 참교육 문예 시리즈 영혼이 있는 삶을 가르치는 온 선생님을 만나다!

꽃보다 귀한 우리 아이는
조재도 지음 | 244쪽 | 값 12,000원

성깔 있는 나무들
최은숙 지음 | 244쪽 | 값 12,000원

아이들에게 세상을 배웠네
명혜정 지음 | 240쪽 | 값 12,000원

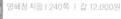

밥상에서 세상으로
김홍숙 지음 | 280쪽 | 값 13,000원

우물쭈물하다 끝난 교사 이야기
유기창 지음 | 380쪽 | 값 17,000원

선생님이 먼저 때렸는데요
강병철 지음 | 248쪽 | 값 12,000원

서울 여자, 시골 선생님 되다
조경선 지음 | 252쪽 | 값 12,000원

행복한 창의 교육
최창의 지음 | 328쪽 | 값 15,000원

북유럽 교육 기행
정애경 외 14인 지음 | 288쪽 | 값 14,000원

시험 시간에 웃은 건 처음이에요
조규선 지음 | 252쪽 | 값 15,000원

교과서 밖에서 만나는 역사 교실 상식이 통하는 살아 있는 역사를 만나다

전봉준과 동학농민혁명
조광환 지음 | 336쪽 | 값 15,000원

남도의 기억을 걷다
노성태 지음 | 344쪽 | 값 14,000원

응답하라 한국사 1·2
김은석 지음 | 356쪽·368쪽 | 각권 값 15,000원

즐거운 국사수업 32강
김남선 지음 | 280쪽 | 값 11,000원

즐거운 세계사 수업
김은석 지음 | 328쪽 | 값 13,000원

강화도의 기억을 걷다
최보길 지음 | 276쪽 | 값 14,000원

광주의 기억을 걷다
노성태 지음 | 348쪽 | 값 15,000원

선생님도 궁금해하는
한국사의 비밀 20가지
김은석 지음 | 312쪽 | 값 15,000원

걸림돌
키르스텐 세룹-빌펠트 지음 | 문봉애 옮김
248쪽 | 값 13,000원

역사수업을 부탁해
열 사람의 한 걸음 지음 | 388쪽 | 값 18,000원

진실과 거짓, 인물 한국사
하성환 지음 | 400쪽 | 값 18,000원

우리 역사에서 사라진
근현대 인물 한국사
하성환 지음 | 296쪽 | 값 18,000원

꼬물꼬물 거꾸로 역사수업
역모자들 지음 | 436쪽 | 값 23,000원

즐거운 동아시아사 수업
김은석 지음 | 240쪽 | 값 15,000원

노성태, 역사의 길을 걷다
노성태 지음 | 324쪽 | 값 17,000원

교과서 밖에서 배우는 역사 공부
정은교 지음 | 292쪽 | 값 14,000원

팔만대장경도 모르면 빨래판이다
전병철 지음 | 360쪽 | 값 16,000원

빨래판도 잘 보면 팔만대장경이다
전병철 지음 | 360쪽 | 값 16,000원

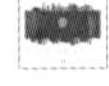
영화는 역사다
강성률 지음 | 288쪽 | 값 13,000원

친일 영화의 해부학
강성률 지음 | 264쪽 | 값 15,000원

한국 고대사의 비밀
김은석 지음 | 304쪽 | 값 13,000원

조선족 근현대 교육사
정미량 지음 | 320쪽 | 값 15,000원

다시 읽는 조선근대 교육의 사상과 운동
윤건차 지음 | 이명실·심성보 옮김 | 516쪽 | 값 25,000원

음악과 함께 떠나는 세계의 혁명 이야기
조광환 지음 | 292쪽 | 값 15,000원

논쟁으로 보는 일본 근대 교육의 역사
이명실 지음 | 324쪽 | 값 17,000원

다시, 독립의 기억을 걷다
노성태 지음 | 320쪽 | 값 16,000원

한국사 리뷰
김은석 지음 | 244쪽 | 값 15,000원

경남의 기억을 걷다
류형진 외 지음 | 564쪽 | 값 28,000원

어제와 오늘이 만나는 교실
학생과 교사의 역사수업 에세이
정진경 외 지음 | 328쪽 | 값 17,000원

더불어 사는 정의로운 세상을 여는 인문사회과학 사람의 존엄과 평등의 가치를 배운다

밥상혁명
강양구·강이현 지음 | 298쪽 | 값 13,800원

도덕 교과서 무엇이 문제인가?
김대용 지음 | 272쪽 | 값 14,000원

자율주의와 진보교육
조엘 스프링 지음 | 심성보 옮김 | 320쪽 | 값 15,000원

민주화 이후의 공동체 교육
심성보 지음 | 392쪽 | 값 15,000원
2009 문화체육관광부 우수학술도서

갈등을 넘어 협력 사회로
이창언·오수길·유문종·신윤관 지음
280쪽 | 값 15,000원

동양사상과 마음교육
정재걸 외 지음 | 356쪽 | 값 16,000원
2015 세종도서 학술부문

교과서 밖에서 배우는 철학 공부
정은교 지음 | 280쪽 | 값 14,000원

교과서 밖에서 배우는 사회 공부
정은교 지음 | 304쪽 | 값 15,000원

교과서 밖에서 배우는 윤리 공부
정은교 지음 | 292쪽 | 값 15,000원

한글 혁명
김슬옹 지음 | 388쪽 | 값 18,000원

우리 안의 미래교육
정재걸 지음 | 484쪽 | 값 25,000원

왜 그는 한국으로 돌아왔는가?
황선준 지음 | 364쪽 | 값 17,000원
2019 세종도서 교양부문

공간, 문화, 정치의 생태학
현광일 지음 | 232쪽 | 값 15,000원

인공지능 시대의 사회학적 상상력
홍승표 지음 | 260쪽 | 값 15,000원

동양사상과 인간 그리고 사회
이현지 지음 | 418쪽 | 값 21,000원

좌우지간 인권이다
안경환 지음 | 288쪽 | 값 13,000원

민주시민교육
심성보 지음 | 544쪽 | 값 25,000원

민주시민을 위한 도덕교육
심성보 지음 | 500쪽 | 값 25,000원
2015 세종도서 학술부문

교과서 밖에서 배우는 인문학 공부
정은교 지음 | 280쪽 | 값 13,000원

오래된 미래교육
정재걸 지음 | 392쪽 | 값 18,000원

대한민국 의료혁명
전국보건의료산업노동조합 엮음 | 548쪽 | 값 25,000원

교과서 밖에서 배우는 고전 공부
정은교 지음 | 288쪽 | 값 14,000원

전체 안의 전체 사고 속의 사고
김우창의 인문학을 읽다
현광일 지음 | 320쪽 | 값 15,000원

카스트로, 종교를 말하다
피델 카스트로·프레이 베토 대담 | 조세종 옮김
420쪽 | 값 21,000원

일제강점기 한국철학
이태우 지음 | 448쪽 | 값 25,000원

한국 교육 제4의 길을 찾다
이길상 지음 | 400쪽 | 값 21,000원
2019 세종도서 학술부문

마을교육공동체 생태적 의미와 실천
김용련 지음 | 256쪽 | 값 15,000원

교육과정에서 왜 지식이 중요한가
심성보 지음 | 440쪽 | 값 23,000원

식물에게서 교육을 배우다
이차영 지음 | 260쪽 | 값 15,000원

평화샘 프로젝트 매뉴얼 시리즈 학교폭력에 대한 근본적인 예방과 대책을 찾는다

학교폭력 어떻게 만들어지는가
문재현 외 지음 | 300쪽 | 값 14,000원

학교폭력, 멈춰!
문재현 외 지음 | 348쪽 | 값 15,000원

왕따, 이렇게 해결할 수 있다
문재현 외 지음 | 236쪽 | 값 12,000원

젊은 부모를 위한 백만 년의 육아 슬기
문재현 지음 | 248쪽 | 값 13,000원

우리는 마을에 산다
유양우·신동명·김수동·문재현 지음
312쪽 | 값 15,000원

누가, 학교폭력 해결을 가로막는가?
문재현 외 지음 | 312쪽 | 값 15,000원

아이들을 살리는 동네
문재현·신동명·김수동 지음 | 204쪽 | 값 10,000원

평화! 행복한 학교의 시작
문재현 외 지음 | 252쪽 | 값 12,000원

마을에 배움의 길이 있다
문재현 지음 | 208쪽 | 값 10,000원

별자리, 인류의 이야기 주머니
문재현·문한뫼 지음 | 444쪽 | 값 20,000원

동생아, 우리 뭐 하고 놀까?
문재현 외 지음 | 280쪽 | 값 15,000원

남북이 하나 되는 두물머리 평화교육 분단 극복을 위한 치열한 배움과 실천을 만나다

10년 후 통일
정동영·지승호 지음 | 328쪽 | 값 15,000원

분단시대의 통일교육
성래운 지음 | 428쪽 | 값 18,000원

한반도 평화교육 어떻게 할 것인가
이기범 외 지음 | 252쪽 | 값 15,000원

선생님, 통일이 뭐예요?
정경호 지음 | 252쪽 | 값 13,000원

김창환 교수의 DMZ 지리 이야기
김창환 지음 | 264쪽 | 값 15,000원

창의적인 협력 수업을 지향하는 삶이 있는 국어 교실 우리말 글을 배우며 세상을 배운다

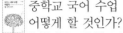

중학교 국어 수업 어떻게 할 것인가?
김미경 지음 | 340쪽 | 값 15,000원

토닥토닥 토론해요
명혜정·이명선·조선미 엮음 | 288쪽 | 값 15,000원

어린이와 시
오인태 지음 | 192쪽 | 값 12,000원

언어던
정은균 지음 | 268쪽 | 값 15,000원
2019 세종도서 교양부문

감각의 갱신, 화장하는 인민
남북문학예술연구회 | 380쪽 | 값 19,000원

토론의 숲에서 나를 만나다
명혜정 엮음 | 312쪽 | 값 15,000원

인문학의 숲을 거니는 토론 수업
순천국어교사모임 엮음 | 308쪽 | 값 15,000원

수업, 슬로리딩과 함께
박경숙 외 지음 | 268쪽 | 값 16,000원

민촌 이기영 평전
이성렬 지음 | 508쪽 | 값 20,000원

참된 삶과 교육에 관한 생각 줍기